教师发展与幼儿成长系列丛书

本书系陕西省教育科学"十三五"规划课题"基于儿童天性的幼儿亲自然课程的实践研究"（课题编号：SGH16B166）研究成果。

玩在自然中

Playing in Nature

王 莉　陈知君·主编

西北工业大学出版社

西　安

图书在版编目（CIP）数据

玩在自然中 / 王莉，陈知君主编. — 西安 ： 西北工业大学出版社，2020.5
　　ISBN 978-7-5612-7113-1

Ⅰ. ①玩… Ⅱ. ①王… ②陈… Ⅲ. ①自然课-学前教育-教学参考资料　Ⅳ. ①G613.3

中国版本图书馆CIP数据核字（2020）第078477号

WAN ZAI ZIRAN ZHONG
玩 在 自 然 中

责任编辑：隋秀娟		**策划编辑**：唐小林	
责任校对：万灵芝		**装帧设计**：李　飞	

出版发行：西北工业大学出版社
通信地址：西安市友谊西路127号　　　**邮编**：710072
电　　话：（029）88491757，88493844
网　　址：www.nwpup.com
印刷者：西安国彩印刷有限公司
开　　本：787 mm×1092 mm　　　1/16
印　　张：24.75
字　　数：411千字
版　　次：2020年5月第1版　　2020年5月第1次印刷
定　　价：138.00元

如有印装问题请与出版社联系调换

《玩在自然中》编委会

主　编

王　莉　陈知君

副主编

何蓉娜　高月桂　沈　俊

编　委

（按姓氏笔画排序）

王　柳　王　莉　李　茸　杨　静

何蓉娜　沈　俊　张珊珊　陈小庆

陈知君　高月桂　焦　敏　戴翠玲

序

自我二十多年前在西工大幼儿园开展课题研究以来，就与王莉园长相识。不论工作还是生活，她始终低调谦和、淡泊静守、融爱于教，既是一位有理想、有情怀的教育者，更是一名务实、敬业的专家型园长。她以专业的素养与远见，不断反思，不断创新，带领西工大幼儿园教师团队坚持不懈地追求和探索，为幼儿的健康快乐成长辛勤耕耘。

十多年前，王莉园长敏锐地捕捉到了亲自然对幼儿发展的重要意义，她和她的团队开始了亲自然教育的实践探索。在西工大幼儿园"科研兴园"理念的引领下，她们坚持"干什么就研究什么"，把科研与日常保教工作结合起来，从亲自然情感培养切入，有目的、有计划、有步骤地开展了持续深入的教育教学研究。从亲自然情感培养策略的梳理，到亲自然情感培养模式的提炼，再到亲自然课程的探索，她们十多年坚持做好一件事，一路走来，实属难能可贵。作为这项研究的指导教师，我见证了她们这一路漫长而又艰辛的过程，从"懵懂迷茫"到"坚定自信"，她们凭借创新的勇气和坚守的韧劲，收获了一系列具有普适性的实践经验。她们成功立项了陕西省幼儿园中的第一个国家级课题，荣获了陕西省幼儿园中第一个国家级基础教育教学成果奖，在国内外学术会议上积极分享交流经验和成果。取得这些成绩的意义并不仅仅在于幼儿园声誉的提升，更体现了教师团队对幼教事业初心的坚守和真正意义上的成熟与成长。

这是一个美好的时代，它让每一个喜爱孩子的人都有机会将自己的教育梦想照进现实。在幼教追梦的途中，王莉园长带领的亲自然团队没

有满足于已取得的成绩，而是本着对孩子的责任与爱，对自然的敬畏，持续开展研究与探索，不断学习、实践。继《亲近自然　释放天性》专著出版后，她们将新的研究成果结集成册，筹划了《玩在自然中》一书。很荣幸在这部著作付梓之前，我先睹为快，全书始终贯穿着"玩在自然，学在自然"的教育理念，将幼儿园多年的实践和思考以亲自然主题活动、亲自然活动方案、亲自然游戏三部分呈现出来，真实生动地展现了幼儿在自然中的惬意和放松、学习与探索，具有很强的实践性和可操作性。我相信，这本书的出版一定能为广大幼教同行开展亲自然活动提供启迪与参考，引领幼儿亲自然教育走向更深、更远。

当然，这本书也有进一步改进和提升的空间。让我特别感动的是，她们从未停止创新和思考，始终扎根实践土壤，用实践研究的范式不断探索与成长。期待王莉园长和她的团队立时代之潮头，发思想之先声，为更多的幼儿创造福祉。

2020年1月

前　言

　　亲近自然是孩子们天性的自然表露，也是孩子们的一种生活方式。奇妙的大自然是孩子们学习的天然课堂，更是孩子们成长的快乐园地。然而，随着城市化发展、电子产品的冲击以及成人过度重视孩子对知识的获取，人们亲近自然的意识淡薄，导致越来越多的孩子远离自然。十多年前，我们就开始关注幼儿亲自然情感缺失问题，开始了幼儿亲自然的实践探索。2011年，我们依托立项的全国教育科学"十二五"规划教育部重点课题"3~6岁幼儿亲自然情感培养策略的实践研究"，深入地进行了幼儿亲自然情感培养的研究，并以此为基石和起点，坚定地将亲自然教育实践持续推进。2018年，"3~6岁幼儿亲自然情感培养模式的探索与实践"获得了国家基础教育教学成果二等奖，我们更加坚信幼儿亲自然教育实践探索的现实意义和长远意义。这对于目前我们正在进行的省级规划课题"基于儿童天性的幼儿亲自然课程的实践研究"（课题编号：SGH16B166）更是起到了催化剂的作用。相信只要我们深入持续地开展实践探索，终将影响幼儿的长远发展。

　　2018年11月出台的《中共中央　国务院关于学前教育深化改革规范发展的若干意见》第八章第二十七条"注重保教结合"中，有这样一段话，"鼓励支持幼儿通过亲近自然、直接感知、实际操作、亲身体验等方式学习探索，促进幼儿快乐健康成长"，首次把"亲近自然"作为幼儿的一种学习方式提出来，又刷新了我们对幼儿亲自然教育的认识。"亲近自然"不仅是幼儿阶段的学习内容和发展目标，更是一种学习方式。随着思考的深入、认识的提升，我们将幼儿亲自然课程的方式定位

在了"玩在自然,学在自然"。

"玩在自然"首先是一种愉悦的感受,是一种开放、自由的状态。"玩"在自然就是让幼儿回归自然、还原游戏,在全息的大自然中,释放天性,孕育灵动,滋养生命,让生命散发出源源不断的活力。

"学在自然"强调的是探究的兴趣、探索的精神,以及学习的品质,也是深度学习的萌芽和高级思维的发展。"学"在自然就是幼儿把大自然中的各种事物和现象,都作为他们自主、自发进行体验、感受和探究的对象。

基于"玩在自然,学在自然"的理念,我们不断思考:如何让大自然的物种成为孩子们的玩伴?如何在大自然中玩出一双发现观察的眼睛,玩出乐此不疲的状态,玩出追根求源的态度,玩出解决问题的能力?带着问题和思考,我们和孩子们一起玩在自然中,既回味童年的乐趣,又陪伴孩子们享受探究发现的美妙……

自然角里养蜗牛,种植园里种萝卜,阳光下面玩影子,社区院子里面挖泥巴,亲子郊游走进真实的大自然……如此种种,大自然的神奇魅力引发孩子们用心去体验,用感官去把玩、去聆听、去嗅触、去感受。感受蚯蚓爬过手掌的软滑,感受微风吹过耳边的轻柔,感受雨滴洒落大地的轻吟,感受光脚踩在落叶、草地上的不同触感……一个个亲自然游戏、活动方案激发起孩子们的好奇心和探究欲望。孩子们的好奇心驱使他们在每次的亲自然探究中都有细致的观察和欣喜的发现:原来蚕宝宝的蜕皮是从嘴巴和身体的衔接处开始的,影子会随着太阳的移动而变化,下雨天蜗牛会出来爬呀爬,柿子树的树皮像巧克力块一样,蝌蚪会长出腿来……

大自然赋予每种生物的独特性,不仅使幼儿的自然观察能力不断提升,也让孩子们感受到这个世界的丰富多彩。正是有了这些物种和现象的存在,这个世界才更精彩。

孩子在与自然互动中,伴随着事物的变化,不断产生新问题。小种子种下去会长出果实吗?这棵大树的印记像什么?小麦在冬天为什么不怕寒冷?蚕宝宝是怎么吐丝作茧的?鸡蛋真的能孵出小鸡吗?带着一个个问题,孩子们萌发了更多的好奇和兴趣,开始了持续的探究,一个个亲自然主题活动就应运而生。正因为这些生动的案例,我们又一次萌生了结集成书的想法。

我们希望用一种更加具体和生动的载体梳理已有的成果,进一步将亲自然作为特色课程纳入园本课程体系;同时,也想分享和传播我们对亲自然教育的认识和实践的体会,让更多的幼儿园有可借鉴的活动和经验,让更多的幼儿和家庭能够走进大自

前言

然，获得大自然的滋养，孕育生命的灵性。《玩在自然中》是继《亲近自然　释放天性》之后的又一实践探索的成果，呈予读者，以期分享指正。

本书主要由三部分组成，即亲自然主题活动、亲自然活动方案及亲自然游戏。这三种类型的活动既有联系又有区别。联系在于它们都秉承亲自然课程的理念，让幼儿在与大自然的亲密互动中，玩在自然，学在自然。它们都注重与自然的接触，以及亲自然情感的培养。区别在于活动深度和实践长度：亲自然主题活动是开展时间较长，开展较为深入的活动，有的持续一两个月，有的甚至渗透在整个学期的过程中持续开展，孩子们获得的体验更为连续、丰富，学习也更为深入；亲自然活动方案和亲自然游戏则是由一个个在自然中的小活动组成的，它们生动有趣，简便易行，各自独立，操作性很强；亲自然游戏比活动方案更加强调"游戏"性，让孩子们在玩的过程中，"爱"上大自然，其中不乏那些我们童年时代的经典游戏。三个部分相互呼应，既让大家看到在亲自然中玩的过程、玩的方法，同时也能体会到在亲自然过程中深度学习的发生。

一路走来，我们携着困惑前行，带着问题探索，痛并快乐着，但我们始终坚定地朝着努力的方向一步步迈进。让我们欣慰的是，我们见证了孩子们的成长、家长的变化；更让我们欣喜的是，亲自然的理念已经悄然内化到教师们的思想里，转化成为教师们的行动，落实在日常教育之中，成为园本课程的一部分，也成了西工大幼儿园的特色亮点。

《玩在自然中》的结集成册，得益于陕西师范大学程秀兰教授、杨黎明副教授等专家的悉心指导，汇聚着西工大幼儿园亲自然团队和积极参与实践的所有教师的共同努力，更流动着西工大幼儿园孩子们的童真、童趣和创造力。当然，这是一本在实践中积累与沉淀的书，其中必有不尽完善之处，虽显粗糙，但我们愿意分享，在此也恳请各位读者批评指正。

生命影响生命的教育从未止息，我们愿继续努力，让自然之子——可爱、自由、纯真的孩子们，在灵动而丰富的自然环境中生活与成长，诗意地栖息于大自然之中。

2020年1月

目 录　Contents

➕ **玩在自然　学在自然**　　　　　　　　　　　　　王　莉　陈知君　001

➕ **主题活动篇**　　　　　　　　　　　　　　　　　　　　　　　017

种植园里的故事　王　妮 / 018
小麦丰收啦　赵　程 / 035
小种子发芽了　张　倩　阎小聪 / 051
植物角的小秘密　焦　敏　王　柳 / 069
大树密码　王小丽 / 085
火红的柿子树　孟卫平　王　楠 / 101
那朵小花　贾　靖　何蓉娜 / 114
蚕宝宝成长记　王小丽　王　柳　张　倩　刘沫含 / 123
我的小鸡朋友　胡　晶 / 157
小蝌蚪变变变　赫　晨 / 178
牵着蜗牛去散步　王　楠 / 192
泥土乐园　杨　静　刘宇辰　王　颖　睢　琳 / 203
石头城寻游记　邓昕欣　周　瑾　王　柳 / 220
阳光下的影子　孟卫平　姚　岚 / 235
雨趣　冷　敏　张　倩 / 259

活动方案篇　　　　　　　　285

叶色时"裳"　秦仙维 / 286

百变花草　王　柳 / 288

不一样的石头　周　瑾 / 289

细土画画　焦　敏 / 291

小树怪　邓昕欣 / 293

风在哪儿　孟卫平 / 295

艺术插花　刘宇辰　睢　琳 / 296

花瓣漂流　杨　静 / 298

花的印记　朱　欢 / 299

破冰　杨　静 / 301

沙池小兵　王　妮 / 303

神奇的狗尾草　陈小庆 / 304

树叶洞洞板　潘　文 / 307

花色　秦仙维 / 308

树叶制衣　孟卫平 / 310

我和阳光做游戏　赫　晨 / 311

草丛中的小虫虫　焦　敏 / 313

小鸟投食器　陈小庆 / 314

变化的松果　焦　敏 / 316

复眼的世界　何蓉娜 / 317

树叶书签　焦　敏 / 319

树叶拼图　潘　文　刘沫含 / 321

花园写生　郝　平 / 323

树叶变奏曲　李林娜 / 324

攀树　赵炎朋 / 326

亲子亲自然：挖野菜　郝　平 / 328

亲子亲自然：做木筏　张　倩 / 330

亲子亲自然：挖石头　王小丽 / 333

亲子亲自然：踩泥坑　王小丽 / 335

亲子亲自然：滑雪乐趣多　郝　平 / 337

目 录

自然游戏篇 341

弹果核儿 王 柳 / 342
抱大树 焦 敏 / 343
投壶 张 倩 / 345
勾老将 王 楠 / 346
盲行 刘沫含 潘 文 / 347
松塔保龄球 刘沫含 / 348
挑树棍儿 王小丽 / 350
听草 杨 静 / 351
抓石子 周 瑾 / 352
宾果游戏 邓昕欣 / 354
花园小侦探 姚 岚 / 355
趣味"扫雷" 张 倩 / 356
我听到了什么 王 妮 / 358
树叶识色 刘沫含 / 359
舞动的草籽 姚 岚 / 360

与树共舞 王小丽 / 362
动物小剧场 孟卫平 何蓉娜 / 363
我是谁 贾 靖 / 365
寻找"伪装者" 何蓉娜 贾 靖 / 366
扒沙堡 姚 岚 / 368
搓沙球 王 柳 / 369
丛林寻宝记 林雅静 / 371
神秘树叶袋 林雅静 / 372
摔泥碗 睢 琳 刘宇辰 / 373
小小"尖刀"团 王 颖 / 374
竹篮打水一场空 杨 静 / 376
雨后的味道 赫 晨 / 377
收集云彩 何蓉娜 贾 靖 / 378
旋转的小花伞 冷 敏 / 380
影子变变变 孟卫平 / 381

在自然中孩子们的天性会自然流露出来：在他们看来，雨天不是糟糕的天气，而是快乐的天气，可以踩水坑，享受水花四溅的乐趣；透过孩子们的眼睛，我们看到了更加细微的多彩的世界，树洞里的小蚂蚁，毛毛虫的卷曲和伸展，玉米叶子上细小的绒毛……大自然中有丰富的物种，为孩子们的自主游戏、探究发现提供了绝佳的场地。

玩 在自然

学 在自然

亲近自然是儿童的天性使然,
它关注的是幼儿灵动有趣、
自由自在的游戏、体验、探究和发现,
是幼儿发展的需要。

一、亲近自然是幼儿发展的需要

（一）大自然是最好的课堂

亲近自然是儿童的天性使然。亲自然活动关注的是幼儿灵动有趣、自由自在的游戏、体验、探究和发现，是幼儿发展的需要。大量的实践案例表明，在自然中孩子们的天性会自然流露出来：在他们看来，雨天不是糟糕的天气，而是快乐的天气，可以踩水坑，享受水花四溅的乐趣；透过孩子们的眼睛，我们看到了更加细微的多彩的世界，树洞里的小蚂蚁，毛毛虫的卷曲和伸展，玉米叶子上细小的绒毛……大自然中有丰富的物种，为孩子们的自主游戏、探究发现提供了绝佳的场地。

大自然是最好的课堂，知识在这里没有边界，思考的方式多种多样，问题的答案也不止一个。孩子们愿意亲近自然之后，他们开始对自然中的事物进行细致的观察与探究，开始近距离地感受不同物种生命的多样性。在神奇丰富的大自然里，孩子们的好奇心被充分地激发，他们开始细致观察、认真思考、深入探究，学习的广度、深度都会扩展，他们有了一种自己在研究大自然的成就感，对自己、对世界也有了更深的觉知。

幼儿与自然有着天然的联系和本能的亲近，但是现代社会，从环境到成人的观念都在割裂这份联结，我们面临的严峻现实是：现在很多幼儿已经不愿意走进大自然了。问题不仅仅在于有没有更好的自然环境和资源，还在于有没有亲近自然的意识和行为。现代成人过多地重视孩子对知识的获取，让孩子待在室内的时间越来越多，忽视了情感的培养、经验的积累，孩子们感受体验自然的范围也越来越小。"事实上，对于幼儿而言，如果事实是知识和智慧产生的种子，那么情感和印象就是种子发芽所需要的肥沃土壤，幼儿的早期成长正是为这片土壤作准备。一旦唤起某种情感——对美、对新事物和未知的兴奋、同情、痛苦、尊敬和爱，他们就获得了相应的知识。"所以，无论是城市还是乡村，如果缺乏了亲近自然这个理念，即使身处自然中，也和自然是远离的，是隔绝的。

(二)建立幼儿与自然的情感联结

亲近自然的首要目标是建立与自然的情感联结。建立与自然情感联系的第一步，一定是先带着孩子走进自然，唤醒他们和自然固有的联系，让孩子们愿意亲近自然，这是亲自然活动的一级目标。孩子们不愿走进自然，是因为他们没有体验到在自然中玩耍的乐趣。孩子们亲近大自然、感受大自然的次数越多，就会越发强烈地体验到与大自然之间的情感联系，他们会发现，原来大自然里的一草一木就是最好玩的"玩具"。

我们把"幼儿亲自然情感"界定为幼儿对自然的情感体验，包括两方面：一是幼儿愿意亲近自然、融入自然、热爱自然，在自然中感觉放松、自由、安全、愉悦；二是幼儿的自然天性得到理解、尊重、释放，自然灵性得以舒展。基于概念的界定，我们又把幼儿亲自然活动培养目标确定为三个层次：愿意亲近自然—喜欢探究自然—热爱融入自然。我们从这三个层次对亲自然情感做了具体、外显的划分。这三个层次相互联系、层层递进，丰富又可评价，为亲自然活动的开展明晰了方向。

"愿意亲近自然"：从情感态度角度提出，即指幼儿喜欢、乐意走进大自然，愿意在自然中游戏。在最初的接触当中，不少幼儿在与自然的互动中，显得谨慎矜持、怕脏怕摔，但随着教师的带领、同伴的相互影响，幼儿逐渐放下那些心中固有的包袱，更放松地投入大自然的怀抱，感受天与地的滋养。

"喜欢探究自然"：体现的是幼儿在大自然中的学习方式。幼儿在自然中，好奇发现，乐于探究。丰富的大自然环境，能够满足幼儿的好奇心，激发幼儿的探究欲望。幼年时期在大自然中获取的经验甚至可以影响人的一生。

"热爱融入自然"：体现的是更高的目标——天人合一。幼儿只有从小习惯在自然中玩耍，享受过在自然中的快乐时光，才会真正自觉地爱护自然，保护自然，建立人与自然和谐相处的理念，也是一种生态观的教育。

自然不仅是构成教育的元素，更是幼儿未来获得幸福感的源泉。亲自然活动的最终目标是让幼儿在自然中找到归属感，热爱融入自然。当一个孩子能够在大自然中感到发自心底的安全、放松、自由、愉悦时，他会感受到自己是自然的一分子，而大自

然是他值得信赖的朋友、内心的归宿和温馨的港湾。这种从心底涌现的情感，与自然的深度联结，滋养着幼儿，不断满足幼儿精神世界以及学习发展的需要。

二、为幼儿创造更多亲近自然的可能

（一）亲自然环境的创设与利用

在亲自然环境创设上需要确保"轻松、愉悦、有趣、互动"的原则。这样的环境会让孩子感到身心愉悦，能引发孩子自由自主地探索；这样的环境是可以和孩子产生互动的，让孩子可以亲自参与、亲身体验。它一定不是一个只让孩子观赏的环境，现在有很多人文景观非常漂亮，但是孩子不能靠近，不能摸，不能踩，这种环境很难引发孩子们深入地与其"对话"。

作为城市幼儿园，即便身处钢筋混凝土的丛林，也不能阻碍我们的田园梦想。通过亲自然环境的创设与利用，从班级到幼儿园，再到社区和更远的自然，让孩子从小与自然互动、与自然对话，建立与自然亲密的关系。经过实践探索，我们根据由近及远的思路，将自然划分为："身边的自然"，例如自然角、种植园等；"社区的自然"，例如社区的草坪、花园、小树林等；"远足的自然"，例如公园、农田、森林等。采用不同的接触频率和方式，为幼儿亲近自然提供更多可能，保障亲自然活动的常态化开展。

"身边的自然"，也就是幼儿园的自然环境，在园内的自然环境创设上，我们根据幼儿园的结构、布局、场地等实际情况，充分利用每一寸土地，挖掘每一方可使用的空间，让幼儿园充满自然的气息和美的体验。比如，利用班级阳台设立自然角、饲养区；开辟生态种植园；创设生态养殖区；利用幼儿园的角角落落建立戏水池、玩沙区；收集丰富的自然物，如花瓣、石头、树枝等，融入幼儿园的环境创设。以此让亲自然环境真正地"活"起来！

除了身边的资源，"社区"环境也能够为孩子们亲近自然提供更广阔、更宽泛的活动场所。如果说幼儿园亲自然环境需要用心地去创设，那么社区资源就需要我们智慧地进行开发和利用。一是所选择的社区资源要能和孩子互动，有趣且符合年龄特点，活动带有一定冒险性和挑战性，比如，挖土、找蚂蚁洞、爬树等。二是安全的保障。我们需要提前对周围的环境进行勘察，做好孩子自身安全防护、安全教育等前期准备工作，还可以邀请家长志愿者参与活动，保障安全。

鼓励家长利用周末或假期带孩子到更远的自然，这就是我们说的"远足的自然"。让孩子走到真正的野外、真正的大自然中去，感受一望无际的田野草原，感受秀美壮丽的山川河流，感受自然天地的宽广和物种的丰富，让亲近自然真正成为孩子学习和生活的常态。

（二）亲自然活动的内容选择

结合《幼儿园教育指导纲要（试行）》《3～6岁儿童学习与发展指南》的内容以及实践探索，反复观察幼儿在真实自然中的表现，我们在组建课程内容的时候，把孩子感兴趣的、容易触及的、能引发孩子不断探究的自然现象相对划分为以下四大类：植物类、动物类、沙水石泥类和风雨雪影等其它自然现象类。

植物类，主要包括幼儿身边的花草树木，以及自己动手种植的植物，这些都是可以直接和孩子互动的。

动物类，主要指孩子们在户外自己发现或寻找到的小昆虫等小型生物，以及自然角饲养的小动物，例如常见的蚂蚁、蚯蚓、蜗牛、西瓜虫、蜜蜂、小青虫等。这些小家伙因为在自然中被孩子们偶遇，就自然而然地成了他们的玩伴和"宠物"，这些"小宠物"们能够长时间地引发孩子的互动观察。

沙、水、石、泥作为大自然历经变化的独特产物，是孩子们易于获得的"玩具"，也是最容易激发想象力和创造力的低结构游戏材料。

风、雨、雪、影等其它自然现象，同样可以成为我们亲自然活动的内容。在成人眼里的坏天气，却是孩子们欣喜的玩闹的好时机，踩雨、找风、打雪仗、堆雪人、影子变变变，乐此不疲。

我们对内容选择遵循以下三个原则：一是幼儿身边最常见到的，随处都有的，可以让孩子们信手拈来的；二是幼儿非常感兴趣并有一定探究价值，能引发幼儿一步一步深入探究的；三是能调动幼儿各种感官互动，能够让幼儿充分去体验、去感知的事物和现象。

同时，我们在实践中发现，不同类的内容，引导的侧重点和路径上有一定的规律可循。植物类活动内容，主要以幼儿的亲身体验为主，让幼儿在观察、养护植物的过程中进一步探究，丰富对植物的认知；动物类活动内容，重点关注孩子与动物之间的互动，引导孩子在观察、照顾的过程中进一步探究发现，感知了解动物的特征和生活习性等；沙水泥石类的自然材料活动内容，主要关注孩子的游戏本身，通过多次重复的游戏，不断强化幼儿的感知觉体验，让幼儿循序渐进地获得丰富的经验；风雨雪影类的活动内容主要关注幼儿的感受，让幼儿在感受和游戏中释放天性、获得愉悦。

三、亲自然活动实施的具体策略

（一）低结构

"低结构"策略：一是指活动组织的低结构，就是给予幼儿足够的时间和空间，使他们充分体验和感受自然。教师可依据幼儿兴趣点，随机生成活动；二是指活动材料的低结构，让幼儿更多地使用自然材料，辅助适量工具来进行活动。

"低结构"首先是由活动场地决定的。在大自然中，环境是开放的，物种是丰富的，每个孩子都能找到自己感兴趣的点，但是这些点可能各不相同，我们不能强迫孩子都关注同一个问题。其次是由孩子的状态决定的。在大自然中，孩子们都会在自己的兴趣点上，十分投入地观察和游戏，持续时间也比较长，注意力集中且不易分散。这种主动的获取，才是真正学习的发生。因此，我们要给予幼儿足够的时间和空间，使其充分体验和感受自然，在自由中充分释放天性，宣泄情绪情感，发挥想象力和创造力。

要做到活动的"低结构",首先,预设活动内容的点要少,环节不宜过多,处理好预设和生成之间的关系,就是要让孩子更自由、愉悦地根据自己感兴趣的内容探究和游戏。其次,活动多以小组活动或自由活动的组织形式开展,不要在活动过程中做过多集中讲解,对活动将出现的问题或注意事项,在活动开始前进行讨论。最后,教师与幼儿的互动交流以参与和启发的方式为主,不宜用指令的方式,对幼儿在活动过程中的行为,只要不涉及安全隐患,教师不宜过多干涉。

活动材料的"低结构",主要体现为以下三个方面:一是引导幼儿接触各种各样的自然材料,如树叶、花瓣、沙、水、石、泥等;二是鼓励幼儿创造性地使用自然材料解决问题或充当游戏材料,如用树枝挖土,想象树叶是过家家的滑滑梯;三是投放适量、适当的工具,便于幼儿探究观察,以及与同伴合作,如放大镜、铲子等。在工具投放过程中,并不是种类越多越好,因为种类过多,可能会带来不必要的干扰。只要围绕着活动主题,提供有针对性的工具就可以。同时,工具的数量也不宜过多,不一定人手一套,可以让有的孩子拿铲子,有的孩子拿手电筒,还有的拿放大镜,这样做是为了更好地促进孩子们之间的合作。

"低结构"策略的核心,就是让孩子在大自然中更充分地与自然物亲密接触和互动,更加自主、自由、有创意地进行活动,获得满足感,促进成长。

(二)多重复

幼儿在一段时间内很喜欢"重复"做一件事,重复玩一个玩具或一个游戏,重复阅读一本书,重复问同一个问题等。喜欢重复做同一件事是学龄前儿童特有的行为。对幼儿而言,他们对世界的认识是从感知觉开始的。他们充满惊喜地用自身各种感官去认识世界,同时也用不断的"重复"来层层探索、确认、归纳自己的发现,从中不断强化感知觉体验,逐渐抽象出对事物的认识。亲自然活动中,"多重复"策略的提出也是基于幼儿的这一特点。这里的"多重复"包括活动主题的重复、活动场地的重复,以及活动时间的重复。

事实上,如果不断更换新的主题,幼儿开始会对新的活动表现出兴趣,存在一定

的新鲜感，但只停留在浅表的"接触"层面，没有更多深入的体验，活动也就很难向纵深进行。多重复可以生发出新的活动，从而使活动具有"系列性"和"深入性"。这也体现在不同年龄段进行同一主题活动时，会有不同的层次和深度。同时，"多重复"的另一个价值在于，重复能够让幼儿在他熟悉的事物、环境中获得内心的安全感和可控感，进而体验到自己"驾轻就熟"的成就感。他们会对自己感兴趣的事乐此不疲，并获得身体的放松、情绪的愉悦、内心的舒适，这也就是我们所强调的亲自然情感。

除了活动主题上的重复，"多重复"还体现在场地上的重复和时间上的重复。

选择同一场地反复开展活动，可能内容上会发生变化，但因为场地的固定，会让孩子们产生一种安全感，他们会从自己最熟悉的活动开始，逐渐拓展和生成新的活动。如果我们的孩子反复在同一场地开展亲自然活动，那就会成为他们童年记忆里的"百草园"。

时间上的重复，其实是指我们设立的每周"亲自然日"。时间的保障是必不可少的。幼儿只有拥有足够的时间与自然亲密接触，才能有更多机会去感受体验，逐渐建立起与自然的感情。"亲自然日"就是把每周半天作为固定的园外亲自然活动时间，使得教师们从意识上重视、行为上坚持，并在幼儿和家长的心目中形成规律和期待。

重复符合幼儿认识世界的心理特点，是幼儿丰富经验、提升学习品质的重要方式，也让幼儿在心理上形成安全感和掌控感，把亲自然变成规律和期待。

（三）重表达

活动后的表达交流是对幼儿情感的升华和再体验，它所承载的是亲自然情感培养的核心价值。每一次亲自然活动后，给予幼儿充分讨论交流的机会，不仅可以提高幼儿的理解与表达能力，还可以促进他们自我总结和反思，在认识上巩固活动的收获，使亲自然情感得到升华。同时，"充分的表达交流"也能够从侧面帮助教师更好地了解孩子在活动中的表现和发展，检验活动的实际效果，并从中了解孩子的兴趣点，为后续活动的设计提供参考。

因此，我们鼓励孩子用多种形式主动积极地进行"表达"，可以是口头语言，也可以是肢体语言，还可以是绘画作品，或幼儿喜欢的其他表达方式。让这种"表达"流动在集体中、在幼儿与同伴之间、在幼儿与教师之间，更流动在幼儿与家长之间。

每次亲自然活动结束回到教室，教师会组织孩子们进行集体讨论，分享各自不同的体会和感受。有的孩子会描述刚才活动的过程，有的会说出自己的心情和感受，还有可能是一些自己惊喜的发现。每个孩子的具体经历不同，感受程度不同，表达的内容也就不同。

除了"口头语言"，还有"肢体语言"的表达，通过"动作"来表达自己的感受和想象，对已有的感性经验进行再造和升华。例如，孩子们用身体模仿蚕宝宝的爬行过程。另一种常用的表达方式就是"绘画"，它比语言表达更加细腻和生动。亲自然活动结束后，教师会鼓励孩子们每人完成一幅绘画作品，把自己感受最深的内容用绘画的语言表达出来。即便是同一个活动，每个孩子的作品都是与众不同的。教师和家长也可以通过这幅画，了解到孩子内心最强烈的感受和最感兴趣的事情。

除了在幼儿园里的师幼对话、同伴互动，回家之后的亲子交流也必不可少。教师通过微信，以照片和文字的方式告知家长们今天的亲自然活动内容，包括一些有助于亲子互动的小问题，请家长与孩子交流，并把对话内容记录下来，再反馈给教师。这样一来，不仅教师能够更好地了解每一位幼儿的想法，同时家长也会通过与孩子的对话深入了解亲自然活动。

总的来说，活动后的交流表达不仅是对活动的回顾，更是对情感的再升华，表达的形式可以是语言、绘画、肢体等，而表达的对象可以是教师、同伴、家人。

（四）教师"玩伴"角色

在亲自然活动中，孩子的游戏是自发、自主的，孩子的状态是轻松、愉悦的，这里有自然环境带来的身心放松，同时良好的师幼关系也起到了非常重要的作用。经过长期实践探索，我们发现：教师以"玩伴"的角色与幼儿共享自然，能够让彼此更加放松、愉悦地体验在自然中的乐趣。

首先，是教师的情感感染。教师的教育理念会直接或间接地渗透在教学行为中，

从而影响着幼儿的学习与发展。如果教师能首先培养起自身与自然的情感，并将这份情感传递给幼儿，那么就会对幼儿产生潜移默化的影响。正如理查德·洛夫在《林间最后的小孩》中写的："孩子与自然建立联系的最有效方式，就是让我们自己与自然先建立联系。"

想成为"玩伴"，最简单的办法就是把自己变成孩子，"像孩子一样，保持一颗好奇的心"。这会使教师和孩子们一起融入自然、分享惊喜，重新发现大自然中的快乐与神奇。而孩子也会在这份融入中，充分感受到教师的欣喜与兴奋，会更加尽兴地投入活动。成为孩子的"玩伴"，还要求教师像"伙伴"那样和孩子们一起发现问题、共同探究、解决问题。大自然中蕴藏着许多未知，孩子们的细致观察、奇思妙想会带来不少值得探究的问题。这个时候，教师要放下"权威"的架子，和孩子们一同发现探索，一同思考解决。

成为孩子的"玩伴"，教师们需要从内心到外在都真正地放松下来，可以换上舒适的、不怕脏的、适于户外运动的衣服，身心放松地和孩子们在自然中玩闹。

当教师真正成为孩子们的"玩伴"，就会带来师幼关系的改善。教师和孩子们一起将落叶撒向天空，一起躺在草地上看着蓝天白云，聆听自然的声音，一起感受内心的愉悦和放松，一起探索自然的神奇和未知……这不仅有助于亲自然活动的有效开展，还会让教师认识到良好的师幼关系对于孩子成长以及自我成长的影响。幼儿在尊重、信任、舒适的心理氛围中更加自信乐观、善于表达；教师也开始更多地反思自己的教育行为，越来越多地走近幼儿、读懂幼儿。

（五）家长的认同与参与

幼儿园要引领家长的理念，通过让家长亲身体验、亲子沟通、教师传递、家长交流等方式，增进对亲自然活动的认识和理解，先从思想上的认同，再到行动上的主动参与。具体有以下几种方式。

1.家长志愿者——走进亲自然

每次亲自然日的活动，可以轮流邀请几位家长作为志愿者参与。这样一来，家长可以通过亲身参与、直观感受，增进对亲自然活动的认识和理解。同时，也为外出亲自然活动提供辅助和安全保障。

家长在亲身参与活动后，特别能够感受到孩子在自然中的状态，这可能是照片或是文字无法传递给家长的，但却是最能打动人的。

2. 家园反馈——了解亲自然

每次活动后，孩子会完成一幅绘画作品，用他们自己的方式和语言记录自己的所见、所思、所感，回家后与家长进行沟通交流。教师会事先向家长介绍当天的活动，并给出家长与孩子沟通时的建议，让家长能够通过孩子的表述了解每一次的活动以及活动中孩子的感受。

3. 家长沙龙——认同亲自然

家长沙龙活动是教师定期组织家长一起分享幼儿一段时间以来在幼儿园的亲自然活动，用照片、视频的方式生动地呈现出孩子在亲自然活动中行为、兴趣点、情感的点滴变化，配合教师对活动目的、意义、过程的阐释，让家长对活动有更加深入的了解。同时也是家长之间交流的平台。活动中，家长们反馈心得体会，分享经验做法，提供建议和方案，等等。

通过家长沙龙的反馈，家长分享的感受往往会引起更多家长的共鸣，大家普遍都感受到孩子对亲自然的期待以及自然观察智能的提升，也会开始反思自己的教育行为，从被动参与，到认可了理念后主动加入。

4. 亲子出游——参与亲自然

亲子出游是在教师的引导下，家长带着幼儿共同走进真正的大自然的活动。它能让幼儿领略到非人工雕琢的大自然的神奇与壮观，突破幼儿园开展亲自然活动的局限，也为幼儿与家长互动提供了更好的媒介环境，亲子关系在这个过程中更加融洽。

幼儿园还可以在寒暑假期间给家长们一些假期的亲自然活动建议：这些活动建议就是让孩子和家长一起走进自然、关注自然，在自然中有事可做。通过开学后的反馈，彼此交流，形成班级亲自然的浓厚氛围。

家长从走进、了解亲自然活动，到理念认同，再到积极参与，从被动配合到主动

实施，使得幼儿园亲自然活动的开展获得了智囊团，亲自然的脚步也越走越远……如果说教师们的亲自然活动能够带给孩子幼儿阶段的成长，那么家长亲自然理念的形成则会带给孩子更长远，甚至持续一生的影响。

四、亲自然活动中的学习发生

（一）亲自然活动中的主题教育

孩子在与自然互动中，往往会在一段时间里持续对某一事物感兴趣，或者伴随着事物的变化，不断产生新的问题。围绕孩子们的兴趣点和所提出的问题，教师只需要适时地起到支持和引导作用，一个主题活动就会自然而然地形成。

一个好的主题活动的建构，能够让幼儿在一段时间内，持续保持对某一事物的关注和深度探究，在充分调动幼儿主动参与的情况下，帮助幼儿形成丰富的、完整的、连续性的经验。幼儿的兴趣能够得到保持，幼儿的问题能够在活动中不断得到验证和解决，并且这些获得的经历和体验还可能具有迁移性，能够在新的活动中得到运用。

亲自然活动的主题建构，我们往往会采用内在的线索来牵引主题的发展，我们把主题的建构分为两种类型：

一种是平行式主题建构。这类主题大多由平行的活动构成，但是这些活动都会紧紧围绕主题的核心展开，通过不同形式的多种活动，让孩子获得丰富的感性经验，从而提升对自然物或现象的认识。例如，主题活动"阳光下的影子""泥土乐园"都是通过多种活动，让孩子充分感知和体验光影、泥土，并在过程中不断加深游戏深度。

另一种是序列式主题建构。这类主题活动往往有很强的顺序性，事件发生的顺序是客观决定的，推动着主题的发展。例如，亲自然活动中，孩子们会接触到一些动物的养殖和植物的种植，这类活动往往是序列式主题。孩子们在深入探究了一个序列主题后，往往会有纵深的认识，也积累了探究事物的方法，这些方法还可以迁移运用到同类活动之中。例如，主题活动"蚕宝宝成长记"就属于这类活动。

亲自然主题一定是来源于自然,来源于感知,来源于体验,来源于兴趣。例如,"种植园里的故事"这个主题的核心就是"种植",在确定了这个核心之后,教师就开始思考:班里的孩子有哪些相关的种植经验?他们对哪些活动会更感兴趣?环境又可以支持他们干什么?在确定了主题大体的思路后,就要充分丰富孩子们的感知和体验,让孩子们亲历种植,亲历发现,感受收获的喜悦。

种植过程中的很多小插曲、小故事都不是教师可以提前预设的,也不是每一个班的孩子都会出现相同的问题。例如,浇水器的制作是发生在养护植物过程中的小插曲、教师随机生成的活动,激发了孩子们的创造热情,解决了浇水困难的问题。所以,孩子已有经验的不同、兴趣的不同等都会引发不同的活动内容,需要教师在主题实施过程中不断观察孩子,发现孩子的探索欲望以及兴趣,不断调整主题进展方向,处理好预设与生成的关系,最终形成属于本园、本班的亲自然主题活动。

(二)亲自然活动中的随机生成教育

大自然的千变万化、宽松的环境,赋予了随机教育无限的可能。亲自然活动中,蕴含了诸多未知、无法预见的教育时机,一个有智慧的教师要随时准备根据环境的变化、事件的发生,提供鹰架支持,让随机教育成为幼儿学习与发展的驱动力。

好奇、好动、好问是儿童的天性,作为教育者,我们总是忍不住想要给幼儿预设、安排更多所谓的有价值的学习活动,而忽视了他们自由游戏的需求,缺少了迎接各种随机事件的留白。在丰富、全息化的大自然中,我们从不刻意要求幼儿一定要学到什么,学会什么。儿童与万物共生长,当我们鼓励与允许他们以自己的眼光看待世界,向世界发问时,会发现,幼儿在自然中发生的一切事情都可能成为教育的起点,蕴含了随机生成教育的契机与空间。

"生成"表示某种事物或现象发生和发展的动态过程,与"预设"相对应,具有复杂性、动态性、情境性和偶发性。亲自然活动中的随机生成教育意味着它不是教师预先计划好的活动,而是师幼亲自然活动中,教师追随幼儿的兴趣,尊崇幼儿的自然天性,理解幼儿的需要,根据教育现场当下的具体情况,不断调整、生成,以促进幼

儿更加有效学习的动态发展过程。从某种意义上说，生成教育就好像光和影的游戏一样：自然，但又充满了偶然和变化。

孩子们天生就是会和自然互动的，他们了解自然，探索自然，敬畏自然，当他们在自然中尽情游戏的时候，当他们的心灵和大自然在一起时，他们是开放的、自由的、放松的。我们发现，在自然中，孩子们就能展开自主、自发的学习。他们试着发起、生成有趣的活动、新奇的冒险、持续的探究：一场不期而遇的大雪就能引发"雪的感觉""雪为什么会融化""雪花的形状"等一系列思考，一次和影子的游戏可以激发"谁的影子最长"的测量与比较，一场寻找四叶草的比赛可以生成儿歌、故事的创编，一片落叶则引起了关于"生命轮回"的思考……幼儿在大自然中打开了所有的感官，用自己的方式与节奏自然地感受着、体验着、学习着、生长着，每一个活动的生成、发展、结束、延伸，都是幼儿和教师双方智慧的碰撞、思维的交流、共同的建构，教师们需要做的则是倾听、接纳、认同与共同体验。

生成并不意味着完全不需要预设和计划。只是这种计划不是对活动的具体目标与程序的规划，而是更具弹性、过程性和开放性，包容更多的可能性。对于教师而言，在亲自然活动中我们需要思考的问题是：我们对外界环境的变化是否像孩子一样敏感；我们是否愿意逐渐收起对幼儿过度的控制；我们是否能够做到"心中有目标，眼中有孩子，处处有教育"；我们是否有适合幼儿学习的知识结构；我们是否如孩子般热爱生活，拥有一对想象的翅膀；我们是否能够看见幼儿，倾听来自幼儿的声音，捕捉他们的兴趣所在，并及时给予适宜的回应和反馈。

（三）亲自然活动中的观察学习

"观察"是幼儿认识世界最主要的方式。在幼儿的成长中，身边的小花、小草、小动物以及四季的变化，有效地刺激着他们的感觉器官，激发了孩子们探索自然的好奇心和求知欲。亲自然活动中，教师引导幼儿积极主动地观察自然、持续深入地探索自然，使他们形成良好的观察习惯和能力，并获得更加丰富的情感体验和学习经验。

英国生物学家威格尔斯沃思，在5岁时曾经把一只毛毛虫关在瓶子里，看它吐丝作茧。几天后，他惊奇地发现这只毛毛虫竟然变成了一只蝴蝶。他将这件事称为"一生中最重要的科学发现"。可见，幼年时的自然经验对他产生了巨大而深刻的影响。

只要我们肯用心去发现、去探索，给孩子们提供更多观察的机会和条件，孩子们就会得到最珍贵的宝藏。在和蚕宝宝一起慢慢长大的日子中，孩子们悉心照料蚕宝宝，直观生动地见证了它的成长，更在持续深入的观察中，不断萌生新的问题："蚕宝宝有牙齿吗？""蚕宝宝是怎么蜕皮的？""如何分离蚕沙？""蚕宝宝是怎么吐丝把自己裹起来的？""怎么为蚕宝宝做蚕蔟？"教师也和孩子们一起收集信息、探索答案，帮助孩子不断丰富学习经验。幼儿的兴趣能够得到保持，幼儿的问题能够在活动中不断得到验证和解决，深度学习就这样发生了。

"观察"使孩子们更积极主动地关注自然中的事物，成了生活的"有心人"，同时也在良好的观察习惯中，萌发了对自然物更深厚的情感，深化了生命教育的体验。作为教师，我们能从幼儿的兴趣入手来引发观察，通过语言的提示来推动观察，使用绘画等记录的方法来丰富观察，最终引导幼儿有目的、有计划、有侧重地进行观察，形成受益终身的学习态度和能力。

与自然的接触，对孩子而言，就像丰富的营养和充足的睡眠一样不可或缺。让孩子在大自然里自由驰骋、悉心观察、放飞想象，是教室和书本永远无法给予孩子的成长体验，是他们一生中宝贵的财富，也是他们未来获得幸福感的重要源泉。生命之所以精彩，是因为它斑斓的色彩背后充满了顽强的力量。在亲自然的过程中，幼儿对于大自然的喜爱，触发了他们对自然的关注，唤起了他们对生命的感触，也激发了他们生命的活力。让我们一起从幼儿的视角出发，在大自然的怀抱中，追随孩子亲自然的脚步，玩在自然，学在自然，遇见惊喜，遇见美好！

王　莉　陈知君

感受它远比了解它重要。

——雷切尔·卡森

主 题 活 动 篇

孩子们的小脑袋里总有千千万万个问题和想要探寻的未知。植物角的叶子怎么都朝一个方向倒？树洞里有什么？蚕宝宝有眼睛吗？它是怎么蜕皮的？小蝌蚪为什么要坐在石头上？我能和我的影子分开吗？带着一个个问题，孩子们萌发了更多的好奇和兴趣，开始了持续的探究和体验，亲自然主题活动应运而生，深度学习悄然发生。

我们惊喜于孩子们细致入微的观察，感叹于他们天马行空的想象，欣喜于他们问题解决能力的提高，见证着他们享受自然的幸福童年！

中班亲自然主题活动

种植园里的故事

王 妮

主题缘起

种植园作为小朋友们亲自然活动的重要场所，每学期孩子们都会在这里留下自主农作的痕迹，"种植—养护—收获"的循环，像四季的周而复始一样有规律地发生着，伴随着孩子们的一次次到访，一个个有趣的故事在这里悄然发生。

问题情境

春天到底适合种植什么？

为什么有的种子发芽早，有的种子发芽晚？

萝卜到底什么时候才能吃？

到底是要给叶子浇水，还是要给根部浇水？

离开土的西红柿小苗带回家还可以长大吗？

……

去年冬天种植的豌豆成了孩子们新学期的牵挂。孩子们在照顾植物生长的过程中，又发现了很多新问题。在一个个问题的探索与解决中，孩子们关于种植的故事开始了。

设计意图

随着植物的生长，孩子们发现了更多有趣的事情，也习得了很多关于种植的经验，发现了很多种植的小秘密，感受到了种植的快乐。相关种植的知识大多是枯燥的，如果没有种植的真实情境，那么孩子将很难链接到这些抽象的内容。种植主题的实施最重要的是引领孩子参与到植物生长的整个过程，让孩子们在植物生长的过程中发现问题、解决问题、寻找答案，体验到整个生命成长的惊喜。

主题脉络

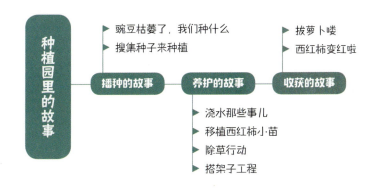

主题目标

- ☆ 通过观察探究豌豆枯死的原因，发现植物生长与季节、气候的关系。
- ☆ 了解几种适合北方春季播种的植物。
- ☆ 观察西红柿、樱桃小萝卜、葫芦等几种常见植物的生长过程。
- ☆ 愿意积极参与到种植与养护蔬菜的活动中。
- ☆ 体验劳动的快乐与收获的喜悦。
- ☆ 感受植物生长的力量与大自然的美好。

播种的故事

春回大地，万物复苏，新学期孩子们来到幼儿园讨论着自己新年的趣事，赵子航突然问道："王老师，我们的豌豆长大了吗？""这个，我也不清楚，咱们去看看吧！"

故事就这样发生了……

故事一　豌豆枯萎了，我们种什么

3月1日，孩子们来到离开一个多月的种植园，期待看到满园的豌豆，但是很明显，枯萎的豌豆秧让孩子们非常失望。

"啊？豌豆死了！"

"豌豆为什么会死呢？"

"可能是因为没有水吧。"

"可能是太冷了。"

"不对，咱们已经保护它了，是不是盖住它不能呼吸了！"

孩子们七嘴八舌地讨论着豌豆枯萎的原因，很快孩子们发现了种植区中依然有绿绿的植物——

"快来看！这个豌豆没有死！"

"这个不是豌豆，它们长得不一样！"

"对，这个不是豌豆！"

"可能是豌豆不能在冬天生长，只有这种植物才可以！"

"那豌豆死了，怎么办呢？"

"咱们重新种吧！"

❶ 认真地讨论这株依然是绿色的植物
❷ 一起清理种植园
❸ 分享讨论自己的调查结果

接着，孩子们开始清理枯死的豌豆秧。

接下来我们应该种什么？春天可以种什么呢？孩子们带着问题开始了调查。3月4日，新的一周，孩子们带着自己周末调查的结果来到幼儿园和小朋友们一起分享。

经过统计，原来春天可以种植的植物有很多，我们到底种什么呢？3月5日，我们在一起认真地展开关于"种什么"的讨论。

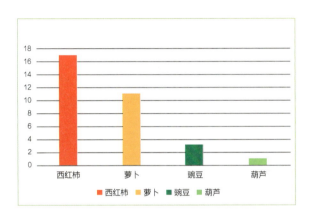

▲ 关于"种什么"的统计结果

当我们给孩子呈现真实的种植情境，孩子便在提问与思考中自主探究了解到北方春季适合播种的蔬菜，在亲手种植中丰富更多的播种经验。

 搜集种子来种植

知道了种什么，大家立刻开始搜集种子。有的小朋友带来了自己去年种植的葫芦和小榔头，说敲开葫芦就可以看到种子啦！

3月11日，又是新的一周，孩子们互相讨论着自己带来的不同种子，在观察和比较中他们不仅发现了各种蔬菜种子的不同，细心的孩子们还发现了同样是番茄种子，但是因为品种不同，外形也不大相同。

▲ 大家细心地比较着三类种子的不同

我们选择在3月12日植树节开工。孩子们来到种植园翻整土地，他们用自己准备的小铲子一点一点认真地翻土，像是在完成一件精心创作的艺术品。

"用这棵菜分开，这边种萝卜，这边种西红柿，最后面种别的东西……"

虽然孩子们已经投票要种西红柿，还说要等西红柿成熟后再种植萝卜，但是当他们看见这一大片土地的时候，却临时决定要把不同蔬菜的种子都种进去。在孩子们的要求下，我们一起把这片如视珍宝的土地分为三部分。

▲ 赵子航比划着建议把种植区域划分成三份

孩子们的种植活动持续了一个多月，每周种植一种蔬菜。他们小心翼翼地把种子放进土壤中，轻轻地盖上泥土，播种着自己的一份希望。有的人放一粒，有的人放两粒，还有的人一不小心全部放了进去，到底谁的更早发芽呢？

期待……

▲ 种子放进去要轻轻盖起来

▲ 萝卜生长过程实录

通过每周的观察，孩子们一起记录如下实验结果：

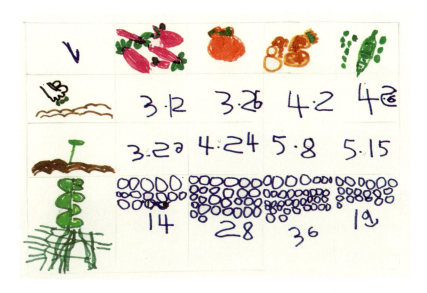

▲ 这是孩子们的种植观察记录：
第一行记录的是播种的不同植物，第二行是播种的时间，
第三行是出苗的时间，第四行是从播种到出苗所用的天数

种植活动中，孩子们观察到几种不同蔬菜种子的外形特征，体验了几种不同的种植方法，比较了不同铲子刨坑的效果，研究着到底放几颗种子比较合适，并通过认识日历、观察记录出苗状态等方法来了解不同种子发芽的时间，真实地感受着不同植物的生长变化。

持续近两个月的种植活动由孩子们自主发起，整个过程又由孩子们主导与推进，分阶段地进行种植，也许这才是真正属于孩子们的种植，不慌不乱，不急不躁。活动中，孩子们了解到适合北方春季种植的蔬菜，观察到了不同的种子，知道了多种种植的方法，对植物的结构与生长过程有了更深入的理解，同时也收获了一次完整的种植经历。我想这其中看得到的、看不到的孩子们的成长，将带给孩子们如播种一般成长的力量！

养护的故事

提起照顾植物，孩子们一致认为要浇水！因此每次来种植园，浇水成为孩子们必做的一件事情。有一天，孩子们在给刚刚种植的萝卜浇水时，突然有人大叫起来："老师你看，萝卜的种子怎么漂上来了？"这一叫，引来了孩子们围观，大家七嘴八舌地讨论起来。

故事一　浇水那些事儿

"这是谁种的？都没有盖土！"

"不是的，一定是谁把土拨开了。"

"把它放进去吧！"

"我知道了！你们看，水太多了，把种子冲出来了！"

"咱们少浇一点点水吧！"

于是，从此以后，孩子们浇水越来越小心翼翼。

▲ 我的水壶有嘴，可以浇到萝卜上！

当萝卜的叶子越长越大的时候，孩子们又开始了关于水到底是浇在叶子上还是浇在根部的争论：

"萝卜长在土里，你这样浇水不行！"

"为什么呢？"

"因为它的根在这里。"

"叶子也是需要水的。"

"可是根会给叶子输送营养。"

……

争论的结果是，孩子们觉得叶子上和根部都需要浇水。

▲ 看见了吗？站得高，浇得远呀！

主题活动篇·种植园里的故事

随着植物长大、天气越来越炎热,孩子们发现,每次浇水后,土地很快就会干,他们一边讨论一边商量着对策,最后得出结论——每次要多浇一点水。就这样,在反反复复的浇水过程中,他们发现了不一样的浇水器可以出来不同大小的水流,发现了原来站得高一些,可以浇得更远。

有一天,当西红柿枝繁叶茂的时候,孩子们突然发现,想要把水浇到中间西红柿的根部是非常困难的事情,于是一场设计新型浇水器的行动开始了。

设计 → 验证 → 使用

"双桶浇水器"设计图纸　　试试我的弯管浇水器!　　效果真不错,水浇到中间了!

随着孩子们浇水次数的增多,他们发现了更多的问题,同时也总结出了越来越多的解决方案。除了了解到植物生长需要水分外,还体验到了玩水的乐趣,发现了不同浇水器带来的不同浇水效果,知道了植物在生长的不同阶段对水量和浇水方式的需求也不同。

故事二　**移植西红柿小苗**

播种西红柿的时候,孩子们为了收获得更多,放进去了很多种子,当西红柿出苗的时候,问题出现了。

"老师!西红柿苗好多呀!"

"是呀!一个个挨挨挤挤的。"

"一定能结出很多的西红柿，我们一起分享！"

"哇！"孩子们兴奋了起来。

新的一周，当孩子们再次来到种植园时，他们发现西红柿的小苗并非都如他们所想的那样全部长大变粗，而是一部分长大了，一部分没有变。

"奇怪！为什么这棵小苗这么小？"

"一定是太挤了吧！它都没有营养了！"

"老师，小苗太挤了，可以分开吗？"

面对孩子们的问题，我们请教了有种植经验的奶奶，接下来要进行一场大型的移植活动了。因为西红柿出苗的速度不一样，加之地里面有一些杂草，因此在地里找出西红柿的小苗并非易事。孩子们总结出了好办法——闻一闻！有西红柿味道的就是西红柿的小苗。

结果，经过移植，剩下了很多西红柿小苗没地方种，孩子们又开始了新的讨论。

"这么多小苗，没有地方种，怎么办？"

"这些小苗离开土就会死了！"

"我们可以带回家吗？"

在孩子们的建议下，我们把小苗分给了小朋友们在家继续种植。

通过动手移植，孩子们再次细致地观察西红柿生长过程中叶子的变化，了解到植物在一定时间内移苗是可以继续生长的，知道了移植小苗时必须要确保根部的完整，获得了种植要保持间距的基本常识。

▲ 看！这个有西红柿味道的就是西红柿小苗

主题活动篇·种植园里的故事

| 故事三 | **除草行动** |

4月2日，当萝卜刚出小苗，西红柿还没有动静的时候，他们在准备种葫芦的地方发现了不知道名字的植物。

王惜冉："王老师，这是什么？"

王老师："这个老师也不认识。"

樊欣懿："这个可能是杂草，这里咱们还没有种东西呢！"

王惜冉："那是谁种的呢？"

唐斯若："不是种的，一定是风吹来的小草的种子。"

艾玛："我们把它拔掉吧！"

说着他们就行动起来了，原本还想就这个植物展开一场探索，但是孩子们就这么愉快地决定了。当我问他们为什么要拔掉时，艾玛说："我妈妈说杂草会吸收土里的营养，这样我们的西红柿种子就出不来了。"

"五一"小长假后，孩子们迫不及待地来到种植园。

"哇！满地的西红柿？"

"不是吧！这里根本没有种！"

"到底是什么？杂草吗？"

孩子们开始对西红柿园里的一大片小绿苗产生了质疑，但是因为没有经验，他们决定等这些东西长大后再来辨认。

又过了一周，他们确定这个不是西红柿苗的味道，开始了除草大行动。

虽然杂草遍地都是，但是孩子们齐心协力，

▲ 满地的小苗，到底是不是西红柿呢？

▲ 看！原来杂草的根这么大！

很快解决了问题。过了一周,当孩子们再次来到种植园时,发现杂草又长出来了!

"王老师,快看!这棵杂草的根有这么长,这么多!"

经过再次拔草,孩子们体验到原来斩草要除根。

除草行动再一次提升了孩子们观察辨别植物的能力,让孩子们体验到植物根部的力量,也同时锻炼了孩子们动手劳动的能力。

故事四 搭架子工程

5月22日,西红柿已经开始结果子,"一个、两个、三个……"孩子们开心地数着,但是很快,细心的小朋友发现了问题……

桃子:"这个西红柿倒了?我得用手扶着。"

贾睦珂:"我这个葫芦也倒了,它们需要搭一个架子。"

畅仲成:"那我们就用一次性筷子和绳子吧!"

▲ 咦?西红柿倒了?怎么办?

因为之前孩子们已经有过给豌豆苗搭架子的经验,所以当老师提出用什么材料搭的时候,孩子们第一时间想到的是一次性筷子和绳子。

贾睦珂:"筷子不行,太短了,你看看,葫芦有这么长呢!"

桃子:"那就用长长的棍子吧!"

就这样,一场大型搭架子工程正式拉开了序幕——

在搭架子工程中,孩子们通过设计、寻找材料、动手搭建与调整,提升了自己解决问题的能力,促进了相互之间的讨论与合作,丰富了帮助植物生长的经验。

主题活动篇·种植园里的故事

设计

我设计的西红柿成长架

搜集材料并讨论实施方案

我需要的是小木棍，支在这里

分组施工

我们俩一起合作吧！

　　照顾植物在我们成人的世界里已经形成了固有的概念，原本想把如何照顾植物作为一节集体活动和孩子们一起学习并执行，但幸好把种植的真实情景还给了孩子，追随着孩子的发现来进行植物的日常照顾。正因为跟着孩子走，才让我们的活动丰富并充满乐趣。这里的故事远远不止这么多，孩子们的收获也远不止这么多，这让我不得不相信儿童学习的能力。在成人看来枯燥的浇水、除草等事务性工作，都能变成孩子们快乐而有意义的游戏与实践，学习无时无刻不在发生！照顾植物成长的过程也是孩子成长的过程，更是老师自我成长与修炼的过程。

收获的故事

伴随着一个个发现和一次次探索，孩子们在照顾植物的过程中不断地收获着丰收的喜悦，同时也收获了更多对植物的认识。

故事一　拔萝卜喽

从3月12日到4月24日，大概40天的时间，孩子们发现了最早成熟的是樱桃小萝卜。眼疾手快的小朋友很快就拔了出来，引发了多数小朋友的不乐意。孩子们认为这个萝卜太小了，可以再生长，于是他们竟然又把萝卜放进土里，这样还能生长吗？实验证明真的可以！

直到6月5日，萝卜生长了快三个月，孩子们发现萝卜叶子已经变黄，秆已经长得很高了，他们决定拔萝卜。

 你怎么可以拔萝卜？还没有成熟呢！　　 终于等到萝卜长大了！　　 哇！这个最大的是萝卜大王！

收获萝卜让孩子们兴奋不已，他们忙碌地数着，分着大小，自己动手洗一洗，切一切，味道怎么样呢？"哇！这个萝卜真难吃！"老师尝了一口，确实不怎么样。孩子说："干巴巴的，跟我平时吃的不一样！"怎么回事呢？下午我们请教了有经验的厨师叔叔，厨师叔叔说："长老了，水分全都没有啦！"小朋友们失望地说："呀！好可惜，应该早点拔出来！""下次咱们早点拔吧！"

那我们就一起期待下次的种植！

故事二　西红柿变红啦

西红柿的成长着实让孩子们付出了心血。从开始的两个月不见出苗，到后来的浇水、移苗、搭架子，西红柿的每一次成长和变化都令孩子们兴奋不已，终于有一天他们发现西红柿结果了。

他们静静地等待它们变红。6月17日，我们第一次收获了为数不多的西红柿，孩子们围在旁边讨论半天也舍不得吃。他们问：绿的西红柿可以放红吗？那就试试吧！

原来是可以变红，为什么呢？孩子们追问着，大家一起上网搜索西红柿变红的原因。

▲ 快来看！这么多西红柿！

◀ 绿色的西红柿可以变红哦

等到西红柿丰收的时候，孩子们自己开了一个"西红柿Party"。快乐的分享开始啦！

"你的什么味道?"

"好甜呀!"

"我的有点酸味。"

"嘿嘿,都很好吃!"

……

"王老师,我们明年还种西红柿吧!真好吃!"

"那咱们可得记着留种子哦!"

▼ 快乐的西红柿分享会　　▼ 终于等到了大丰收

在收获不同果实的过程中,孩子们感受到了不同植物成长的周期是不同的,明白了在合适的时间去收获的意义,更重要的是孩子们品尝了自己动手种植的成果,享受到劳动的果实,获得了更多的自信。

回顾与反思

种植园里的故事伴随着我们度过了又一个快乐的学期,放假了,孩子们还自主分组来轮流照顾结果子比较晚的西红柿。看着孩子们在种植园里的兴奋与幸福,我再一次陷入对亲自然教育的反思。

亲自然教育的过程不一定完美，但一定要真实。我们往往希望给孩子创设一个"美好"的现状，所以会不辞辛苦地清理好种植园地，让孩子们在干干净净的土地上开始种植。但恰恰是让孩子们看到自然界真实的现状后，才引发了孩子们对豌豆枯死的追踪，调动起孩子们探秘植物生长的兴趣，他们才会有"春天适合种什么"的思考，也才会获得植物生长与季节、气候的密切关系的经验。也正是因为孩子们吃了难吃的"长大的樱桃小萝卜"，才知道原来不是所有的果实都长得越大越好，也才学会了如何去判断果实是否成熟。把真实的大自然还给孩子，让孩子去发现，去探索。

亲自然教育离不开教师的引导，但主角一定是孩子。面对没有太多行为能力与经验的孩子，我们常常会不由自主地代替他们去做，我们总是怕孩子们搞砸了种植的效果，而快速地让孩子们按照老师的经验去播种。但是试想一下，如果没有前期孩子们"自以为是"的种植方式，哪来的后面对西红柿小苗挨挨挤挤生长状况的认知，当然也就不会引发他们对小苗挤在一起生长弊端的关注，不会有移植小苗的新活动的产生，当然也就不能通过亲身经历来获取"植物生长需要一定间隙"的经验。只有建立在孩子经验基础上的活动，才能真正让他们理解并记忆犹新，甚至会引发她们的深度思考与经验迁移，这才是我们的教育所给予孩子的最重要的能力，才是教育的价值所在。把活动还给孩子，让孩子去实践，去成长。

亲自然活动中要关注到孩子们知识经验的习得，但更重要的是他们愉悦情感的体验与优秀学习品质的逐渐形成。春天到底适合种植什么？为什么有的种子发芽早，有的种子发芽晚？萝卜到底什么时候才能吃？到底是要给叶子浇水，还是要给根部浇水？离开土的西红柿小苗带回家还可以长大吗？……我们的活动由孩子们一个接一个的问题而引发，追随着孩子们的兴趣与发现，也同样跟随着植物生长的过程。如果把知识获得放在最先的位置，我想成人的"先入为主"一定不会让我们之间拥有这么多"节外生枝"的故事，正是我们放慢的脚步、用心的聆听，才使得种植园里的故事丰富多彩、出人意料。在这些丰富的体验中，孩子们是自主的、愉悦的，更是有意义的、发展的，他们质疑的精神、发现问题的意识、探究问题的方法和过程、尝试自己动手在失败中积累经验的收获，必将成为他们生活中不可小觑的力量。

西红柿（王惜冉，6岁）

种 植

即植物栽培，包括各种农作物、林木、果树、花草、药用和观赏等植物的栽培，有粮食作物、经济作物、蔬菜作物、绿肥作物、饲料作物等。生态种菜，目的是最大限度地利用资源，利用无污染的土地、水域及天然环境，或者运用生态技术措施，改善种植水质和生态环境，按照一定的种植方式进行种植，不使用化肥、农药和其它有害物质等，生产出无公害绿色食品和有机食品。

西红柿

又称为番茄、洋柿子，古名六月柿、喜报三元。果实扁球状或近球状，肉质厚而多汁液，橘黄色或鲜红色，光滑，营养丰富，可以生食、煮食，加工制成番茄酱、汁，或整果罐藏。番茄为茄科，一年生或多年生草本植物，植株高0.6~2米。全株生黏质腺毛。花萼和花冠均辐状，茎的分枝能力强，茎节上易生不定根，茎易倒伏，触地则生根，所以番茄扦插繁殖较易成活。种子黄色，花果期为夏秋季节。番茄是一种喜温性的蔬菜，喜光，喜水，对土壤条件要求不太严苛，在土层深厚、排水良好、富含有机质的肥沃土壤中生长良好。

★ 本书"自然宝典"部分内容出自维基百科

小班亲自然主题活动

小麦丰收啦

赵 程

主题缘起

去年冬天，我们得到了一些小麦的种子。经过讨论，和孩子们一起种下了小麦的种子。随着种子发芽长大，孩子们的兴趣愈发浓厚，那么如何在已有的兴趣下，挖掘更多适合孩子们的活动，让孩子们能够更深一层地体验和感受小麦的成长？顺着麦子的成长线索，孩子们和小麦发生了一系列有趣的故事……

问题情境

小麦是怎么长大的呢？
麦粒去哪儿了？
我们怎么收小麦？
哪些食物是由小麦做成的呢？
小麦还可以做什么呢？
……

随着小麦的成长，孩子们每一次到访都能发现很多有趣的现象，这些现象激发着孩子们探索的欲望……

设计意图

生命的成长过程是复杂又神奇的,在这一活动中,通过让幼儿见证大自然生命的成长过程,来激发其生命潜能,提高其生命本质,使其敬畏生命尊严,感受生命美好。孩子们在对麦子的各个阶段都有所了解的基础上,开展了对自然科学的探索,对农作物的属性进行深入了解和动手尝试,又能将科学知识渗透在每一次的亲身感知和动手操作中,也激发了对自然的热爱。

主题脉络

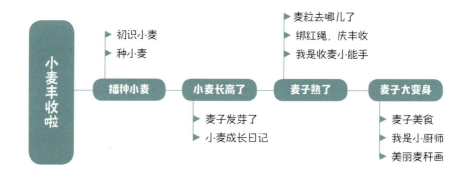

主题目标

☆ 仔细观察,感受小麦成长时不同阶段的形态特征。

☆ 在与小麦的亲密互动中,体验劳动的快乐与收获的喜悦。

☆ 了解小麦的用途,并能将小麦与实际生活中的应用联系在一起。

主题活动篇·小麦丰收啦

播种小麦

去年冬天，我们得到了一些小麦的种子，孩子们对这些小种子的到来充满了好奇，迫不及待地想要探索。

故事一 初识小麦

小麦的种子是什么形状的？什么颜色的？什么味道？为了解决这些问题，我给每个孩子都分发了一些小麦种子，让他们和小麦来次"亲密接触"。

拿到小麦种子，孩子们兴奋极了。有的孩子小心翼翼地捏起一粒小麦放在鼻尖闻一闻，放在手心里摸一摸，还有的放在嘴里咬一咬。

▲ 认真观察小麦的样子

"这个种子黄黄的，像个小豆豆。"

"这个麦子和大米一样小。"

"我把它剥开了，你看里面还有一层。"

"闻起来好像也没什么味道。"

"让我尝一尝，看看好不好吃。哎呀，什么味道也没有，还有点硬。"

孩子们探着小脑袋，睁大了眼睛仔细观察着，你一言我一语向同伴表达着自己的想法。于是我问小朋友："那你知道麦子是怎么长大的吗？"有的小朋友说，麦子必须要有人照顾它，还有的小朋友说，要把它种起来。可是麦子怎么种呢？在哪里种呢？这是我们接下来探究的问题。

小麦种子的到来为班级增添了一抹生机，孩子们对小麦的探索欲望持续上升。为了支持孩子们的探索，我引导他们利用多种感官了解小麦种子，在真实的情境中，进

— 037

一步加深孩子们对小麦的认识。但是在孩子们探索的过程中又不断地有新问题产生,该如何播种小麦呢?

 种小麦

了解了小麦的种子,孩子们迫不及待想要去种小麦。由于没有种植的相关经验,孩子们既紧张又兴奋,担心万一没种好,小麦长不大怎么办。为了解除孩子们的顾虑,在种植前,我们一起讨论了种植的方案:在哪里种小麦?我们需要什么工具?我们是否要请谁来帮忙呢?

孩子们先讨论起要把小麦种在哪里。

"我们可以种在花盆里吗?"

"可是花盆太小了吧,我们需要找很多很多的花盆。"

"我们也可以把小麦种在我们班的菜地里,那里很大,还可以每天去浇水。"

"太好喽!就种在菜地里!"

孩子们开心得跳起来。在孩子们的提议下,我们带上小麦种子,一起来到菜地里,准备为小麦的种子选一个家。但来到菜地后,孩子们发现菜地里长满了杂草,我把孩子们叫过来观察。

"这是小草吗?"

"小草怎么长在了我们菜地里,那我们怎么种麦子呢?"

"如果小草和麦子一起种在这里,麦子一定太挤了!"

我继续引导孩子们观察:"你们说的没错,如果麦子和小草长在一起,那麦子生长的地方就变得很小了,会发生什么呢?"

"那麦子还能喝上水吗?"

"那麦子肯定长得很慢吧!"

"那我们把小草拔掉吧!"

主题活动篇·小麦丰收啦

大家一致同意拔掉菜地里的杂草。说行动就行动，孩子们个个伸着小手，攒足了力气，不放过菜地里的每一棵杂草，努力让麦子的家变得干干净净。

为了让播种任务更顺利地进行，我们提前发放了倡议书，请爸爸妈妈为孩子们准备种植的工具。第二天，孩子们就从家里面带来了各种各样的工具：铲子、水桶、小耙子等。

播种行动正式开始了，孩子们自选一片区域就准备开始种植了，洋洋发现了问题："你们都挤在那边，这边又很空，咱们的麦子长出来也是乱七八糟的！"于是孩子们开始讨论怎么样才能让麦子变得整齐。

▲ 大家一起为小麦挖坑，准备播种

"我们应该也给麦子排排队。"

"那我们就要挖整齐的坑，麦子种进去才可以整齐吧！"

于是我们分配了孩子们带来的小工具，大家一起挖了四道整整齐齐的坑槽，孩子们捧着小麦，小心翼翼地将种子播撒在挖好的坑里，再用土埋上。不知道这些小种子的命运如何，孩子们有点期待，又有点担心。

播种的过程看似简单，其实蕴含着很多道理。比如：怎么为麦子选位、小草的存在会影响麦子的生长、尝试使用一些合适的工具等。但是由于孩子们年龄较小，缺乏相关经验，老师也参与到播种的过程中。孩子们在亲身实践中，不断地提出问题，并在成人的帮助下尝试自主解决问题。

小麦长高了

怀着期盼的心情，孩子们每天都按时来给小麦浇水，每天都来看一看小麦有没有长大，直到快放寒假也没有见到麦子发芽。孩子们担心小麦种子会死掉，但是又不得不离开校园，还不忘请保安叔叔来帮忙给麦子浇水。

玩在自然中 *Playing in Nature*

故事一　麦子发芽了

一个忐忑的假期过去了，来年开学，孩子们第一件事情就是来看望小麦。

"麦子还活着吗？"

"麦子长出来了吗？它会被冻死吗？"

"希望我们的小麦它还活着！"

来到菜地里时，孩子们惊喜地发现，虽然寒冷的冬天还没有结束，但是顽强的小麦种子已经越过土壤，穿过雪地，萌发出了绿绿的嫩芽。孩子们惊喜地大叫着："我们的麦子终于发芽了！"

孩子们激动得手舞足蹈，呼喊着与自己的同伴分享着令人激动的时刻。

▲ 再见到小麦时，小麦盖着厚厚的一层"雪棉被"

"快看！我们的麦子长出来了！终于出来了呀！"

"你看！麦子是绿的，像小草一样！"

"麦子真的排起了队，像小士兵！"

这时，有的孩子提议要给麦子打扫一下，清理小麦身上的积雪，于是我把"瑞雪兆丰年"的道理告诉孩子们。

"原来这是它的棉被啊！"

"雪还可以当被子！真神奇！"

"棉被化了，还可以当水喝，哈哈！"

从那之后，看望小麦成了孩子们每天必须做的一件事。

| 故事二 | **小麦成长日记** |

麦子的成长是一个漫长的过程。每一天孩子们都会背上小水壶，带上小铲子，给麦子浇水、除草。在孩子们的精心照顾下，麦子一天一天地长大。孩子们每次去种植园看望麦子的时候，都能有意外的惊喜。

看到孩子们热情高涨，我向孩子们提议：我们可以把麦子的成长过程记录下来，这样就能清楚地知道麦子的变化了。孩子们纷纷赞成，回到教室后就开始认真记录麦子的变化。我和孩子们一起记录，陪伴小麦的成长：

▲ 孩子们细心地为小麦浇水

 2016年11月20日

这是小麦刚刚发芽的样子，绿绿的，像小草一样。

❶ 刚长出的小麦像小草一样，绿绿的
❷ 孩子们记录下小麦刚发芽时的样子

 2017年3月4日

麦子上面长出了"小豆豆"（麦粒），绿色的，还有很多像刺一样的东西。麦子快和我们一样高了，它还会长大吗？

❶ 小麦已经长出了"小豆豆"（麦粒）
❷ 孩子们笔下长出麦粒的小麦

📝 2017年4月8日

麦子变成了金黄色的，麦秆也变成了金黄色。它肯定还会再长大的！比我们要高多了。那麦子的种子在哪里呢？

▲ 麦子从绿色变成了金黄色　　▲ 孩子们观察到麦芒的变化　　▲ 孩子们给麦子穿上了金色的衣服

回到教室，我们一起收集了关于小麦的知识，和孩子们一起再次认识了成熟后的小麦。原来，麦子身上的每一个部分都有自己的名称：麦粒、麦秆、麦穗、麦芒等。麦粒才是小麦最重要的部分，它既是小麦的种子，又是我们能吃的粮食。

从种植小麦到小麦发芽，孩子们感受到了生命的神奇，激发了他们的责任意识。孩子们自发地提出要为小麦做些什么，也为孩子们创造了亲近自然的机会。不仅如此，孩子们通过直接感知和观察记录，感受到了麦子在不同阶段的不同形态和生长变化。小班的他们还学会了用简单的图形进行表征，大胆地与同伴分享交流自己的想法。

主题活动篇·小麦丰收啦

麦子熟了

在孩子们的悉心照顾下，麦子逐渐成熟，并发生了细微的变化，这引发了孩子们新的兴趣。

故事一 麦粒去哪儿了

这一天，孩子们在观察麦子的时候发现：很多麦子上的麦粒都没了。"会不会是掉在地上了？"亮亮说。于是大家低头在菜地里面寻找，发现地上并没有。还有细心的孩子发现有的麦穗里的麦粒都没有了，只剩下壳子。带着孩子们的疑问，我们一起请教了有农村生活经验的朵朵奶奶。

朵朵奶奶告诉我们："看到天上飞的小麻雀了吗，有可能是麻雀'光顾'了。"孩子们一下子紧张了起来："是麻雀吃了我们的麦子吗？""那怎么办呀？我们要保护我们的麦子啊！"朵朵奶奶接着解释道："因为天气暖和了，麻雀都出来找吃的了，这麦子恰巧就是麻雀最喜欢的，很有可能是被麻雀吃掉了。"

▲ 孩子们发现麦子上很多的麦粒"消失"了

这下孩子们都恍然大悟，原来只剩空壳的麦子是被小麻雀吃掉了。这时朵朵奶奶笑着对孩子们说："麦子成熟了，我们的麦子可以收啦！不然要被麻雀吃光咯！"孩子们听后兴奋地跳起来："收麦子喽！收麦子喽！"

当出现"麦粒消失"事件时，我和孩子们一样充满了疑惑，但由于我们都缺乏

— 043

经验,就邀请班级里有种植经验的家长朋友参与到我们的活动中来,对孩子们进行指导。通过"麦粒消失"事件,孩子们感受到麦子成熟的特征。

 故事二　绑红绳,庆丰收

终于可以收麦子啦!可是麦子要怎么收呢?

"我们直接把麦子从地里拔起来吧!"

"会不会拔断呢?"

孩子们一边担心麻雀的再次"光顾",一边又不知道该怎么收麦子。于是我们再一次请来了朵朵奶奶。在朵朵奶奶的提示下,孩子们准备了剪刀、报纸,还有红色的绳子。

"麦子成熟了,代表我们要丰收了,这是一件喜庆的事情,所以要准备红色的绳子。"朵朵奶奶一边给小朋友们讲解着,一边亲自做示范。先用剪刀,沿着麦子的根部剪断,放在提前铺好的报纸上,再将收好的麦子用红色的绳子捆在一起。

"让我试试,让我试试!"孩子们迫不及待地想要体验收麦子的过程。于是大家拿上小剪刀,有模有样地模仿起了朵朵奶奶的动作,认真地收割起小麦。

"看!这是我收到的麦子!我收到麦子啦!"

"我也收到麦子啦!丰收喽!丰收喽!"

孩子们兴奋地你一言我一语。

▲ 孩子们第一次体验收割小麦

▲ 丰收啦!绑好红绳的麦子让孩子们兴奋不已

故事三　**我是收麦小能手**

"老师，老师，麦子上的麦粒怎么取出来呀？"嘟嘟的这个问题引起了大家的注意。原来光把小麦剪下来是不够的，我们还要把麦穗里面的麦粒取出来，这些麦粒才是我们可以食用的粮食。

"这都在里面，怎么取呀？"有的小朋友蹲在地上，开始用手抠了起来："我们把麦粒抠出来不就行了吗？"孩子们尝试用手抠取麦粒，但是发现一下午的时间只收集到了一点点。

"用手搓一搓可以吗？"说着小美用小手搓了起来，发现掉落的麦粒也非常少。"这可怎么办呢？"

我们请孩子们回家求助自己的爸爸妈妈一起查阅资料，第二天再进行讨论。

第二天，朵朵小朋友给我们带来了很多的棍子，她向大家分享了一个方法：将麦子铺开在报纸上，用木棍在麦穗上敲打，麦粒就会掉下来了。

小朋友们尝试朵朵的方法，不一会儿就看到报纸上掉落出来好些麦粒。孩子们开心得手舞足蹈。

▲ 大家纷纷用棍子敲打小麦

"麦粒出来啦！麦粒出来啦！"

"哇！有小豆豆掉下来了！"

"我也看到了！你看，都掉下来了！"

有的孩子已经迫不及待地拿上小袋子，开始分拣麦粒了，每个小朋友都像寻找宝贝一样，目不转睛，生怕丢掉一粒小麦。

终于，在大家一起努力下，我们收获满满。

在这个过程中，孩子们见证了麦子从播种到长大，从成熟到有了成果，不仅感受到

了植物顽强的生命力,也初步养成了责任意识,增强了自信心。在探索的过程中,孩子们已经能够运用简单的工具来解决活动中遇到的问题,问题意识也逐渐增强。这使他们更加愿意去承担任务,完成挑战。

麦子大变身

经过一段时间的了解,孩子们对麦子都有了初步的认识,也知道麦子是我们生活中常见的粮食。但是麦子和我们生活中的实际联系到底是什么呢?围绕这个话题,我们和孩子们又一次开始了探索。

故事一 麦子美食

麦子会变成生活中我们见过的什么东西呢?它会在哪些地方出现呢?这一次我们请来了厨师叔叔,厨师叔叔端来一碗白白的面粉,耐心地向孩子们讲解:"麦子要经过脱皮、研磨等重重工序,才能变成我们可以食用的面粉。"孩子们恍然大悟。于是,我们请孩子们回家找一找,家里有没有小麦变成的东西呢?

晚上,我陆续收到了孩子们发来的消息,他们都在家里找到了"变身"后的小麦。

"老师,我找到了,我们家的面条就是小麦做的。"

"我找到了,这是面包,也是用小麦做的。"

"老师,你吃过馒头吗?馒头也是用小麦做的呢!"

第二天,孩子们带来了自己在家里找到的与小麦有关的食品,和大家分享自己的发现,原来生活中有这么多美食都是小麦做的。孩子们感慨道:"小麦的用处真大啊!"

借着孩子们的谈话,我向孩子们提出了一个问题:"生活中很多吃的都是麦子做的,但是你们觉得小麦长大和收获的过程,是一件容易的事情吗?"

孩子们摇摇头:"一点也不容易!"

"对啊,种小麦、收小麦真不是一件容易的事情。"

"所以,我们应该怎么做呢?"

"我们不应该浪费小麦,要爱惜这些吃的。"

通过感受麦子的成长,了解小麦做的食物,孩子们已经能够自发感受到麦子的用途以及粮食的来之不易,萌发珍惜粮食的情感。不仅如此,我还收到了来自小朋友爸爸妈妈的微信,他们纷纷表示愿意加入到我们的活动中来。

故事二　我是小厨师

孩子们发现,生活中我们常吃的面条、馒头都是用面粉做的。经过商讨,我们也决定用面粉来制作美食——美味馅饼。

在厨师叔叔的指导下,孩子们学习起了包馅饼的方法,有模有样地制作起来。

"你看,这个饼就和馒头一样!"

"对呀,我们把馅加进里面就变成了馅饼。"

"原来这些都是用小麦做的,小麦真的好厉害呀!"

▲ 在小厨房中精心地制作馅饼

孩子们你一言我一语,向同伴分享自己的心情,我感受到了每一个孩子的快乐,原来这就是神奇的麦子变化了以后的样子。

通过寻找麦子的"化身",孩子们认识了小麦做的食物;通过在小厨房亲身体验用面粉做馅饼的活动,孩子们深刻地感受到了小麦和现实生活的实际联系,萌发了珍惜粮食的情感。

故事三　美丽麦秆画

自从发现麦子可以"大变身",原来堆放在美工区"无人问津"的麦秆,也引起了大家的关注。有的小朋友说要把麦秆送给农民伯伯,还有的小朋友依依不舍地抱着麦秆。

这个时候茜茜分享了自己的想法:"既然大家都很喜欢它,那我们就用麦秆和剩下的小麦画画怎么样?我爸爸说有专门的麦秆画!"大家兴奋地拍手叫好。

我从网上下载了很多麦秆画让孩子们欣赏,大家都对栩栩如生的麦秆画感到惊讶:"原来麦秆可以做成这么漂亮的画啊!"于是,纷纷跃跃欲试。

"我们可以做一个茅草房子!"

"房子旁边还有小路呢,还有太阳……"

说着,孩子们行动起来,有的找来了小麦,有的负责把麦秆折断,你添一笔,我画一点,很快,我们的作品就做好啦!

"我们给作品起个好听的名字吧!"

"茅草屋!"

"就叫茅草屋吧!"

于是我们的"茅草屋"就此诞生。

▲ 孩子们一起完成的麦秆画——"茅草屋"

剩余的麦秆并不起眼，但是在孩子们的创作下，麦秆却变成了艺术品。这是自然材料和艺术的结合，孩子们在感受与欣赏大自然的独特之时，也提高了艺术表达与欣赏能力。

回顾与反思

  我们所开展的以小麦为主题的探索活动，充分尊重了孩子们的兴趣点，使孩子们在自然活动中与自然亲密接触，自由、大胆地发表自己的想法，如在进行麦秆画创作环节，孩子们能充分发挥想象力和创造力。当他们面对小麦时，不经意间小心翼翼的动作都流露出他们对生命的呵护。

  在主题活动中，孩子们通过亲身体验和直接感知，了解了麦子的成长，探索出小麦的奥秘，学习了小麦和生活的实际联系，掌握了工具的使用方法。这些经验的积累，都是孩子们成长路上宝贵的财富。

  不仅如此，孩子们的学习品质也得到了发展，其中包括想象力、注意力、意志力、责任心、同伴合作等。这些品质的获得比来自教师的经验灌输更深刻，更有效，让孩子们一生受益。

自然宝典

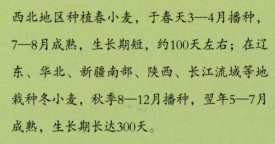

小　麦

　　是小麦属植物的统称，是一种世界各地广泛种植的禾本科植物，最早起源于中东的新月沃土（Levant）地区，后来广传至欧洲与中亚地区。小麦是一种温带长日照植物，适应范围较广，是世界上总产量第二的粮食作物，仅次于玉米，稻米排名第三。根据对温度的要求不同，小麦分为冬小麦和春小麦两种生理型，不同地区种植不同类型。在中国黑龙江、内蒙古和西北地区种植春小麦，于春天3—4月播种，7—8月成熟，生长期短，约100天左右；在辽东、华北、新疆南部、陕西、长江流域等地栽种冬小麦，秋季8—12月播种，翌年5—7月成熟，生长期长达300天。

　　小麦的主要价值在于它可磨成面粉，成为人类的主要食粮。尤其是在欧美和其他温带地区，小麦是人们必需的食粮。小麦磨成面粉后可制作面包、馒头、饼干、蛋糕等食物，发酵后可以制成啤酒、酒精或生物燃料。小麦还可以作为家畜饲料，其中麦草不仅有食用价值，还有一定的医学功效。麦秆可以作为工业原料、饲料、菌菇培育基料等使用，还能用于造纸，以及编制有趣的东西，形成绿色环保的麦秸编织工艺品。

小麦（单娅乔，6岁）

小班亲自然主题活动

小种子发芽了

张 倩　阎小聪

主题缘起

"春种一粒粟，秋收万颗子。"春天，到处都是一片生机勃勃的景象。幼儿园小花园的小草探出了嫩绿的小脑袋，枯黄的枝条透出了绿意，冒出了小芽。早上户外活动的时间，我们像往常一样来到了南楼的大型玩具处，孩子们发现嫩绿的草地长出了一棵小苗来。"小树苗是哪来的？""它是种子发芽长出来的。""种子是哪来的呢？""是风吹来的吧！"孩子们你一言我一语地讨论着。到了午点时间，孩子们吃着桂圆和橘子，突然郭修齐跟黄诗菡说："我妈妈说这是桂圆的种子，种出来就可以长出一棵桂圆树。""啊，那这个是不是橘子的种子呢？"黄诗菡拿了一颗橘子的果核给郭修齐看，于是关于种子的话题就这样展开了。由此我们发现孩子们对种子产生了浓厚的兴趣，便适时地抓住了孩子们的兴趣点，结合本班幼儿特点和本园正在开展的亲自然课题研究，确立了"小种子发芽了"这一主题活动。

问题情境

火龙果的籽吃到肚子里会不会长大？
怎样提取水果的种子？

怎么种植种子呢？

小种子会有大力气吗？……

从收集种子，到提取种子，再到种植，孩子们在一个个真实的情境中，发现问题，解决问题，最终收获了属于自己的发芽的小种子。

设计意图

"小种子发芽了"主要根据孩子们在活动中发现的现象和直观经验，从"各种各样的小种子"，到"一起来种植"，再到"我是小管家"，层层深入，以问题为导向，不断解决孩子们在活动中所发现的问题。我们希望孩子们通过亲身实践，了解、体验到种植的快乐，他们一起去认识种子，了解如何种植，等待开花、结果的日子，收获劳动的喜悦。活动目的是让很多枯燥的常识在快乐和希望中变得充满趣味，让孩子们对大自然产生兴趣，满足孩子们对大自然的好奇心和探索欲望，从而让他们在保护自然的同时亲身体验劳动的乐趣。通过这样的活动，在孩子们幼小的心田里栽下一片春色，而我们的阳台也在这一季变得更有生机。

主题脉络

主题目标

☆ 对种子产生探索兴趣,有关注自然物变化的意识。

☆ 感知种子的名称、外形,知道种子是植物生长成熟后所结出的果实,并学会初步的辨认。

☆ 喜欢探究活动,能在教师引导下学习观察种子发芽的过程,了解发芽需要的自然条件。

☆ 通过种植、观察、记录等系列活动,体验提出问题、探索问题、解决问题的过程。

各式各样的小种子

种子到底是什么?它藏在哪里?我们该如何保存它们?虽然种子世界有许多有趣的知识,但在孩子们眼里远没有动物和玩具那么让他们喜爱。怎样让孩子对种子产生好奇,愿意探索种子的奥秘,并在不断体验和观察中得到经验?我们通过此次活动,带领孩子们更深入地了解种子,培养他们自主探究的科学素养,养成细心观察、不断思考的学习习惯。

问题一 种子在哪里

我们针对这一问题开展讨论,并设计了一份调查问卷,了解了孩子们知道哪些种子和想知道关于种子的哪些问题,将前期经验和我们接下来的主题活动的方向作一简单的梳理。

带着问题我们开展了"收集种子"的活动,孩子们带来了从家里搜集的各种各样的豆类、谷类和水果的种子,有的孩子还带来了蒲公英和牵牛花的种子……

除此之外,我们还开展了"寻找种子"的活动。我们去了楼顶的种植园,孩子们异常兴奋:"这个是不是种子呢?""种子都埋在土里,还能长出更多的种

子!""土豆的种子就是土豆,真神奇!"

我们还利用每周三亲自然日去了户外,找到了花的种子、树的种子,孩子们乐此不疲地寻找着各种各样的种子,每当找到一颗小种子的时候都会兴奋地告诉同伴和老师。他们寻找着,观察着,不断出现惊喜的"哇"时刻。

▲ 调查问卷　　　　　　　　　　▲ 快看!小种子发芽了!

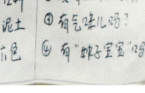

问题二　**种子吃到肚子里会长大吗**

有一天午点是火龙果,只见王敬之把火龙果吃得满手都是,我走近询问,王敬之说:"我要把火龙果的种子去掉,万一在我的肚子里长个火龙果树可怎么办呀?""这个太小了,像芝麻一样,真难取。""这些小黑籽不是种子吧?"一些小朋友也产生了疑问。

那水果的种子吃到肚子里会不会长出小树苗呢?这些小黑籽到底是不是种子呢?它们到底应该怎样提取出来呢?带着这些问题,我们请小朋友回家和爸爸妈妈一起寻找答案。

第二天上午,陈弘喆小朋友给我们带来一本书,是爸爸为了解答他的问题专门寻找的,名字叫《果实是种子的旅行箱》。这本书讲述了一段种子和果实的奇妙旅程,我们一起欣赏了这本有趣的绘本。通过绘本欣赏,孩子们了解到很多关于水果种子的知识，知道水果的种子会藏在不同的地方，知道吞下去的种子是不会在肚子里长出小树苗的，这本书很好地解答了我们的问题。

问题三　怎么提取水果的种子

随着孩子们兴趣的加深，为了满足他们对种子的探索欲望，我们开展了"提取种子"的活动。提取水果种子需要什么样的工具？我们能提取什么水果的种子？……成为我们讨论的话题。

袁语哲："柚子的种子到底藏在哪儿呢？"

苗卉："什么水果有种子呢？"

兮兮："我们能提取什么水果的种子？"

……

这么多的问题，我们如何研究呢？

诺诺："其实我们只要把水果切开，就知道种子到底藏在哪里，知道哪些水果有种子。"

翔翔："我想提取枇杷的种子。"

王敬之："苹果这么硬，怎么提取呢？"

经过讨论，我们需要解决两个问题：提取什么水果的种子？如何提取？

我们决定从经常吃的几种水果开始尝试。于是在家长的配合下，孩子们带来了各种水果和认为合适的工具，我们开始了提取种子的探究活动。我们先将水果和工具进行分类和整理，目的是让孩子们都能接触到不同的工具和水果。

▲ 嘴巴也是小工具，芒果的种子出来了

▲ 用牙签撬出苹果种子，太慢了

▲ 用刀把苹果切成块，种子就露出来了

▲ 梨的核儿太硬了，谁来帮帮我呀！齐心协力战胜硬硬的梨

提取活动开始了，孩子们迫不及待地找到自己认为比较合适的工具进行提取，只见有的用小刀切，有的用牙签撬，有的觉得工具太慢直接吃了起来。"梨太硬了，谁来帮帮我呀？"大家齐心协力，把一个超大号的梨给切开了。活动在热火朝天地进行着，孩子们用自己的方式提取着种子。活动结束了，似乎孩子们都有很多的话要说。

曹睿："火龙果和猕猴桃的种子很难提取，弄得我满手都是。"

侯雨铭："我想用牙齿这个工具提取山楂的种子，但是太酸了，所以我就用牙签开始撬。"

杨子镔："芒果的种子太大了，而且上面有很多的丝。"

第一次的活动，孩子们运用自己的认知，通过各种尝试，试图去解决问题。我们通过提取，更直观地观察到了种子的来源，达到了活动目的。

在活动中我们也发现了一些问题，火龙果、猕猴桃和草莓的种子实在不好提取，于是我们就开展了提取火龙果和猕猴桃的种子的活动。那要怎么提取火龙果和猕猴桃的种子呢？

王舒仪："用手粘。"

尚岳洋："用水洗。"

诺诺："用手捡。"

孩子们经过和家长的讨论，带来了纱布、一次性的透明丝袜、带洞洞的筛子等。

先用手掰出果肉 / 用纱布捏一捏、挤一挤 / 冲洗果肉和种子 / 再用筛子过滤一下 / 种子提取成功

主题活动篇·小种子发芽了

第二次提取，孩子们学会了运用工具想办法去解决问题，一节生动的体验课在自由的环境中开展着，活动培养了他们的主动探索意识和主观能动性。

水果种子提取出来了，小种子们都是湿漉漉、黏糊糊的，怎么办呢？问题抛给孩子们，听听他们怎么说。

洋洋："用水洗一下吧。"

芊芊："太阳晒一下就干了。"

琪琪："放烤箱烤也可以。"

经过商讨，我们最后决定把种子进行晾晒。在晾晒的过程中，孩子们兴奋地互相介绍，互相欣赏。

▲ 你知道这是什么种子吗？我来给你介绍一下

▲ 我提取了七个苹果的种子，不信你数一数

在提取种子过后，孩子们非常积极，也很乐意分类收集；在分享环节，孩子们一起讨论，谁提取的种子多，谁的同类型的种子大，体现了认知数学的统计分类等。在提取种子的过程中，孩子们要思考：需要的工具有哪些？怎么样提取？我们通过种子的提取活动，让孩子更直观地观察种子的来源，提高他们的观察能力、思维能力，随着活动不断深入，达到预期的活动目的。

> 问题四　不同的种子混到一起怎么办

除了提取的水果种子，孩子们还带来了在家里收集到的谷类、豆类等种子，活动时种子混到了一起，大家一起尝试为小种子分类。将同一类种子放在一个小盒子里，孩子们认真地进行分类工作。

▲ 用勺子舀出来，为小种子分类

▲ 分类完了，数一数每一种有多少颗

> 问题五　谁的种子多

种子分好类了，这时王馨迎和郭修齐发生了争执。郭修齐说："我的绿豆多，但是王馨迎说她的多。"孩子们听到后一窝蜂似的跑过来看，有的说王馨迎的多，有的说郭修齐的多，然后我们一起讨论："我们用什么办法来判断谁的种子多、谁的少呢？"黄诗菡提议说："可以数一数！"王敬之则说："可以给它们排队，看看谁的队伍长。"

我们将孩子们分成了两组,一组孩子们想用数数的方法,一组孩子想给豆子排排队。他们自行去选择工具进行数数和排队。

排队组:

▶ 两种颜色排排队,看看哪个多

▶ 黄豆大,绿豆小,可是绿豆数量多,怎么回事?

运用排队方法的孩子们发现有的豆子大,它的队伍很长但是数量很少,显然这个方法是不对的。最终我们确定用数数的方法是最合理的,于是整个教室都被孩子们数数的声音覆盖着。有的孩子把自己的豆子排成一队进行数数;有的孩子拿来了两个酸奶盒进行交替数数,数一个放到另一个酸奶盒中,这样不容易搞混。

数数组:

▶ 黄豆排成一长队,数起来真方便

▶ 两个盒子交替,这样不容易搞混

孩子们通过不断验证和尝试，在没有任何干预的情况下找出了最合理的方法。数完的那一刻，孩子们都很有成就感。

数完之后，孩子们对各种豆子都很有兴趣：

妞妞："老师，你看这样是不是很好看？我是按照黑豆、绿豆、黄豆这样排列的。"

孩子们都不约而同地玩起排序来，还不时地跟同伴分享自己的成果。

◀ 用各种各样的种子排序
▶ 看看我的规律是什么

问题六 种子还可以干什么

通过提取、分类和数数等活动，孩子们有了更深层次的思考，那生活中小种子还可以干什么呢？

黄诗菡："豆子可以煮稀饭、打豆浆。"

杨子镔："可以装在瓶子里让我们看。"

为此我们布置了一个家庭活动，让家长用豆子给孩子们制作各种美食，有的家长给孩子做了杂豆稀饭，有的做了豆浆，还有的给孩子做了豆沙包……

从调查问卷到最后的种子博览会，我们始终跟随孩子们的兴趣点，利用孩子的直观

主题活动篇 · 小种子发芽了

经验,通过他们的实际操作,一步一步地探索、认知,帮助他们解决问题、提高认识。孩子们活动起来非常积极,也很乐意动手捡、收集。在收集的同时,还能培养孩子们分类的能力。整个活动不是孤立的,而是和生活紧密相连的。

一起来种植

民间谚语说得好:清明前后,点瓜种豆。接下来,我们要和孩子们一起把小种子种下去,让小种子和孩子们一起成长。可是种子应该怎么种?种在哪里比较好?种小种子需要哪些工具?……这些问题对于小班的孩子来说都是新鲜的话题,操作游戏对于他们来说更胜于枯燥的说教,于是我们准备在第二个阶段"一起来种植"的活动中让孩子们都参与其中,通过丰富多彩的操作活动,和孩子们一起学习,一起探究。

问题一　我们种什么

种子准备好了,孩子们总是在问:"什么时候才能种种子呢?""我想看看我的种子种出来是什么样子的?""我特别想种火龙果,因为我最喜欢吃火龙果。"面对这么多的问题,孩子们已经跃跃欲试了,所以我们就种植活动进行了讨论:

老师:"你想要种什么种子?"

袁宇哲:"我想种苹果的种子。"

老师:"你想把小种子种在哪里?"

苗卉:"种子要种在花盆里。"

刘芙羽:"种子要种到花园里。"

老师:"种植需要什么?"

杨景森:"花盆。"

张云枫:"还需要土。"

苗卉:"还需要种子,不要种子怎么种。"

问题二　用什么工具

通过讨论，孩子们还了解到了种植的过程和种植的必备条件。我们也尊重孩子们的想法，让他们自选种子种植。于是班里陆续多了各式各样的花盆，有自制的，有买来的，非常漂亮。我们找来了营养土，种植活动准备开始了……

一切准备就绪，我们要开始种植了。就在这个时候，我们发现忽略掉了一个小细节，就是没有想到准备铲子。那怎么把土装到我们的小花盆里呢？

赵宸苗："不行我们用手吧。"

陈妍希："那多脏呀，我们的手都会变得黑黑的。"

张博睿："老师，我们自己做一个铲子吧。"

孩子们你一言我一语地谈论着，并在教室里不断搜寻，想找到合适的材料来制作铲子。

最终我们选择了一次性的水杯，从中间剪开，摇身一变就成了我们的铲子。

问题三　怎么种

种植活动开始了，孩子们专注地将土小心翼翼地装到了自己的花盆里。"老师，土装多少呢？"一个声音打破了教室的宁静。

"老师，应该装满。""应该装一半，因为浇水的时候会洒的。""那我们就装花盆的一多半吧，这样不影响浇水，也不会影响种子生根，你们觉得怎么样呢？"听我说完，孩子们频频点头。

孩子们又开始认真地装起土来。土装好了，那种子怎么种呢？到了真正种植的时候，孩子们却无从下手，不知道自己的花盆里要种几粒种子。

我们通过商讨，决定大花盆可以种五到六粒小种子，小花盆可以种两到三粒小种

主题活动篇·小种子发芽了

子。孩子们的问题解决之后,便开始认真地选种、刨坑、种植。过程中孩子们又有了新的问题,他们的兴致也越来越高。我们和孩子们一起参与其中。一粒粒小种子在花盆里安了家,孩子们的希望也一起被种在其中。

▲ 用一次性水杯来当工具

▲ 多装一些营养土进去,小种子会长高

▲ 我的小手来帮忙,这样会更快装满花盆

问题四　花盆放哪里

种下种子之后,孩子们爱不释手。他们把花盆放到阳台上的时候,都会选择一个有阳光的地方,而我们专门为他们腾出来的地方却没有一个人愿意把自己的花盆放到那里,原因是"那里小种子晒不到太阳!"阳台已经变成了小花盆的天地,相信不久以后,一定是生机一片。

《幼儿园教育指导纲要(试行)》中指出:"要尽量创造条件让幼儿实际参加探究活动,使他们感受探究的过程和方法。"我们从收集小花盆到自制小铲子到种植,让孩子们充分体验到了种植的过程和乐趣。种子种下的那一刻,孩子们仿佛为自己种下了一

个希望。他们憧憬着自己的种子会变成高大的果树，长成结满果实的植物，每天都去观察，小心翼翼地呵护，生怕自己的种子会出现问题，并能及时发现问题和老师一起讨论解决，充分调动了主观能动性。在活动中，我们还适当地利用了家长资源，让家长也参与到我们的活动中，并配合我们的活动，做到家园共育。

▲ 小种子发芽了

我是种植小管家

种植后，一些新的问题出现了，比如：什么时候浇水？该浇多少水？为什么小伙伴的种子发芽了，而我的种子没有发芽？……为了解决这些问题，我们进入第三个阶段"我是植物小管家"，希望通过种植后的观察、养护活动，帮助孩子们形成观察的习惯，有意识地引导他们去关注身边的事物，能主动照顾植物。同时希望他们在此过程中学会发现问题、提出问题，并寻求解决的方法，最终在成人的帮助下解决问题。

主题活动篇·小种子发芽了

| 问题一 | **花盆分不清怎么办** |

小种子种好后，孩子们每天都会去看。当时小花盆拿来的时候，大家都很清楚自己的花盆是哪一个，但经过一段时间，有个别孩子就对同类型的花盆分辨不清楚了。有一天，两个小朋友就因为花盆而争论起来："老师，这个是我的盆，张博雅说是她的。"那怎么解决这个问题呢？我对孩子们说："我们制作一个标志吧？"张博雅说："你说的是标签吗？那我们一起制作一个属于自己的标签好吗？"

考虑到孩子们的绘画能力和为了给孩子们更多的创作空间，我们决定让孩子们和家长一起制作完成。第二天，孩子们将制作好的标签小心翼翼地插到自己的花盆里，兴奋地告诉我："这次不会再弄混了。"

| 问题二 | **什么时候浇水呢** |

种植后，每天都有小朋友要给自己的种子浇水，但是他们浇水的时间总是很随机，有时候会扰乱我们正常的其它活动。针对这一问题，我们展开讨论：

洋洋："早上来的时候浇水吧！"

小雅："不行，有的小朋友来得晚，他的植物总是喝不到水。"

茉莉："那就起床后浇吧！"

甜甜："也不行，我们要做操，还要吃点心，时间有些紧张。"

最后经过商讨，确定中午开饭前是我们的浇水时间。

▲ 小种子你又长高了

问题三　我的小苗怎么还没出来

"老师，都这么久了，我的种子怎么还没有出来呢？"王舒仪每天都会问我这样的问题。为了不让孩子们对自己的小种子失去信心，我们一起分享了绘本《胡萝卜的种子》。主人公坚持不懈地照顾自己的小苗苗，最后小苗长出胡萝卜。这个小故事坚定了孩子们的信念。他们依旧每天去给自己的小花盆浇水，每每看到自己的花盆都会说："我种的是水果的种子，本身就会长得很慢，它一定会出来的。"

问题四　小种子会有大力气吗

今天按照惯例孩子们都去给自己的植物浇水了。"哦，天哪，这个小种子的力量真是太大了，把土都顶起来了。"这样的一句话把孩子们都吸引过去了。"真的很厉害呀！""太牛了！"……孩子们完全被这样一种现象给吸引住了。

甜甜："种子真辛苦呀！"

芊芊："这么小的小苗苗有这么大的力气吗？"

阳阳："会不会有小虫子帮助它呢？"

带着这些问题，我们一起分享了绘本《小种子》。通过分享，孩子们知道了每粒种子都是不简单的，它们从飘落、扎根、生长到开花，险象丛生、充满考验。听完这些，孩子们对种子有了更深入的认识。有几个小朋友又一次来到了我们的植物角，俯下身子，轻声对小嫩苗说："你快

▲ 认真地讨论这株依然是绿色的植物

快长大吧！""你辛苦了！""我会好好照顾你的！……看到孩子们能够这样，我真的很欣慰，不禁感慨其实孩子们也是一枚枚小种子，他们也在倔强而顽强地生长着。

观察、照顾植物是种植过程中极其重要的环节，这是孩子们走进自然、关注自然、了解植物生长的最好时机。在这个过程中，孩子们自己浇水，制作观察记录，发现植物成长中的问题，再和老师、伙伴一起商量、解决。这些教育活动中的小契机，给孩子们带来惊喜，给予他们极大的创造空间。

回顾与反思

小班孩子的特点是以具体形象思维为主，班级植物角的种植活动能够让孩子们通过直接感知、亲身体验和实际操作进行学习，在做中学、玩中学。在种植活动中，满足了孩子们对植物生长历程的好奇心，激发了他们探索未知的兴趣以及勇于探索的科学精神，培养了他们关爱环境、关爱植物的情感，同时锻炼了他们观察与思考、解决问题的能力。

主题活动围绕"小种子发芽了"展开，为了让孩子们对种子有全面系统的了解，我们在家长的协助下，收集和利用各种资源，从孩子们的认知入手，让孩子们畅游种子世界。我们寻找水果的种子，一起为种子分类，一起种植并照顾植物。主题的推进以孩子们提出问题的形式层层深入，激发了孩子们无穷的探究兴趣。

通过提取、种植种子，加深了孩子们对种子与泥土、阳光、空气以及水分等要素相互关系的认识，让孩子们对植物及其生长过程有所了解，满足了孩子们亲近自然的需要，增进了他们对植物的情感，并让他们获得了种植、照顾植物的相关经验。整个活动中，孩子们的自主性很强，在大胆尝试、动手实践中，发展了观察、思考等多方面的能力。

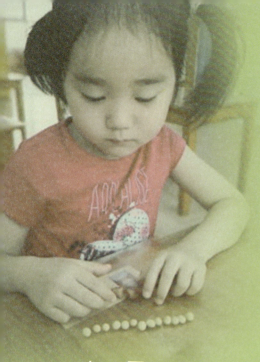

自然宝典

种　子

　　是种子植物的胚珠受精后长成的结构，一般由种皮、胚和胚乳等组成。有的植物成熟的种子只有种皮和胚两部分。胚是种子中最主要的部分，萌发后长成新的个体。胚乳含有营养物质。

　　种子是种子植物的繁殖体系，对延续物种起着重要作用。种子的形状、大小、色泽、表面纹理等随植物种类不同而异。种子常呈圆形、椭圆形、肾脏形、卵形、圆锥形、多角形等。蚕豆、菜豆为肾脏形，豌豆、龙眼为圆球状，花生为椭圆形，瓜类的种子多为扁圆形。椰子的种子很大，油菜、芝麻的种子较小，而烟草、马齿苋、兰科植物的种子则更小。种子的颜色以褐色和黑色较多，但也有其他颜色，例如豆类种子就有黑、红、绿、黄、白等颜色。

　　种子与人类生活关系密切，除日常生活必需的粮、油、棉外，一些药物（如杏仁）、调味品（如胡椒）、饮料（如咖啡、可可）等都来自种子。许多种子能食用，是餐桌上的美味佳肴。

种子发芽了（吕甜恬，5岁半）

小班亲自然主题活动

植物角的小秘密

焦 敏 王 柳

主题缘起

班里的植物角一直是孩子们最喜欢聚集的地方，在这里孩子们可以畅所欲言，运用多种感官去感受那些生机勃勃、青翠欲滴的花花草草。蒜苗作为一种常见的食材，在植物角里也最受孩子们的喜欢。陶行知先生指出："花草是活书，树木是活书，飞禽、走兽、小虫、微生物是活书，山川湖海、风云雨雪、天体运行都是活书。"由此而知，在幼儿的成长过程中，自然间的万物有着极大的教育价值。伴随着孩子们的兴趣和爱好，我们班开展了种植活动——"植物角的小秘密"。

问题情境

蒜苗宝宝是怎么长出来的？
蒜苗宝宝的种子是什么？
蒜苗可以不断地向上长，那么所有的菜都能再生吗？
为什么叶子都朝向教室窗户那面长？
叶子为什么绕着长？
……

　　本学期，我们班以"蒜苗宝宝"为出发点，开始探寻植物角中的小秘密。在种子发芽长大的过程中，孩子们通过观察、护理、收获等体验，又衍生出各种各样的问题。我们又针对这些新的问题继续探秘，一起探究植物生命的力量和神奇。

设计意图

　　种植活动是孩子们与自然亲近的有效途径，孩子们在对植物的观察中可以自由发现探索，学习到知识，符合从幼儿自身好奇点、兴趣点出发，发现并提出问题，调动已有经验，体验和理解科学探究的学习方式，鼓励幼儿在"做中学""玩中学"。种植活动是幼儿园常见的一种活动形式，是孩子们与植物、泥土、水以及各类工具相互作用的过程，也是孩子们加深对植物的生长过程以及植物与泥土、阳光、空气及水分等要素相互关系的认识的过程。在探究式学习的背景下，我们班充分利用种植活动，从幼儿的兴趣点出发，全方位调动幼儿自主探究的意识和解决问题的能力，生成不同的教育活动。

主题脉络

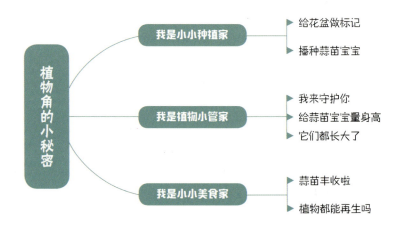

主题目标

☆ 在种植活动中认识并学会使用种植工具。

☆ 在种植的过程中不断提升发现问题、自主解决问题的能力，在探究中进行学习，积累有益经验。

☆ 体验种植和探究的乐趣，在活动中感悟生命的可贵和力量。

探究植物角秘密的第一步是从种子入手。种子是生命的起源，生命的力量便蕴藏在这一颗颗可爱的种子里，等待着土壤、水分和营养，然后破土而出，展现神奇的一幕，小小的种子中蕴含着无限生机。

利用"国庆节"假期，小朋友们在爸爸妈妈的陪伴下，到大自然中、在家里寻找不同的种子并收集起来，我们一起分享，共同认识这些神奇的小种子。

收集了小种子之后，我们一起分类，最终选择培育种植在其中占多数的大蒜头。我们和孩子们一起动手，帮种子在我们班"安家落户"。热心的家长为我们班的宝贝种子提供了营养土壤、干净的水壶、小花盆，鲁老师准备好了小铲子、小耙子和水壶。一切准备就绪后，我们和孩子们便开始行动啦！

故事一 给花盆做标记

在播种前，每个小朋友都拿到了一个棕色的小花盆，在观察自己的花盆的同时，孩子们的讨论也开展起来了。

弯弯："我们家也有这样的花盆，奶奶种的小花，可漂亮了！"

琦琦:"你看,我们的花盆都是一个样子的。"

瞳瞳:"一会儿把咱俩的小花盆放在一起吧,让他们也当好朋友。"

琦琦:"可是放在一起我就记不起来我的蒜苗宝宝是哪一个了。"

招招:"我有一个办法,就是你们可以在小花盆上做标记啊,那样不就认识了!老师,我想给我的小花盆画一个五角星,我最爱五角星了!"

瞳瞳:"我要画小汽车!"

顶顶:"我也要画,我画龙卷风。"

孩子们觉得招招的提议不错,纷纷响应,为自己的花盆制作标记。老师及时追随孩子的兴趣,支持孩子的想法,为孩子们提供了卡片和彩笔,鼓励孩子大胆画出属于自己蒜苗宝宝的标志并贴到小花盆上。

 播种蒜苗宝宝

设计了自己花盆的标记,领取了属于自己的大蒜,孩子们一个个卷起袖子,跃跃欲试,准备种下属于自己的小生命。在种植的过程中,小朋友们小心翼翼地呵护着小蒜苗,轻轻地把蒜苗宝宝放入种植盆中,有的地方没有被土壤覆盖,孩子们还用自己的小手从旁边拨拉一些土把蒜苗宝宝的根包住。

蹦蹦:"老师,这样我的蒜苗宝宝就能快快长大了吧!"

老师:"当然啦!你以后要早点来幼儿园,每天给蒜苗宝宝浇水,它一定能快快长大的!"

瞳瞳:"我以后让奶奶每天第一个送我来幼儿园给蒜苗宝宝浇水!"

孩子们和老师做好了约定,一起呵护蒜苗宝宝快快长大!

在播种的过程中,孩子们充满爱心和责任感。在拿到自己的小种子后,孩子们都紧紧握在手中,生怕掉落,充分展现了孩子们关爱生命的天性。幼儿园种植活动的核心价值是满足幼儿亲近大自然的需要,增进幼儿对植物的情感。在充满趣味性、实践性的种

植活动中，幼儿知道了植物生长的必备条件，了解了种植植物的方法和步骤。这对于城市里的幼儿而言，也是一场难得的经历。

我是植物小管家

蒜苗宝宝安了家，在土壤妈妈的包裹下，一天天长大。

故事一　我来守护你

大蒜宝宝经过小朋友和老师们的精心呵护，现在都发芽了。

只要早上来得早，小朋友一定会在种植角拿起小喷壶浇水，不怕脏，不怕累，特别有爱心，一定会细心呵护到每一株植物，都要给它们喝足了水。

艾米："老师，我们小朋友要喝水，不然就会感冒，还要打针。植物也一样的，需要多喝水，才能长得高，长得快！"

蕾蕾："老师，我要去给白菜换换水。"

幼儿会对生命的成长过程充满好奇，他们会精心呵护、仔细观察，会关注生命成长过程中的每一个细节，会对生命充满感情、倾注热情。每次的观察和探究都会让孩子的脸上挂满笑容，因此，种植更是一种有温度和有情感的活动，幼儿在种植过程中收获的不只是能力和知识，还有情感和态度。

为什么我的蒜苗宝宝没发芽？

眼看着其他小朋友的蒜苗都发了芽，一天天长高，可急坏了鑫鑫。他每天都会给自己的蒜苗浇水，呵护有加，可他的蒜苗还没有发芽。

鑫鑫:"我的蒜苗宝宝怎么还没发芽?"

豆豆:"可能你的蒜苗宝宝死了。"

多多:"不对,没有死,肯定是你浇的水太少了!"

鑫鑫:"可是每次我们喝水的时候,我都会给蒜苗浇水啊!"

看到鑫鑫对此感到伤心难过,小朋友们找来了老师帮忙。仔细询问原因,才知道鑫鑫很有爱心,每次小朋友喝水的时候,他都会想到自己的小蒜苗,拿起小水杯接上满满一杯水去浇水。

"老师每次都让我们喝满满一杯水,说多喝水就不会咳嗽生病,蒜苗宝宝肯定也需要每次都喝一大杯水。"鑫鑫解释道。

老师告诉鑫鑫,植物和人类虽然都需要喝水,但不同的是植物宝宝只需要在土壤摸起来干干的时候,浇上半杯水就可以了,经常浇水会把植物的根泡烂,所以蒜苗宝宝就没有发芽。鑫鑫将蒜苗宝宝挖出来,果然根部已经腐烂,失去了生命力。

最后,鑫鑫在老师的帮助下,重新种下一棵小蒜苗,每天只浇一次水,几天工夫,属于鑫鑫的蒜苗宝宝终于发芽啦。

童言稚语之"小麦就像滑滑梯"

一个慵懒的午后,阳光温柔地洒在教室窗边,多多午休起床后在植物角里发现了一个小秘密——咱们的植物怎么都倒向窗户那边啊?

多多:"你看!蒜苗的叶子全朝着窗户那边!"

洋洋:"还有小麦。"

艾米:"就像滑滑梯一样,哈哈!"

小米:"是因为它们生病了,太累了吗?"

琦琦:"我觉得是大风吹的吧!"

▲ 土豆苗因为向光性倒向窗户的一侧

主题活动篇·植物角的小秘密

| 故事二 | **给蒜苗宝宝量身高** |

一天,保健医生给小朋友量身高。回到班里后,小朋友看到教室里自己种下的小蒜苗,你一言我一语地讨论起来。

招招:"我们的个子都长高了,小蒜苗也长高了。"

鑫鑫:"小蒜苗跟我们一样,都是会长高的。"

艾米:"我昨天忘了浇水,小蒜苗会不会不长高了?"

琦琦:"我的浇水了,我的长高了!"

蹦蹦:"我们也可以像医生阿姨给我量身高一样,给它们量身高啊!"

用什么工具测量?

为了实现小朋友给蒜苗宝宝量身高的需求,我们开展了一场热烈的讨论——"怎么给蒜苗宝宝量身高呢?用什么工具呢?"

▲ 认真地观察测量工具是否笔直

小米:"笔!"

洋洋:"尺子!"

多多:"我觉得用棍子吧!"

豆豆:"电线!"

澳宝:"不行,电线有电,危险,不能用!"

老师:"断了的干电线可以用,连着插头的电线不可以用。"

辰辰:"树枝!"

可可:"还可以用尺子!"

毛豆豆:"吸管!"

硕硕:"哈哈,用栏杆!栏杆也是直直的!"

小朋友们想到了好多的测量工具,并在美工区进行寻找。有了测量工具,小朋友

— 075

们便跃跃欲试，开始当起保健医生，给自己的蒜苗宝宝量身高了。

怎么做观察记录？

老师："记得测量的时候，测量工具的根部一定要和小蒜苗的根部对齐，那样才能准确量出蒜苗宝宝的身高！"

由于小班幼儿手部精细动作的发展并不成熟，个别幼儿在做标记的时候，会出现扶不稳工具的现象，所以教师应关注个体差异，及时给予帮助，协助幼儿完成观察记录。

过了一个星期，小朋友们进行了第二次测量。有了第一次的经验，这次量起来就老练多了。一只手扶着测量工具，另一只手拿笔在工具上做标记。接着在记录纸上做记录，从线条的长度对比看，小蒜苗已经长高了好多。有些蒜苗宝宝因为长得太高而弯了腰，我们注意到孩子们的观察记录上，蒜苗的叶子也是弯弯的。孩子们在潜移默化中，已经掌握了做观察记录的要领，根据实物进行写实，用画笔记录自己的发现。

❶ 一只手扶着测量工具，另一只手拿笔在工具上做标记
❷ 做记录的时候测量工具也要和底部的线对齐

究竟谁的蒜苗高？

植物角里，蹦蹦和毛豆豆在比谁的蒜苗长得高。两个人拿着小花盆，把小花盆的底部对齐，开始比起来。可是比来比去，一会儿蹦蹦的高，一会毛豆豆的高，两个人陷入了僵局，谁都不肯认输。那怎么办呢？不如我们使用工具来测量比比看吧！两个小朋友找好工具后，便开始测量了。

可是蒜苗宝宝越长越高，之前用到的工具已经太短了，无法测量了，怎么办呢？

主题活动篇·植物角的小秘密

蹦蹦："老师,这个棍子太短了"。

毛豆豆："我的也太短了,不能量了。"

老师："那怎么办啊?我也想不到好办法了。"

蹦蹦："可不可以把棍子连接起来啊?"

老师："那我们先试试看吧。"

于是,我们找来了胶带,把两个棍子粘了起来,蹦蹦再一次进行尝试,这次成功了!

蹦蹦："棍子比蒜苗高,就可以用了!"

接着,蹦蹦和毛豆豆两个人开始了测量活动。在做记录时遇到了同样的难题,就是纸的长度也不够。不过这次可难不倒我们的小朋友,他们找到了两张纸,寻求老师帮助将它们粘到一起,开始记录。最后蹦蹦和毛豆豆拿着记录纸比起来,纸张的底部对齐,最终的结果是——一样高,哈哈,太奇妙了!

因为蒜苗叶子很软,无法准确比较

发现蒜苗的长度已经超过测量工具

将两个棍子连接起来解决了问题

和小伙伴合作测量

在纸上做记录

原来我们的蒜苗一样高

在测量活动中，幼儿在亲身体验、动手操作的过程中既锻炼了手部动作的协调能力，也有了对长短的具体认识，在生动直观的活动中，感受到长短的区别，对物体长短的比较有了生动的体验。因此，种植活动不仅仅培养了幼儿的情感态度，也给幼儿提供了更多探索的机会，在种植的过程中会不断产生新的问题，促使幼儿自发主动地去解决这接二连三的问题，符合幼儿兴趣发展具有持续性、连贯性的特征。

故事三 它们都长大了

成长是一件永不停息的事，不论是植物的生长发育还是孩子的长大成人。孩子的观察发现同样是没有时间限制的，每一时刻都是观察的好时机。午间散步时和蒜苗宝宝说说话，来园、离园时跟麦苗宝宝打个招呼，自由活动时看看山药叶子爬高了吗……在这一次次的互动中，孩子们与植物的感情越来越亲密，就像是一对对亲密无间的好朋友，好朋友每长大一点，都会让他们欢呼雀跃。

柚子："你看！蒜苗长大了，大蒜的衣服都被撑破了！"

一颗星："麦苗发芽了，好可爱啊！"

糖糖："土豆长高了，我都碰不到顶了！"

言言："老师，这个苗苗顺着绳子长得好高啊！"

土豆发芽了

花生发芽了

麦苗长高了

白菜头开花了

主题活动篇·植物角的小秘密

💡 减掉根须还能再长大吗？

这天，琦琦发现班里的两盆蒜苗有着不同的状态，一盆叶子长得"直直"的，一盆叶子长得"弯弯"的，便来跟大家分享他发现的小秘密。同样的生长环境怎么会出现这样的区别呢？那就让我们一起来继续探究"蒜苗"成长的秘密吧！

"老师，你快看，有一盆的蒜苗里长着'白色的虫子'！"洋洋通过观察后发现了蒜苗的秘密，原来我们最早种植的那盆蒜苗都长根了。

鑫鑫："它长得好像面条啊！"

琦琦："我觉得像老爷爷的胡须，白花花的！"

孩子们天马行空的想象力总是让人感到惊喜。那蒜苗叶子"弯弯的""黄黄的""倒了"是不是因为"长根"了，根须把土壤里营养都抢走了，所以叶子就没有营养了呢？

"我们把根拔了吧！"琦琦大声说。这样做可行不可行呢？就让我们一起做个实验来验证一下吧！

说干就干！我们先把盆里的蒜苗拔出来吧！在拔蒜苗的过程中，孩子们发现"根太多了"，"太硬了，我们都拔不动。""老师，小铲子都被顶弯了。"历经"九九八十一难"，孩子们终于把蒜苗拔出来了。可是还有许多残留的根须藏在土壤里向我们"示威"，于是孩子们齐动手，把残根从土里一根根地拨拉出来，丝毫不在乎自己的小手已经变得黑乎乎的。

终于剪完了根须，孩子们一起把剪了根须的蒜苗重新种植到土壤里，看看这些蒜苗能不能再次长得"绿绿的""直直的"。这次实验太好玩啦！

▲ 发现蒜苗根部白花花的"虫子"

▲ 一起动手剪根须

整个过程中，幼儿通过调动前期的种植经验，明确目标——"斩草除根"，想让蒜苗重新恢复生机。随后在老师的帮助和配合下，有计划地进行活动，也体验到了成功的快乐。一周后，小朋友们发现被剪了根须的蒜苗叶子已经枯萎，毫无生机，明白了根须剪掉植物就无法生存的道理。

💡 为什么有的叶子竖着长？有的叶子缠绕着长？

喝水时间，坐在一组的小朋友一边喝水一边聊天。

霏霏："明明，你看！咱们班的山药都长到房顶上了！"

明明："是啊，长得好高啊！而且叶子都向着窗户那边。"

霏霏："因为那边有太阳啊！"

洋洋："你看他们的叶子缠绕着，像我家的电线也是缠绕在一起呢！"

顶顶："就像两个小朋友抱在一起！"

说着，顶顶便和洋洋抱在了一起，惹得一旁的小朋友哈哈大笑。

九天："老师，为什么蒜苗是竖着长的，这个是一圈一圈地长啊？"

九天一边问，一边用手比划着螺旋状，模仿着山药长大的样子。

这个对于小朋友来说确实是个难题，那就让老师来公布答案吧！因为有些植物的叶子长得太茂盛了，它们螺旋缠绕着生长是为了不遮挡下边叶子的阳光。

▲ 山药苗缠绕在一起

▲ 模仿山药苗缠绕的样子

主题活动篇·植物角的小秘密

种植活动在丰富孩子们生活经验的同时，也提高了孩子们观察和发现问题的能力，并让孩子们认识到生命的可贵和神奇。在活动中，小朋友们能发现问题，在教师的帮助下提出解决问题的办法，并在过程中坚持不懈，不怕脏，不怕累，收获最后的成功，体验了劳动的光荣和快乐，这正是一个自主探究学习并取得收获的过程。孩子们通过一次次自主的探究，逐渐理解了阳光、空气及水与植物的关系。观察和管理的过程，可以让幼儿自主、快乐地学习并慢慢感受到生命的神奇、大自然的美妙，进一步培养了幼儿与大自然的亲密情感。

我是小小美食家

不知不觉中，孩子们种植的蒜苗已经长了一尺多高，这意味着丰收的时节来临啦，可以把蒜苗收割回家，和爸爸妈妈一起分享收获的果实了！

故事一　蒜苗丰收啦

到了离园时间，孩子们拿起剪刀，在老师的陪护下，兴奋地剪下一根根绿油油、直挺挺的小蒜苗，紧紧地握在手中，迫不及待地想要送给爸爸妈妈，和他们分享。

▲自己动手剪蒜苗

▼蒜苗丰收啦

▲把蒜苗分享给妈妈

▲妈妈做的蒜苗炒米饭真香

回到家中，这些清香扑鼻的小蒜苗在爸爸妈妈的精心加工下，摇身一变，成为盘中的美味佳肴。你看，唐唐妈妈、顶顶妈妈和蹦蹦妈妈的蒜苗炒米饭，言言奶奶的蒜苗小汤面，糖糖奶奶的蒜苗炒豆腐，看起来就好吃啊！

 植物都能再生吗

一天，洋洋入园后来到植物角浇水，突然停下来了，指着蒜苗，像发现了新大陆般兴奋。

洋洋："老师，蒜苗上面长出新的小芽了！"

我们班的蒜苗已经被收割了一次，洋洋发现蒜苗可以在断根上继续发芽生长，老师跟洋洋解释这是植物的"再生性"。

可可也被吸引过来了，问道："那我们种的花生、小麦也可以一直长一直长吗？"

能不能呢？不如我们做个实验吧。正好前段时间小朋友发现植物角里的小麦叶子越来越黄了，因为我们花盆里能提供的营养太少了，小麦宝宝吃不饱，所以叶子就慢慢变黄了。我们就一起动手把麦苗的叶子剪齐并整理，看看过段时间麦苗能不能也再次发芽。

三天过去了，蒜苗的新芽越长越高，而麦苗的断根却枯萎了。原来并不是所有的植物都具有再生性啊！通过实验探究，小朋友们可学到大本领了！

在植物成长的过程中，孩子们与植物宝宝的情感联系越来越紧密，他们的情感体验也越来越丰富和饱满。比如，孩子们会因为蒜苗宝宝叶子长高了而手舞足蹈，也会因为麦苗宝宝的叶子枯黄而伤心失落。在幼儿园，每天给植物浇水、换水已经成为孩子们早上入园后的习惯，他们对植物的紧密感情已经建立起来。在蒜苗宝宝丰收时，孩子将收割的蒜苗拿回家和家长分享自己和蒜苗之间的小故事。家长在这个过程中也得到孩子和植物的馈赠，享受了美味的食物，家长参与种植活动的热情也越来越高涨，对活动的评价也很高。

回顾与反思

在种植活动中，幼儿始终保持着"自主、乐学"的状态，满足了对花草生长过程的好奇心，激发了探索未知的兴趣，培养了勇于探索的科学精神。种植活动有助于培养幼儿关爱环境、关爱植物的情感；锻炼幼儿的观察与发现问题的能力，提升解决问题的科学能力。另外，幼儿在轮流照顾植物的过程中，还培养了责任感和集体友爱精神。

在种植活动中，作为教师，我们真正理解了对自然的学习不是搬用书本知识，不能坐而论道，而是要亲身实践，让幼儿投入种植情境和种植过程中，让幼儿带着情感去关注自己的成果，去呵护各种不一样的生命。这才是真正的以直接感知、实际操作和亲身体验为基础的学习。

对于家长而言，在种植活动中，与孩子的沟通更加密切，亲子互动的程度不断加深。从一开始被孩子的热情感染，为班级的种植角提供物质支持，到最后孩子把蒜苗拿回家与亲人一起分享，获得种植角物质和精神的双重回馈，家长们看到了种植活动对孩子认知和情感等方面的影响，在此过程中也受益良多。

自然宝典

蒜

称为蒜头，多年生草本植物，百合科葱属。蒜分为大蒜、小蒜两种。地下鳞茎分瓣，味道辣，有刺激性气味，可做调味料，亦可入药。蒜叶，称为青蒜或蒜苗，可作蔬菜食用。

蒜，味辛、性温，入脾、胃、肺，暖脾胃，消症积，有解毒、杀虫的功效。蒜含有大蒜素。大蒜原产于亚洲中部帕米尔高原与中国天山山脉一带。5000年前埃及有栽培蒜的记录，汉朝时张骞自西域将其引进中国栽培。中国是世界上大蒜栽培面积和产量最多的国家。

蒜苗（袁子能，6岁）

向光性

是向性的一种，指生物的生长由光源的方向而影响的性质，常见于植物之中。朝向有光的一面生长称为正向光性，反之称为负向光性。向光性使植物向有光的地方生长，以获取最多的光源进行光合作用，并同时把植物带向高处较多阳光的地方，这有利于种子的传播。根的负向光性则能使根向泥土深部生长，以获取足够水分、养分和矿物质，以及使根能抓紧泥土，固定植物位置。

大班亲自然主题活动

大树密码

王小丽

主题缘起

  幼儿园的院子里有几棵高大的梧桐树,户外游戏时,孩子们常常在大树下嬉戏追逐。一天,三个孩子围着大树讨论着:"你看,这个好像一个眼睛啊!""它太像眼睛了,你说会不会是大树的密码啊?""大树怎么会有密码呢?"看来,孩子们还对上一次关于生活中的密码的谈话印象深刻。关于探寻大树密码的活动由此拉开序幕……

问题情境

  大树的印记看起来像什么?
  树洞里面有什么?
  树洞是怎么形成的?
  树上为什么会长蘑菇?

设计意图

  在亲自然主题活动中,我们不仅带领孩子们观察树叶、摸一摸大树的"皮肤",

和大树亲密拥抱来测量大树有多粗，还就树的年轮、树叶的变化、树的纹理等进行探讨，但是如何挖掘出更多的更进一步地了解大树、观察大树的活动，让孩子更深层次地去了解我们身边的大树，并在活动中获得乐趣，以激发孩子们的亲自然情感，一直是我们思索的问题。我们以树皮掉落后的印记，开启"大树密码"的破译，让孩子们通过细致的观察、生动有趣的想象，跟大树建立情感连接。

主题脉络

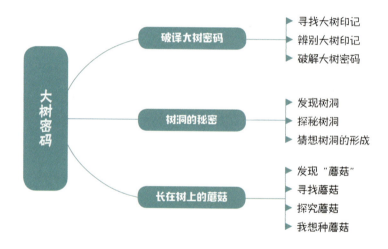

主题目标

☆ 观察大树树皮掉落后的印记，大胆猜测，丰富想象力。

☆ 掌握探究工具的使用。

☆ 在探究发现中感受乐趣，与大树建立亲密的情感。

主题活动篇·大树密码

破译大树密码

生活中我们经常会用到密码，特别是指纹技术、面部识别技术的广泛应用，孩子们逐渐了解到指纹和面部是一个人"独一无二"的特性。孩子们关注到大树树皮，发现每棵大树树皮上的图案都不同，认为那是大树的"密码"。从探讨生活中的指纹密码和人脸识别技术，逐步过渡到对大自然"密码"的探索。

故事一　寻找大树印记

孩子们在幼儿园院子里仔细寻找树的密码。一开始，孩子们围着路边的法国梧桐观察，又看了旁边的白杨树，认为它们不一样的树皮就是它们自己的密码。很快，很多孩子发现了法国梧桐树上留下的"密码"。

幼："这个像玩游戏的方格子，还像围棋的棋盘。"

幼："我觉得这是一个迷宫，是告诉我们它喜欢玩迷宫游戏。"

幼："我找到了一个'甲骨文'，不过我不认识。"

这些都是人为刻画在树皮上的痕迹。直到一个孩子发现了"苹果"的图案，对后续密码的寻找是个突破性的发现。

▲ 像"迷宫"的划痕　　▲ 像"甲骨文"的划痕　　▲ "苹果"的发现

幼:"我看它像一个大大的苹果,应该是这棵树很喜欢苹果。"

幼:"我看这个是一个胖胖的奶奶,穿着大大的衣服,慢慢地在散步。"

幼:"这像一个小婴儿,妈妈给她穿了一件白白的公主裙。"

幼:"这像一颗大牙。"

幼:"它像一只漂亮的蝴蝶。"

幼:"我觉得这是热带鱼。你倒着看,下面尖尖的地方是张开的小嘴巴,上面的黑点是它的眼睛,最上面圆圆的地方是它的尾巴。"

我们将孩子们发现的密码——用相机记录下来,在班级内进行讨论。

 辨别大树印记

为了让孩子们辨别人为的印记和自然形成的印记,我们在教室展开了讨论。

师:你是怎么找到的?

幼:它很明显啊,我一下子就找到了。

幼:它的痕迹很清楚,容易找到。

师:后面的这个"苹果"密码和前面几个密码都是在树干上找到的,它们有什么不同?

幼:最后这个好像印在上面的一样,前面几个有很深的印痕。

幼:前面的一看像的东西很少,最后这个像很多种东西。

师:刚才找到的密码中,你认为哪个更像大树的密码?为什么?

幼:我觉得那个像苹果的是,因为这个是大树自己的。

幼:我也觉得最后这个是,我们先找到的,像是人拿着刀刻上去的吧!如果是密码,这应该像我们的指纹密码一样,是大树自己的,独一无二的。

幼:用刀刻的多疼啊,这样做是不对的。

在热烈的讨论后,孩子们一致认为在大树上用尖锐的物品划伤大树是不正确的

主题活动篇·大树密码

行为，是对大树的伤害；确定了判断大树密码的重要参考——是大树自己留下的、独一无二的。通过对比、讨论后，孩子们了解了大树密码的特点，知道要找寻大树的密码，首先应该细致观察找到的图案是不是大树自己留下的，然后再去尝试破译大树留下的密码。

故事三 破解大树密码

有了第一次的集体寻找、讨论大树密码的启发，孩子们观察大树有了很多不一样的视角。关于大树的密码，孩子们眼中有太多不一样的答案，找到的密码也越来越丰富，对寻找大树密码的活动兴致盎然，对密码的解读更是童趣十足。

第二次，孩子们在大学校园的路边一棵接一棵地寻找，发现了认识的字母以及更多有趣生动的密码，孩子们久久不愿回去。

幼："怀孕的妈妈！我就是在妈妈肚子里一点一点长大，大到妈妈要双手托着肚子走路。"

幼："宝宝用小脚丫踢了妈妈一脚，妈妈用手摸摸小脚丫，小宝宝就不踢了，妈妈非常惊喜地看着肚子，她感觉到宝宝在跟她对话了。"

▲ 怀孕的妈妈

幼："瞌睡的小狗在树干上睡着咯。"
幼："这像一个甲骨文的'山'，还像一个云朵。"
幼："这个像倒着的'm'。"
幼："这是大树的魔法眼睛，非常神奇，它每天都在观察着周围发生的一切，如果小鸟累了，它就能告诉主人，邀请小

▲ 甲骨文的"山"

▲ 黑洞

鸟来树枝上停一停,说说话,唱唱歌,能看见经过的每一个人,看见小朋友在树下踩着树叶高兴地蹦蹦跳跳。"

幼:"这棵树在寻找自己的朋友。"

幼:"这像一个隧道入口,里面可能有藤精树怪。"

幼:"黑洞,这就像宇宙中的黑洞一样,具有非常强的能量。各种小飞虫可要注意了,遇到黑洞可就要被吸进去了。它就像一个漩涡一样,被吸进去就再也回不来了。"

幼:"这个密码像我在拍皮球。那时候,我还很小,皮球很大,我累了就抱着皮球在旁边的大石头上坐着休息。"

幼:"像小朋友抱着一个切开的苹果,我还看到两排深色的苹果核。"

▲ 猜猜看,小朋友抱着的是苹果还是气球

幼:"这像小朋友在给气球吹气,他紧紧地抱住气球,还有一个气球已经飞过头顶啦!"

幼:"有一只长颈鹿正伸长脖子在吃着嫩嫩的树叶。"

幼:"这像一把椅子,小鸟累了就可以坐在上面休息一下,喝喝水。"

幼:"像一个从镜子里面看到的字母'h'。"

▲ 发现"长颈鹿"

掉落树皮之畅想

小乌龟背着重重的壳,在草丛里爬呀爬。遇到了一条胖胖的蟒蛇,蟒蛇问:"小乌龟,你要去哪呀?"小乌龟说:"我要去找咕噜牛。"

小乌龟背着重重的壳,继续爬呀爬,在一栋房子前,遇到了一只香肠狗。香肠狗问:"小乌龟,你要去哪呀?"小乌龟说:"我要去找咕噜牛。"

主题活动篇·大树密码

小乌龟背着重重的壳，继续往前爬呀爬，在小河旁边，遇到了一只竖着耳朵的兔子。兔子问："小乌龟，你要去哪呀？"小乌龟说："我要去找咕噜牛。"

小乌龟背着重重的壳，继续往前走，在城市的公园里，遇到了散步的妈妈。妈妈问："小乌龟，你要去哪呀？"小乌龟说："我要去找咕噜牛。"

蟒蛇、香肠狗、小兔子、妈妈一起问："小乌龟，咕噜牛是谁？"

小乌龟背着重重的壳，继续往前爬："我找到了就告诉你们。"

（彭熙博，6岁）

▲ 捡拾掉落的树枝，创编有趣的故事

树洞的秘密

在寻找大树密码的过程中，孩子们总会有新的发现，观察也随之不断深入。孩子们在观察大树的活动中，除了发现树皮掉落后留下来的印记之外，还发现了有的大树的树干或树根处有一些不同形状、不同大小的树洞。有的树洞里面又深又黑；有的树洞像个大门一样紧紧挨着；有的树洞穿透树干，孩子们可以透过树洞和另一边的好朋友握手。

故事一　发现树洞

这些都是孩子们找到的树洞。树洞的发现，天然的神秘感，让我们一起走进孩子们的想象世界。

幼："这是通往矮人国的神秘树洞，从这个树洞门进去，里面有长长的台阶，你得拉着旁边的绳子慢慢往下走，里面是矮人国，他们善良又爱交朋友，我要去矮人国给他们讲故事，还想去给他们做科学实验，想带着他们来我们的世界旅游。我可以做一个很棒的导游，给他介绍陕西的名胜古迹，陕西的小吃、水果。"

 树洞还能用手穿过

故事二　探秘树洞

在固定的亲自然日，继上一次我们找树洞后，平常我们都没怎么关注的树洞对孩子们产生了极强的吸引力。

师："树洞里面到底有什么？"

幼："可能有虫子吧！"

幼："也许是西瓜虫。"

幼："我觉得会有可怕的妖怪。"

幼："树洞那么黑，什么都看不见啊！"

师："我们用什么工具去寻找树洞里的秘密呢？"

幼："我们可以带上放大镜，仔细观察观察。"

幼："我想带手电，有的树洞里面看不见，可以用它照亮。"

通过讨论，我们和孩子们一起带了手电、放大镜，去寻找更多的树洞，看看树洞里面到底有什么。

一出幼儿园，孩子们就围着路边的树细细寻觅着。他们摸着树干，上下打量。粗糙的纹理中有各种各样的沟壑，大自然就像一个神奇的魔术师，让每一棵树都呈现出不同的姿态。

有了上一次找到树洞的经验，很快孩子们发现了一些小的凹陷进去的"洞"，但这些树洞一眼就能看到底，似乎满足不了孩子们的好奇心。他们在树林中穿梭得更快，也许在心里都较着一股劲儿——成为第一个发现者。

幼："哇！我找到了！这有一个长树洞。"

很快，几个孩子都围了过去，一个穿透树干的洞出现在大家面前。沛沛率先从路边找来一根细细的树枝，对着树洞戳了戳，一些细碎的木屑、土屑滑落下来。

面对形状各异的树洞，孩子们不禁又想探究一下树洞里面到底是什么样子的，里面有什么。

幼："我发现里面有好多软软的、绵绵的东西落在我手背上。有可能是西瓜虫吧！"

幼："我在树洞里面发现了小蚂蚁。"

孩子们带着放大镜、手电，像一个个小小科学家，他们在大自然中充分发挥了"十万个为什么"的探索精神。我们还讨论起了使用工具探究树洞的方法。

师："你们是怎样发现树洞里面的秘密的？"

▲ 拿着手电筒一探究竟

幼："我是用放大镜看的。刚开始我看到里面有很多石头，等我把石头拣出来后，发现树洞里面往上还有一个更大的洞，我就用放大镜去看，可是里面太黑了。"

幼："我用镜子把太阳的光反射进去了，发现里面有蚂蚁在爬。"

幼："有一个树洞非常的深，我用手电筒照的时候都照不到底儿，我就用竹签戳，看看里面有多深，够不着底儿，这个树洞应该非常的深。"

故事三　猜想树洞的形成

孩子们不停地发现、提出问题，再商讨解决的办法。在每一次相互的探讨中，孩子们也能从同伴身上习得更多的经验。同时，大家一边探究，一边猜想着树洞里发生的故事。

幼："它们为什么会在树洞里呢？"

幼："可能是它的家吧！我还在里面发现了很多细细的、软软的土，有可能是冬天蚂蚁要给自己搭一个家，用小嘴巴一点一点咬出来细细的木屑！"

幼："我在里面发现了蜘蛛，它在里面织了一个圆圆的网。"

师："蜘蛛为什么会在树洞里面织一个圆圆的网呢？"

幼："因为里面黑，小虫子一飞进去就能抓住它。"

师："那虫子为什么也会往这个洞里飞呢？"

幼："可能虫子也喜欢这个洞，想在这个洞里有个家。所以它一飞进去，蜘蛛一口就把它吃掉了，我觉得这个蜘蛛绝顶的聪明。"

孩子们发现树洞里装满了许许多多"秘密"后，很快树洞的形成就成了他们下一步探索的话题。

幼："这个洞有可能是冬天的时候小蚂蚁准备安

▲ 用放大镜仔细观察

家,所以它们就刨呀刨呀刨、咬呀咬呀咬,就给自己建了一个洞。"

幼:"也有可能是狗熊,因为狗熊冬天要冬眠嘛,然后它就用自己爪子挠呀挠呀挠,给自己挠了一个洞,等到能钻进头以后再向上抓呀抓,给自己抓了一个大大的树洞做冬眠的家。"

幼:"这可能是啄木鸟啄出来的一个洞。"

从探究大树开始,孩子们不仅关注身边的大树,连外出旅行也都不忘寻找各种各样大树的印记。孩子们不仅在大树上发现了许多"洞",还找到了许多突出的树结,而这些树结在孩子们的眼中却并非如我们成人所想,他们说有的像妈妈的乳房,有的像肚脐眼,有的像人的膝盖,等等。外出旅行,孩子们也不忘参观植物园,发现奇特的树结。

▲ 发现树结

▲ 旅行中的孩子们新发现的大树结

孩子们找寻大树树洞,讨论探寻树洞的工具,用手电、镜子探秘树洞里面的蚂蚁、蜘蛛以及西瓜虫,用手掌穿过通透的树洞感受树洞的神秘,在探寻的过程中感受树洞带来的乐趣,同时还发挥着自己天马行空的想象力,想象着树洞形成的原因。

长在树上的蘑菇

户外游戏时,孩子们都在尽情地玩耍,有几个孩子围着院子里的法国梧桐找寻着大树的印记,突然有人发现树干注上在两个树杈部分,有一片黑黑的东西。

故事一　发现"蘑菇"

孩子们叽叽喳喳,有的说是木耳,有的说是大火烧过后留下的黑色,有的说可能是蘑菇。到底会是什么?孩子们为了一探究竟,几个人合作抬来了木梯,老师扶着,一个一个轮流爬上去摘下一片"蘑菇"。

幼:"这个干蘑菇摸起来真硬,有点扎手。"

幼:"蘑菇两面长得不一样,对着天空的一面光滑些,对着下面的像一条一条细细的线。"

幼:"对,和我吃的蘑菇就很像,它的一面也是这样一条一条的线,可能是它吸收水分的地方吧!"

幼:"这看起来像蘑菇,还像吃的木耳!"

带着疑问,孩子们和家长一起在家查找答案,确定这是一种长在树上的菌类。

 爬上梯子摘"蘑菇"

 孩子们对"蘑菇"展开了热烈的讨论

主题活动篇·大树密码

寻找蘑菇

有了集体爬梯采摘"蘑菇"的经历，孩子们每次亲自然活动，都会留意看看这些树上长蘑菇了没有。一段时间后，孩子们在野外亲子亲自然的活动中，寻找到了很多长着蘑菇的树。

▲ 树上长着各式各样的蘑菇

幼："我的蘑菇是白色的，像鸡冠子。"

幼："我的蘑菇像小伞，长了密密的一堆儿。"

幼："我的蘑菇长在一根木头上，木头有些坏了（腐朽）。"

幼："我的蘑菇一层一层的，像楼房一样，不过长蘑菇的是一个粗粗的树桩。"

幼："我妈妈说树上有可能长的是毒蘑菇，只能看，不能摸，也不能吃。"

探究蘑菇

发现了树上的蘑菇，孩子们又提出了新的问题：为什么不是所有的树上都长蘑菇？有的长，有的不长，是为什么？

幼："可能蘑菇种子刚好落在这些树上。"

幼:"我找到的蘑菇,长在砍掉后倒在草地上有些腐朽的树干上。"

幼:"我的蘑菇也是在一根木头上。"

幼:"我的是在一根柳树枝上,感觉它没有生命了。"

通过孩子们的讨论,大家总结出来:我们看到的长蘑菇的树大部分都是朽木,或树桩,或树枝,长出的蘑菇颜色、形状各不相同,而蘑菇生长条件不仅仅包括朽木,更重要的是蘑菇是真菌,没有种子,它用孢子繁殖。

 我想种蘑菇

观察了大树上的蘑菇,了解到蘑菇的生长特性,孩子们对蘑菇的生长有着浓厚的兴趣,于是我们建议家长带孩子参观蘑菇种植基地。

孩子们参观了大棚中的蘑菇种植,这里的蘑菇都在菌包中还没有长出来,通过专业种植的叔叔介绍,孩子们学习了照顾菌包的方法,并带回家中细心养护起来。

▲ 用心学习蘑菇的养殖知识

▲ 每人领养一份菌包,期待我的蘑菇快快长大

把菌包领回家后,孩子们按照专业种植叔叔的建议,悉心地照料自己的蘑菇菌包,每天按时给蘑菇菌包浇水三次,再用湿毛巾盖好,终于在两周后,蘑菇发芽了!

回顾与反思

"大树密码"主题活动中，孩子们通过观察、体验，与大树有了很亲密的关系，在活动中总是兴致盎然地投入。在"破译大树密码"中，我们期望通过不一样的视角去解读大树。第一次活动中，孩子们进行了没有范本的探寻，探讨哪个是真正的大树密码，并一致同意大树的密码应该是大树自己的印记而非人为的伤害留下的印记。有了第一次的争论和确定，孩子们在第二次寻找中，更接近我们约定的大树密码。在集中分享时，更是闪现出很多有趣的话题，比如关于树洞，孩子们眼里的树洞是别有洞天、矮人国、隧道、藤精树怪等等，想象天马行空。在孩子们破译密码的想象中，他们还会将平常绘本中描写的情景迁移到想象的故事中。

在探寻大树密码的整个活动中，孩子们不断发现有趣的话题，从树皮的印记、到树洞、再到树上生长的蘑菇，孩子们不断对大树的密码产生疑问：它像什么？为什么会形成？里面有什么？等等。带着这些问题，孩子们对大树密码开始了深入的探索。在活动中，孩子们充分发挥想象力，借形想象，并在表达和交流中，锻炼语言表达能力。在发现树上的蘑菇后，孩子们特别关注树上的植物，在亲自然过程中，大家寻找到更多的蘑菇、木耳、马蹄菌等。种植照顾蘑菇菌包的经历，让孩子们了解了菌类生长的习性、生长的过程，不爱吃香菇的孩子也因为有了体验和情感，开始愿意尝试了。

整个主题活动的开展，我们始终坚持引导孩子用不一样的视角去观察大树，鼓励孩子找到不一样的密码。在解读破译密码、创编树皮故事、探究树洞、发现蘑菇等活动中，将孩子的观察力、想象力放在首位，引导孩子观察，带领孩子们探讨、想象。

开展发现蘑菇活动时，教师应注意提醒孩子不要随意用手触碰不认识的蘑菇，特别是在野外，以防中毒。教导孩子发现蘑菇后应先询问家长或教师。

大树印记（何小西，6岁）

自然宝典

树　皮

可以作为鉴定树木种类、年龄的重要依据。不同树种的树皮形状、色泽、瘢痕及脱落情况都不相同。树木在树皮受伤后，可以自己生长出多余的木栓来修复。

树　洞

是一些树木由于虫蛀或者机械损伤等原因，成年累月逐渐形成空洞，甚至空心，但树还能成活的情况。树洞形成的原因有很多，例如有些树洞是某些穴居动物的杰作，这些动物会在树木主干松软处挖掘成洞，用以作为自己的巢穴（如松鼠、熊等）；有些树到年老时，树心会自然死去、腐败，无法再生，形成了树洞；有些绞杀类植物，会缠绕着其它树生长，到了一定时间，会杀死内部的植物，使成型后的树（绞杀类植物）的内部形成空洞，这也会形成树洞。

除了树洞，我们常常会看到树上长出菌类。野生菌经常生长在不含芳香烃类化合物（或含量很低）的杂木树上。这些菌类微生物主要生长在树木枯死的部分或者枯枝落叶积累的地方，营腐生方式，生长速度很快。

小、中、大班亲自然主题活动

火红的柿子树

孟卫平　王　楠

主题缘起

在我们的社区有很多柿子树，每周亲自然外出活动我们都会走过一片柿子树林，孩子们有时在树林里追逐、嬉戏，有时停下脚步，摸一摸、看一看、捡一捡。从小班到大班，三年的时间，孩子们渐渐对这片柿子树林有了感情，每当经过那片柿子树林时，他们就会情不自禁地驻足观察……

问题情境

柿子树皮看起来像什么？摸上去什么感觉？

柿子树叶的叶脉是什么样的？

柿子树叶是什么颜色？

花蒂可以拼什么？

柿子是什么颜色的？

……

带着一个个的问题，孩子们对柿子树，从树皮到树叶再到果实，进行了细致的观察。

设计意图

植物不像动物那样容易引起幼儿的关注，但是经常接触和亲近就会对其产生情感。我们班的孩子，从小班开始就接触那片柿子树林，和柿子树做游戏，抱一抱、摸一摸柿子树，寻找柿子树叶。到了中班时我们又开展过拓印树皮、用柿子花蒂拼画等活动。孩子们渐渐对柿子树感兴趣了，愿意到柿子树林游戏，有了这样的情感后，便不会觉得树很高，愿意主动去观察和了解柿子树，发现它的美，表现它的美。到了大班，我们继续亲近柿子树，最后通过活动"柿子树林写生"，将整个活动推向高潮，孩子们笔下出现了一幅幅生动细致的柿子树林的作品。

主题脉络

主题目标

☆ 喜欢在柿子树下游戏，懂得保护柿子树。
☆ 认识柿子树，能够用各种感官，感知柿子树的特征。
☆ 会从艺术的角度表现柿子树的美，大胆地进行创作。
☆ 学习观察事物的方法——从整体到局部再到整体。

主题活动篇·火红的柿子树

> 故事一　**有趣的树皮**

幼儿园周围有很多柿子树，我们亲自然外出活动总是要经过那片柿子树林。小班时，我们带孩子们摸一摸、抱一抱柿子树，通过触觉初步感知柿子树皮的特点：

"树皮像乌龟的壳。"

"老师，树皮像迷宫一样。"

"我觉得树皮像巧克力。"

"树皮一块一块的像石头糖。"

"树皮像鱼鳞。"

▲ 在树下玩游戏

通过摸一摸、抱一抱、看一看、想一想，孩子们了解了柿子树的树皮是什么样的。中班时，我们带孩子们在柿子树下玩"老狼，老狼，几点了"的游戏，在游戏中再次认识柿子树。

到了大班，我们给孩子一支笔，一张纸，还有橡皮泥，让他们把树皮的样子印下来，通过艺术的形式再次认识柿子树皮的特点。

▲ 抱一抱树干

"看我的饼干！"

"我的是个小印章。"

"看，我的多像小蚂蚁的家。"

"我的像比萨。"

拿纸和笔的孩子开始时蹲在树下面看一眼树干，画一下。有一个孩子，看到拿橡皮泥的小朋友用橡皮泥直接压，他也想尝试直接用印的方法。他先用蜡笔给树干涂颜色，涂完后把纸压在上面，但痕迹不是很清楚。于是他不想再用纸画了，也想用橡皮泥来印。我说："用纸印树皮确实很难，想想办法，聪明的孩子一定能想到，怎样

— 103 —

才能清楚地印出树皮的纹理来！"他犹豫了一会儿，决定继续尝试。通过反复尝试，改进方法，最终他把纸垫在树皮上，然后尝试用蜡笔拓印下来。只见他兴奋地喊道："我印出来啦！"其他的孩子闻声凑了过来，也想来试一试。大家一边画，一边兴奋地交流着。

"快来看我的迷宫，谁来走？"

"我的像个蜂窝。"

"我的像那种很干然后干得裂开了的地。"

▲ 用橡皮泥拓印树皮

▲ 用纸和蜡笔拓印树皮

刚出生的宝宝是用肌肤感知世界的，3~6岁的孩子也是同样。在认识柿子树时，首先让孩子通过触摸，与柿子树干、树叶等接触，初步感知柿子树的特点。通过触摸、观察，孩子们能够用辨认树皮纹理的方法来分辨柿子树与其它树的区别，学会用拓印的方法将树皮纹理印下来，进一步认识了柿子树皮的特点。

 树叶印迹

秋天到了，柿子树的叶子由绿变红，由红变黄，一片片落了下来，撒落在柿子树的脚下。孩子像发现宝贝一样急急忙忙拿来和老师分享。

"老师,你看我找到的柿子树叶是红色。"

"我的这片树叶一半是红色,一半是绿色,好神奇呀!"

"柿子树的叶子一面光光的,一面不光。"

"我这片叶子上有红色,也有黄色,还有绿色。"

"树叶上还有叶脉,像人的血管。"

孩子们对自己捡到的树叶十分珍惜,用这些树叶能干什么?根据小班幼儿动作发展特点,用树叶拼图是能够做到的。幼儿可以随意地摆放,不会因为摆不好不敢摆。

▲ 树叶上有叶脉,像人的血管

孩子们将捡到的树叶视如珍宝,一个个不舍得扔掉,我们就把树叶带回了班级,投放到我们的美工区。孩子们上小班的时候,我让他们用颜料涂在叶子上,然后拓印在纸上。到了中班,孩子们已经有了一定的拓印经验,就直接用纸和蜡笔拓印树叶。

▶ 我拼的是小猪佩奇

▲ 我拼的是小裙子,是有花边的那种

▲ 小班时的拓印活动

▲ 中班时的拓印活动

通过树叶拼图、拓印树叶,孩子们能够感知树叶的特点:椭圆形,有叶脉,中间的叶脉粗,两边的叶脉细,中班孩子还发现两边的叶脉是错开长的。根据幼儿的年龄特点设计适合他们的活动,活动任务容易完成,孩子们表现出了积极和自信。

故事三　花蒂拼拼乐

春夏交接的时候，柿子树上的花蒂洋洋洒洒地落下来，孩子们经过那里总禁不住弯腰捡起来，视如珍宝地抓住手心里。

"老师，你看我捡了好多这个东西！"

"这是什么东西？"

"不知道，好像是从柿子树上掉下来的。"

"你从哪儿看出来的？"

"这些东西都是在柿子树下面捡的。"

"这些东西是柿子树上的什么呢？"

"这有点像花，是不是柿子树的花？"

"你看看，这个好像才是花。"（捡到了小小的黄色的花。）

"这到底是什么呢，需要我们大家回去查查关于柿子树的资料，看看它到底是什么。"

第二天一大早，有几个孩子告诉老师，他们在柿子树下捡的东西是柿子花蒂，并且和大家分享了很多关于柿子树的知识：柿子花是在五六月份开，慢慢就掉下来了，就是我们捡到的花蒂，花蒂慢慢掉下来就长出小小的果子……

看出孩子们对柿子树很感兴趣，我们再次来到柿子树林——捡花蒂。地上除了花蒂还有小小的柿子果，看到满地的花蒂和柿子果，孩子们兴奋地开始收集，他们把收集来的花蒂和小小的果子放在石板桌上，开始自由地拼摆。他们自由组合，有的收集花蒂，有的拼摆。

"你看我捡了一个树枝放在这怎么样？"

"可以当树干！"

"咱们再多捡一些小果子用它来拼彩虹。"

"把这些花蒂掰开摆在周围，就是向日葵啦！"

"这是我们拼的花园，有一片牡丹花，这些咖啡色是柿子花，干了就是这颜色，我们用它拼的假山，小柿子是池塘……"

每一组孩子拼出的作品都各有特点，有的拼的是高楼大厦，有的拼的是下雨天，还有的用石头和花蒂相结合拼了一个战斗基地。

最后孩子们把他们收集的花蒂和柿子果汇集在一起，一起拼老师的影子。

"我们拼胳膊，你们拼腿。"

"快把你们的花蒂都拿来，这里需要很多花蒂和小柿子果。"

"用你们剩下的花蒂把老师的影子填满。"

▶ 小组合作拼花园

▶ 一起拼老师的影子

孩子们将手中小小的花蒂，结合其他材料，拼出了一幅幅精彩的画面。这样一些普普通通的自然物，经过孩子们巧妙的拼摆，就成了独一无二的作品，充分展示了孩子们的想象力。

故事四　柿子熟了

天气渐渐变凉，藏在叶子后面的柿子越长越大，越变越红，远远地看上去就像一个个红灯笼在枝头闪动，时不时会有柿子掉下来，砸在地上，然后裂开一条缝，漏出

橙色的果肉。

"这儿有一个掉下来的柿子!"

"看,它旁边有很多蚂蚁围着柿子转。"

"这个柿子一定很甜,所以才吸引了这么多蚂蚁。"

"这些柿子能吃吗?"

"当然可以吃了,我都吃过柿子,可好吃了!"

"我好想吃柿子呀!"

"那老师改天买一些柿子,我们一起尝尝!"

听到吃柿子,孩子们兴奋地欢呼起来:"老师你真好,我好爱你!"

第二天,老师买来柿子,让孩子们看一看、摸一摸、闻一闻、画一画,最后尝一尝,从而更加深入地了解柿子的特点。

"柿子的颜色不是红色的,是红色和黄色配在一起的颜色,是橙色。"

"柿子的颜色也有是绿色的。"

"对,你觉得绿色的果子成熟了,还是橙色的果子成熟了?"

"当然是橙色的啦!"

"柿子把儿的颜色有绿色也有点咖啡色。"

"柿子把儿好短呀!"

▲ 闻一闻

▲ 摸一摸

▲ 画一画

本活动通过视、触、味、嗅的感观刺激,引发孩子们对柿子的探究,加深了孩子们对柿子果实的感受与了解。

主题活动篇·火红的柿子树

故事五　柿子树林写生

从小班到大班，在和柿子树的接触中，孩子们用橡皮泥拓印树皮，用柿子花和花蒂拼画、拼影子，在硕果累累的秋天，捡树叶进行树叶拓印、涂色，观察柿子、品尝柿子、画柿子等，通过各种感官认识、了解并喜欢上了柿子树。一切水到渠成后，大班时我们开展了一次户外写生——去柿子树林画画，让孩子们学会从整体到局部再到整体的观察方法，并能够将自己观察到的柿子树的特点画出来。

我们首先带领孩子们站在离柿子树林较远的地方，完整地观察柿子树，再靠近观察柿子树的高度、果实的外形和颜色，让孩子们说一说自己的观察。

▲ 下面的叶子大，还能看清叶脉

"柿子长得太高了，有的都长到天上去了。"

"树上的柿子好多好多，我好想吃。"

"我想爬到树上去摘柿子吃。"

"树上有很多柿子，像红灯笼！"

"最高的地方像星星。"

"长在一起的像火。"

"有的柿子还被树叶挡住了。"

"有的柿子是一个，有的长在一起好多个。"

通过整体观察，孩子们看到柿子树很高，很高。树上结满了柿子，一个个柿子像小灯笼

▲ 一边观察一边画

— 109

一样挂在树上，有的树枝上只有一个柿子，有的却是一簇一簇地长在一起。

观察完远景，再带孩子们观察近景，走近柿子树，观察树皮、树干、树枝、树叶的特点。由于之前开展过多次关于树干、树叶和果实的活动，这时只是请孩子们进行柿子树干、树枝、树叶和果特点的梳理和总结。

最后，再和孩子们进行中景的观察。中景能够较为清晰地观察到柿子树的整体全貌，但又不至于离得太近，导致"不识庐山真面目"。中景观察可以观察柿子树林的疏密关系、树干和树枝的形态、低处叶子和高处叶子的不同……

孩子们通过观察发现：

"高处的树干就看不见了，因为树叶把树干都挡住了。"

"低处的树叶长得密，高处的不密。"

"还有很多树叶把柿子也挡住了。"

"下面的树叶能看清楚，上面的看不太清楚。"

"下面的树叶大，上面的树叶小。"

从整体到局部，再从局部到整体，孩子们已经了解了柿子树的特点，就开始写生。

先来调色：

"叶子是深绿色的，给绿色里加点蓝色，就变成墨绿色了。"

"柿子的颜色比橙色红，所以要多放点红色，少放点黄色。"

▲ 孩子笔下的柿子树林

孩子们一边观察，一边绘画，形态各异的柿子树跃然纸上。但因为孩子们从小班开始，积累了两三年对柿子树的情感，并能够将关注的侧重点表现出来，虽然他们看到的是同一片柿子树林，但画出的柿子树形态各异，有的孩子把树叶画得很茂盛，有的孩子画了很多柿子，有的孩子把重点放在表现树叶和树皮特征上。绘画就是一种"语言"表达，每个孩子都在表达他感受最深的内容。

回顾与反思

我们身边的树有很多种，每一种树都有它的特点。我们通过各种感官刺激唤起孩子们认识、了解、喜欢柿子树。孩子们一旦喜欢上柿子树，就会开始表达自己的感受，也愿意深度认识柿子树。对柿子树有了兴趣，孩子们的参与度便提高了。这主要还是在于活动的持续性，因为持续在柿子树下做游戏，与柿子树亲密接触。周末时，孩子们也和爸爸妈妈去找柿子树，收集柿子树叶，在家中用树叶进行拼画，还向家长介绍柿子树的特点。在活动中，教师要有敏锐的洞察力，能够在活动中观察到孩子们的兴趣点，并追随他们的兴趣，给予最大的支持、帮助与鼓励。比如，发起"花蒂拼拼乐"活动就是孩子们因发现地上散落的柿子花蒂而随机生成的活动。活动是孩子们自己发起的，教师只是扮演陪伴者和支持者的角色。教师的语言是孩子们活动的动力，教师的陪伴是孩子们活动的基石。有了这些，孩子们沉浸在活动中，专注力、想象力、解决问题的能力等自然而然都得到提升。

孩子们用手中的笔描绘出自己眼中的柿子树。在写生时，有的孩子表现的是硕果累累的柿子树，有的孩子表现的是树叶茂密的柿子树，还有的孩子将柿子树皮纹理表现在纸上。这样一个写生活动，不是让孩子们学会写生，也不是让他们学会画柿子树，而是让他们在长时间、持续的接触中认识和了解柿子树，最后用写生的方式将对柿子树的认识和感受表现出来。也许，孩子以后会忘记自己当时是怎么画柿子树的，但是他绝对不会忘记整个活动带给他的快乐、喜悦和各种能力。

通过四季的观察，孩子们发现了不同季节柿子树的变化。春天，冒出嫩绿的芽

来；夏天，茂密的树叶为我们遮阴；秋天，色彩斑斓的叶子中夹着黄色、红色的果子；冬天，柿子树变得光秃秃的，失去了它的"美貌"，却保留着红红的果子，为过冬的鸟儿提供食物。这整个过程孩子们都感受到了大自然的神奇与美妙。他们也渐渐对柿子树产生了情感，当他们看到有人摇柿子树时就会说："不要再摇了，会把柿子树摇死的。"通过认识柿子树，孩子们对其他的树也开始关注了，经常会问老师或家长："这是什么树？它结果子吗？"每当这个时候，我就会说："这就需要你自己去观察喽！"孩子们就会用观察柿子树的方法和步骤，再次带着问题去仔细观察身边其他的树，会发现和感受更多自然的魅力。

自然宝典

柿子树

落叶乔木或灌木，树皮深灰色至灰黑色，或者黄灰褐色至褐色；树冠球形或长圆球形；叶纸质，椭圆或长圆形全缘叶子，叶面光滑，叶背和叶柄有绒毛，叶柄长8~20毫米；果实称为柿，扁圆或略呈方形，不同的品种颜色从浅橘黄色到深橘红色不等，果实直径2~10厘米，重100~350克；种子褐色，椭圆状，侧扁；果柄粗壮，长6~12毫米；花期5—6月，果期9—10月。柿树树冠优美，可以作为防护林的绿化树种。

柿子树（欧奕阳，5岁半）

柿子品种有1000多个，主要分为甜柿（也称"甘柿"）与涩柿两类，前者成熟时已经脱涩，后者需要人工脱涩。陕西地区泾阳、三原一带盛产鸡心黄柿，陕西富平产尖柿。柿子不仅营养丰富，含有大量的糖类及多种维生素，而且具有很高的药用价值和经济价值。鲜柿、干柿饼、柿霜、柿蒂、柿叶都是很好的药材。柿漆是良好的防腐剂，柿木可做雕刻用材、家具用材、装饰品及高尔夫球杆。入秋后，柿果、柿叶鲜艳悦目，具有良好的观赏价值。柿树适应性极强，能在自然条件较差的山区生长，是著名的"木本粮食"和"铁杆庄稼"。

中班亲自然主题活动

那朵小花

贾 靖 何蓉娜

主题缘起

一个清晨,中三班朱清许小朋友手里拿着一朵白色的小花,兴奋地向伙伴介绍着自己捡来的宝贝。不少小朋友围过来,也被这朵迷人的小花吸引了,纷纷投来羡慕的目光。"好漂亮!这是什么花?""你在哪儿找的?""我也想要一朵。"……伴随着孩子们兴奋的期待和一连串追问,一场关于"那朵小花"的探寻之旅就这样开始了。

问题情境

这是什么花?
去哪里可以寻找到它?
这朵花是我们要寻找的那朵花吗?
有没有好办法可以把落花保存得更久?

设计意图

一个日常生活的契机，一次不经意的邂逅，孩子们结缘于一朵质朴无华的"小花"，也由此开始了探寻之旅。答案也许只是一个名字或是一个地点，然而学习却是永恒的。正是在这份宝贵的好奇心驱动下，孩子们亲身实践、深入观察、发现异同、讨论分享，在一路探索的过程中寻获答案、收获成长。

主题脉络

主题目标

☆ 主动关注自然界和生活中美的事物。

☆ 能够对事物进行认真观察，并通过对比特征发现异同。

☆ 愿意大胆分享和表达想法，同时倾听别人的想法，参与讨论。

☆ 在和别人想法不同时，敢于坚持己见并说明理由。

☆ 乐于尝试并挑战有一定难度的活动任务。

寻找那朵小花

这朵不知名的小花吸引了许多小朋友的注意,可是如何找到它成为摆在我们面前的第一道难题。

  对比小花形态——"这是什么花?"

"这是什么花?"大家都不认识。老师提议,我们在出发前先仔细观察一下,记住这朵小花的特点。

李昊泽:"它有白色的花瓣。"

王麒语:"它有五个花瓣。"

何小西:"它小小的,好美啊。"

我们记住了它的模样,可是去哪儿寻找呢?

朱清许(捡到花的小朋友):"就在那儿。"(说不清具体方位)

佘沐航:"应该在草地里……"

王麒语:"我在树上见过这样的小花……"

王义如:"咱们出去找一下就知道了。"

孩子们商量着,准备从幼儿园附近开始寻找。

▲ 这是什么花呀?好漂亮

  第一次寻找——"就是那朵小花?"

沿着朱清许手指的方向,我们从幼儿园附近开始寻找。孩子们抬头看看树上,低头看着周围矮树丛,还有人四处张望,急切地寻找着那一抹诱人的白色。

"我找到了!"伴随着一声兴奋的呼喊,外外在矮树丛里发现了一朵小白花。孩子们三三两两围了上来,沿着外外手指的方向看去。"白色的!""小小的!""还有五个花瓣!"……"就是那朵小花,原来它在这里!"

可是朱清许却一直摇头说不是,因为他捡到花的位置不是这里。这时,也有一些小朋友把小脸凑近仔细看了看,然后大声说"不是同一朵!"

就这样,孩子们分成了两个"阵营",开始了"PK"。

▲ 快看!这儿有白色的花,是它吗?

▲ 孩子们刚发现的小花

▲ 朱清许小朋友最初捡到的小花

认为是同一朵花	认为不是同一朵花
都是白色	花瓣形状不一样
都有五片花瓣	花的大小不一样
都长在树上	花蕊的形态不一样

看见他们每一方都坚持己见,我们决定一起再来比一比。颜色、形态,从花瓣到花蕊,一起再来更加细致地对比看看。

▲ 孩子们各执己见地讨论起来

▲ 有的孩子对比完正面，背面也不遗漏

▲ 老师引导孩子再次进行对比观察

通过对比，更多孩子说出了它们的不同之处。例如，一个花蕊聚拢，一个花蕊松散；一个更大，一个更小；等等。许多孩子开始倾向于它们不一样，但还是有个别孩子坚持认为它们一样，理由是"一个没长大，一个长大了"。

故事三　第二次寻找——"就是那朵小花！"

我们决定第二天再去寻找，同时当晚发动家长提供更多线索。而来自家长的反馈也十分丰富，这些信息也为我们第二次寻找提供了充分的支持，做足了准备：朱清许妈妈提供了具体的方位；轩轩妈妈推荐了"识花"APP软件；奂桐妈妈带来了一本植物图鉴，供我们参考；袁子能妈妈分享了关于春天花卉的文章。

第二天，我们继续出发寻找那朵小花。在去的路上，孩子们发现了玉兰花，通过目测对比，一眼就从花朵形态、花朵大小、花瓣形状发现了不同。

因为从朱清许妈妈那里知道了具体方位，孩子们很快找到了那棵盛开着小花的树。通过再次对比确认，的

▲ 孩子们刚发现的小花

确是我们寻找的目标!孩子们拿起手中的小托盘,兴奋地开始收集散落在地面的小花和花瓣……

◀ 未清许小朋友仔细看了看,"就是这个花!没错!"

◀ 爱美的小丹央把花瓣捡回去做成项链和耳环

在捡花瓣的时候,我们恰巧遇到了这棵树的主人——一位白发苍苍的老奶奶。她看见孩子们在捡,便笑眯眯地问道:"小朋友们,你们知道为什么可以捡花、不能摘花吗?"

侯芊亦:"因为花在树上很漂亮,我们把它摘下来就不漂亮了。"

李镐轩:"摘花是不对的,我们不能摘,花离开树就死了。"

老奶奶:"这是杏树,如果把花摘掉,以后就没有果实了……"

从老奶奶那里,孩子们不仅知道为什么不能摘花,也终于知道了这朵小花的名字——"杏花"。那之前的那朵小花是什么呢?我们使用了家长推荐的手机软件,用科技的手段解开了心中的谜团。

孩子们的观察结果也通过科技的手段得到了验证和完善。例如,杏花的花在完全开放时是白色的,是一簇挤在一起的,开花时没有叶子;而李子花花瓣很薄,花很细小。

寻找的过程虽然并非一蹴而就,但却充满童趣和欢喜。这正如"求知"之路,先求而后知,这份探索的烙印便也深深印刻在孩子们心中。

保存小花实验

返程时孩子们行走了将近1公里，回来后他们收集的花朵有些已经开始枯萎了。有的孩子着急了："这怎么办呀？"孩子们开始纷纷出主意，讨论保存花的方法……

大家依据自己的经验提出建议，大致可以分成以下几类：

1. 形成干花

大家把收集到的小花放在透气的筛罗里，放在阳台晾晒，制作成干花。

2. 制成标本

有的孩子把小花夹在书里制成标本，而且他们发现要夹在厚一点的书里，这样才能把小花压住。

3. 密封保存

在密封保存的提议中，有些孩子认为要加入一些水，因为花离不开水；有些孩子则认为不用加水，而是要保持干爽。就这样，一个无水环境保存和有水环境保存的对比实验开始了。

一周后，孩子们发现晒成干花和制作标本都能较好地保持花朵的模样。无水和有水环境的花朵都已枯萎，散发出一些腐烂的臭味。尤其是有水环境，花瓣的腐烂状况会更严重。

▲ 喝过花茶的孩子建议用晾晒的办法制成干花

▲ 植物不能离开水，保鲜盒里要放点水

▲ 保鲜盒里不用放水就可以保鲜

主题活动篇·那朵小花

从生活中来，到生活中去。孩子们依据自己的经验提出设想，教师支持孩子们去实践、去验证这份猜想，结果显而易见。"做中教，做中学，做中求进步"，指的便是多给予孩子"动手做"的机会吧。

家长课堂"花卉与果实"

我们将活动进展情况拍成照片、汇成文字，对家长进行了实况直播，在获得丰富的建议和资料支持的同时，也得到了一位生物学博士家长的支持。恩瑞的妈妈带来了关于"花卉和果实"的家长课堂活动，引导孩子们更好地了解了花卉和果实的关系，受到了孩子们的欢迎。

▲ 生动的家长课堂"花卉和果实"

▲ 我想知道花里的秘密！

▲ 用自己的方式探秘花朵

家庭是幼儿园重要的合作伙伴，家长的多元化背景也能很好地补充教育资源的不足。主题活动的深入开展，也吸引了家长的深度参与，助力家园合作共育。

回顾与反思

整个活动由一次偶发事件随机生成。随着一个个事件的发生，孩子们主动探索的欲望也更加强烈。从观察小花形态，到两次的对比寻找，再到花朵保存实验，以及"花卉与果实"的家长课堂，孩子们在一路探寻的过程中收获了不一样的成长，有连续行走1公里的乐此不疲，有细心环视下的惊喜发现，有各抒己见时的观点碰撞，也有猜测验证后的意外之喜。在追随、引发、支持幼儿兴趣的过程中，教师和家长也从中收获颇丰，在教育观念的逐渐融合中，更好地发挥了家园共育的效果，助力幼儿的全面成长！

我眼中的小花（展思迪，5岁半）

自然宝典

杏花

花单生，直径2~3厘米，花开先于叶生，花瓣白色或稍带红晕。花梗短，长1~3毫米；花萼紫绿色，萼片卵形至卵状长圆形，先端急尖或圆钝；花瓣圆形至倒卵形，具短爪；雄蕊20~45根，稍短于花瓣；子房被短柔毛，花柱稍长或几与雄蕊等长，下部具柔毛。花期3—4月，果期6—7月。杏花具有很强的观赏价值，是春季主要的观赏花木，胭脂万点，花繁姿娇，占尽春风。此外，其果肉、果仁均可食用，还有一定的食疗价值。

紫叶李

花瓣白色，长圆形或匙形。花梗长1~2.2厘米，花直径2~2.5厘米；萼筒钟状，萼片长卵形，先端圆钝，边有疏浅锯齿，与萼片近等长，萼筒和萼片外面无毛，萼筒内面有疏生短柔毛；雄蕊有25~30根，花丝长短不等，比花瓣稍短；柱头盘状，花柱比雄蕊稍长。花期4月，果期8月。紫叶李喜阳光、温暖湿润气候，有一定的抗旱能力。对土壤适应性强，在肥沃、深厚、排水良好的黏质中性、酸性土壤中生长良好。

托、小、中、大班亲自然主题活动

蚕宝宝成长记

王小丽　王　柳　张　倩　刘沫含

主题缘起

春暖花开的季节，正是万物复苏、充满生机的时候。幼儿园的孩子们会在每周的亲自然日去感受春天的变化，他们对小蜗牛、小蚂蚁等都非常感兴趣，对于小生命的喜爱和照顾都喜形于色，充满探知的期许。于是，幼儿园选择给每个年级都投放便于观察且形态变化明显的蚕宝宝，给孩子们提供亲密接触、观察、照顾小动物的机会，增进和蚕宝宝的情感。不同的年龄段，开展适合幼儿年龄特点的活动，并相互交流。一时间关于蚕宝宝的话题，在全园展开……

问题情境

蚕宝宝吃什么啊？

它们有牙齿吗？

它们有眼睛吗？

它们为什么会生病？

怎么分离蚕沙？

蚕宝宝怎么结茧？

怎么制作蚕蔟？

……

孩子们对蚕宝宝充满了好奇和喜爱，提出了各种问题，带着这些问题，我们一起走进蚕宝宝的世界，开始探究它们的秘密。

设计意图

蚕宝宝一生的变化神奇美妙，从孵化到产卵整个周期约两个月。我们以蚕宝宝的生命周期——蚕卵、蚕蚁、蜕皮的蚕虫、结茧成蛹、破茧成蛾为主线，不断挖掘其教育价值，包括蚕宝宝的身体特征、生活习性、生长变化以及与人类的生活关系等，带领幼儿亲历体验。最终目标是让幼儿通过观察、探究、讨论等形式，了解蚕宝宝不同生长阶段的外形特征和生活习性，并通过全程亲历参与饲养，学会观察小动物、照顾小动物，与小动物建立情感连接，形成对生命的关爱之情。

主题脉络

主题活动篇·蚕宝宝成长记

主题目标

☆ 了解蚕宝宝生命全过程，加深对蚕宝宝生活习性以及生长变化的认识。
☆ 懂得如何照顾蚕宝宝，学习科学喂养的方法。
☆ 动手制作蚕宝宝结茧工具——蚕蔟，在制作过程中不断验证、改进。
☆ 知道蚕宝宝全身是宝，以敬畏之心珍惜蚕宝宝为人类做出的贡献。

可爱的小蚕卵

班里来了一群新朋友——蚕卵，引起孩子们的好奇心，大家争先恐后地上前观察，都想第一时间跟它亲密接触。

故事一　欢迎新朋友

大家一边仔细观察蚕卵的外形，一边讨论交流着关于"新朋友"的话题。

多多："像小种子。"
豆豆："像小黑豆豆，还像小芝麻。"
招招："它们有的是黑色的，有的是灰色的。"
糖糖："圆溜溜的。"
多多："摸起来小小的、硬硬的。"
瞳瞳："那它们怎么长大啊？"
硕硕："肯定是像种子一样，从小壳子里钻出来的。"
又又："那它们也需要浇水吗？"

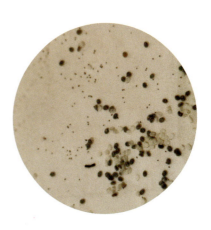
▲ 这小小的黑豆豆里住着蚕宝宝

— 125

小宝:"不是不是!它们是吃叶子长大的!"
森森:"它的妈妈在哪里呢?"
小宝:"它的妈妈在水里,等它长大了也会游泳,我长大了也会游。"

 给蚕宝宝安新家

让蚕宝宝住在哪里好呢?孩子们你一言我一语地讨论起来。

顶顶:"我觉得可以放到喝完的牛奶瓶里。"
可可:"可以放到我妈妈养花的花盆里。"
小米:"还可以放到我放鞋子的小鞋盒里。"
蹦蹦:"对呀,我家里有很多装鞋子的小盒子。"

讨论后,我们鼓励幼儿大胆尝试用纸盒给蚕宝宝营造一个干净温馨的新家,豆豆还从家里拿来了桑叶,大家每天都期盼着蚕宝宝快点出生。

▲ 蚕宝宝的新家

 蚕宝宝出生啦

亲爱的小蚕蚁

大部分蚕宝宝在一夜之间呼啦啦的都出生了,孩子入园后继续观察蚕宝宝出生的过程。

唐唐:"昨天还是黑黑的小种子,今天就生出来了。"
豆豆:"我怎么看不到它们的眼睛呢?"
九天:"因为它们的眼睛太小了。"
淘宝:"像一条小毛毛虫,黑黑的也像小蚂蚁。"

看到会动的蚕宝宝出生，孩子们个个好奇又兴奋，托班的小朋友有的用手指，有的用身体，模仿着蚕宝宝的蠕动过程。

▲ 用手指模仿小蚕蚁爬行

▲ 用身体模仿小蚕蚁爬行

小班的小朋友则用画笔记录下小蚕蚁的形态。

▲ 用画笔画下小蚕蚁的样子，它们小得就像小蚂蚁

中、大班的小朋友能够用语言清晰地表述出蚕宝宝出生的全过程。

老师："你们看到它是怎么生出来的了吗？"

月亮："蚕宝宝在蚕卵壳里长呀、长呀，长到放不下它的身体时，就用小嘴巴把卵壳咬一个小洞，一边挤一边往外爬，等到身体出来得越来越多的时候，转身抱住蚕卵壳，背再一伸一缩，尾巴就出来了，然后一昂头就一扭一扭地爬着去找食物了。"

故事二　蚕宝宝有牙齿吗

大家对小蚕蚁的形态感到很好奇，也关心起了蚕宝宝吃什么。

老师："豆豆带来了桑叶，你们看它们吃了吗？"

鑫鑫："没有吃。太干了，不好吃。"（因为是昨天放的桑叶，今天有些干枯。）

豆包："因为这些叶子不完整了，它们就不吃了。"

老师："那我们换一片新鲜的叶子，怎么样啊？"

明明："会被吃个大洞洞！"

下午，小朋友们发现，新鲜叶子被蚕宝宝吃掉了，上面有好多好多小洞洞，而干枯的桑叶还在盒子的角落里"无蚕问津"。观察到蚕宝宝吃桑叶，孩子们对蚕宝宝有没有牙齿进行了讨论。

小宝："有啊，好小好小。"

小宇："蚕宝宝的牙齿是尖尖的，跟我的一样是白色的啊！"

多多："蚕宝宝有牙齿嘛！它才能吃饭啊。"

由于好奇心的驱使，孩子们认真仔细地观察着蚕宝宝，还提出各种各样的问题并自发进行讨论。

故事三　蚕宝宝拉屁屁了

蚕宝宝一天天长大，变成了小蚕蚁，孩子们对蚕蚁的喜爱也一天天加深，感情也愈加浓厚。当发现蚕宝宝拉的屁屁时，孩子们又兴奋地讨论起来。

洋洋："黑色的小点点是什么？"

多多："应该是屁屁吧，蚕宝宝拉了好多屁屁啊！"

可可："这怎么不臭呢？我还闻到了一点叶子的味道，有点香。"

老师："摸起来什么感觉？"
蹦蹦："摸起来有点儿扎，硬硬的，有点像沙子。"
言言："它们拉的屁屁好小啊，好像黑芝麻。"
小米："跟屁屁住在一起好恶心，也会影响吃桑叶。"
天天："要给它们搬家。"

通过和爸爸妈妈一起查阅资料，孩子们知道了蚕宝宝的屁屁叫"蚕沙"，也叫"蚕砂"，具有一定的药用价值，还可以做成蚕沙枕头等。孩子们知道蚕沙也是宝，不禁感叹道："原来蚕宝宝拉的屁屁也有用啊！"

▲ 蚕沙摸起来硬硬的，扎扎的

故事四　我为蚕宝宝换桑叶

孩子们在老师的指导下，开始学着用毛刷给蚕蚁们换新家，把蚕宝宝从旧盒子里挪到新盒子里，然后在蚕宝宝的上面铺上干净的桑叶，孩子们发现蚕宝宝总是吃上面的桑叶。在给蚕宝宝做清理的过程中，孩子们发现蚕宝宝很难刷下来，孩子们说："它的脚就像有吸盘！"小蚕蚁非常小，每次清理、

▲ 蚕宝宝的脚上好像有吸盘一样

更换盒子需要很长的时间，需要孩子们投入极大的耐心。

蚕宝宝逐渐长大，能顺着孩子们在新桑叶上撕开的洞洞往上爬。孩子们等着大部分蚕宝宝爬上桑叶，将新桑叶提起来换到干净的盒子里，再用软刷清理剩下的少量的蚕宝宝，效率大大提高。

孩子们在换桑叶时发现，虽然蚕宝宝还小小的，但有时已经能够吐出一些长长的丝了。

森森:"快看我的蚕宝宝也能飞起来!"(吐的丝挂在毛刷上,蚕宝宝被吊在半空中。)

辰辰:"我看它飞在天上坐旋转木马呢!让我吹吹它!"

 蚕宝宝能拉出好长好长的丝线,让我大大地吹一口气吧!

胖嘟嘟的小蚕虫

故事一　**蚕宝宝在长大**

蚕宝宝一天天在长大,大家能够更加清晰地观察到蚕虫宝宝的形态特征。

托班、小班的小朋友用体验的方式感受蚕宝宝在手指皮肤爬过的感觉。

中班的小朋友已经能够用语言表述蚕宝宝身体的形态。

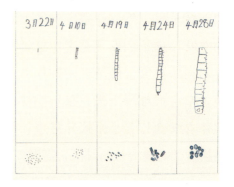

▲大班的小朋友测量并记录蚕宝宝的成长

贾若曦:"它们身上有一条一条线,就像穿了好多呼啦圈,它的每条腿上面都有一个小黑点,背上还有两条弯弯的黑色线。"

大班的小朋友则能够测量并记录蚕宝宝的变化以及蚕沙的变化。

主题活动篇·蚕宝宝成长记

▲ 小班小朋友体验蚕宝宝爬过皮肤的感觉

▲ 中班小朋友觉得蚕宝宝穿着呼啦圈

故事二　蚕宝宝有眼睛吗

　　从蚕宝宝出生那天起，孩子们就针对蚕宝宝有没有眼睛这个问题展开了激烈的讨论。虽然大家都找不到它们的眼睛在哪里，但孩子们对蚕宝宝有眼睛的事情依然坚信不疑。有一天饲养区传来一阵兴奋的声音……

　　澳宝："我看见蚕宝宝的眼睛了！"

　　鑫鑫："在哪里啊？我怎么找不到？"

▲ 看到蚕宝宝的"眼睛"了吗？

　　洋洋："有眼睛呢！每次给蚕宝宝喂桑叶的时候，它马上就能找到桑叶，肯定是眼睛看到了！"

　　明明："可是我怎么都看不到它的眼睛，妈妈说蚕宝宝是靠鼻子闻的呢？"

　　澳宝："你们看，就在嘴巴的旁边！"

　　终于，孩子们在仔细的观察下看到了蚕宝宝的"眼睛"，很清楚的小黑点，在嘴的两侧。孩子在喂养观察蚕宝宝的时候，比成人更关注细节，并一直带着自己的小疑问在一次次的喂养中寻找答案。

— 131

故事三　　**神奇的蚕宝宝蜕皮**

蚕宝宝在长大的过程中，需要经历四次休眠，每一次休眠并不像人休息一样简单，而是长出新皮，蜕去旧皮。孩子们观察到蜕皮现象的时候，感到好奇和惊讶！

招招："老师，快来看，大蚕宝宝把小蚕宝宝压死了！"

老师："那层黄色的不是小蚕宝宝，是蚕宝宝蜕的皮。"

弯弯："蚕宝宝为什么要蜕皮啊？"

可可："因为它们长胖了，把肚子撑破了！"

顶顶："不是，我姥爷说是因为它们要长大了！"

▲ 一只马上蜕皮结束的蚕宝宝

我让孩子们猜测蚕宝宝是怎么蜕皮的，是和我们脱衣服一样的吗？

甜甜："它应该是从头开始脱的！"

丁当："它从脖子开始脱的。"

西西："它是一拱一拱地脱衣服的。"

蚕宝宝的食量渐渐变大，为了让蚕宝宝得到更好的照顾，我们每天离园时，把蚕宝宝分给小朋友们带回家照顾，更换、清理桑叶，也便于孩子们在家中观察蚕蜕皮的过程。我请孩子们一旦发现蚕宝宝蜕皮，就请爸爸妈妈用手机录下来，然后分享到班级群里。孩子们和爸爸妈妈耐心地守候在装蚕的盒子旁边，期待着见证蚕宝宝蜕皮的过程。

铛铛妈妈晚上哄完孩子睡下，就一直守着蚕宝宝，拍到了部分蜕皮视频，还分享到班级群。观察蚕宝宝蜕皮这样有趣惊喜的活动，引得家长们纷纷将观察到的视频分享到班级群中。爸爸妈妈也和孩子一起，充满好奇和期待地见证着蚕宝宝的蜕皮过程，还热烈地讨论起来。

主题活动篇·蚕宝宝成长记

月亮妈妈的观察记录

晚上给蚕宝宝换桑叶，藏在干桑叶下面还有许多没有睡醒的蚕宝宝，一直保持弧线睡觉。翻开桑叶，惊喜地遇到一只正在蜕皮的蚕宝宝，它身体往前蠕动，尾部积攒着蜕下来的皮，一点一点地往前拽拉着自己的身体，连续往前，直到尾巴也彻底脱离，然后往前晃动着头部。将手机镜头拉近细看，蚕宝宝的头上有两个嘴！准确地说一个黑色的小嘴，后面紧跟着是灰白色，左右两个嘴唇（不知道如何命名，暂且这么称呼吧）。前面的小黑嘴就像是挂在嘴边的一个黑色的瓜子壳！蚕宝宝扭动着身体，头左右晃动，似乎想找到什么阻碍物帮助它脱皮。接着用头部下面的"脚"抱住黑色的嘴，往前拉！嘴下面吐的丝，同时帮助自己把已经不合适的"嘴壳儿"剥落开来，紧接着蠕动了几下，担心蚕宝宝找不到新鲜桑叶，我赶紧撕了一片放在它跟前，可它却保持着它最优雅的睡眠姿势，纹丝不动！

▲ 开始蜕皮的蚕宝宝

"整个过程太震撼！蚕宝宝竟然是从嘴开始蜕皮！"

"我还以为是从头开始脱的！"

"蜕皮的过程真不容易，每一次蜕变都意味着成长！"

我挑选家长拍摄清晰的蜕皮视频给小朋友们看，大家看得专注极了，个个睁大眼睛，生怕错过了哪个细节。

▲ 屏住呼吸观看蚕宝宝蜕皮视频

孩子们还发现蚕宝宝蜕皮之前、刚蜕完皮都要"睡觉"（休眠），蚕宝宝的"仰

头"睡姿引发了孩子们的好奇心。

老师:"你怎么知道它要蜕皮了?"

芊芊:"因为它不吃桑叶了,给它也不吃,一直抬着头,也不动。"

教师:"它是在干吗?"

森森:"睡觉!蚕宝宝睡觉的时候就一直昂着头,睁着眼睛!"

老师:"为什么睁着眼睛?"

亮亮:"它可能没有眼皮儿吧!"

铛铛:"蚕宝宝睡觉的姿势多痛苦啊!它应该趴着睡觉,舒服!"

后来我们了解到,蚕宝宝每次蜕变完成之后,还会继续用休眠的状态来恢复体力,真是奇妙的现象!

  故事四　**蚕宝宝生病了**

 第一次生病

周一入园,大家发现一位小朋友拿回家代养的一盒蚕宝宝头变大了,而且在吐黄绿色的水。

森森:"蚕宝宝怎么一动不动,它们睡着了吗?"

晓晓:"老师,你看,蚕宝宝拉了黄色的水!"

森森:"快看,这个蚕宝宝嘴巴里也吐黄色的水了!"

小米:"生病的蚕宝宝头都变大了。"

晓晓:"它们发烧了吗?发烧的话要打针就好了。"

▲ 生病的蚕宝宝拧来拧去,很痛苦的样子

森森："我们去请医生来看一看吧!"

我们请来了幼儿园保健医生,三个孩子急切地喊道:"医生,医生,快来抢救!""蚕宝宝生病了,你快给它打针吧!"

保健医经过"诊断"后给蚕宝宝开了处方:吃干净的桑叶,不能有水,不能吃喷过农药的桑叶。孩子们听了医生的话,赶紧拿来卫生纸,轻轻地擦拭桑叶上的水。经过询问代养的家长我们才知道,因为周末下雨,他们摘的桑叶上带有雨水,未经擦干就投喂给蚕宝宝,蚕宝宝吃了湿桑叶才会生病。有了这次惨痛的教训,孩子们约定好以后一定要把桑叶清理干净才能喂蚕宝宝。

▲ 保健医生为孩子们支招

▲ 我们一起把桑叶上的水擦干净

第二次生病

早上刚入园,孩子们发现又有一盒蚕宝宝在不停地打滚,吐黄水,头部使劲儿地伸缩,不吃桑叶,身体发黄。孩子们和老师一起把生病的蚕宝宝挑出来,换上新桑叶后,发现它们还是不吃不喝。一些孩子都忍不住,哭了出来,他们舍不得这些朝夕相处的蚕宝宝离开。

正在这时,保健医正好来班里巡查,孩子们纷纷拉着王医生求救。

招招:"王医生,你快救救我们的蚕宝宝,它们生病了。"

保健医:"你怎么知道它生病了?"

言言："它们身体都是黄色的了。"

豆包："你看它们扭来扭去，好像肚子疼得很。"

毛豆："糟了，这只蚕宝宝又拉黄色的血了，医生，快去拿点药吧！"

招招和毛豆一起跟着医生拿来了一把棉签，分给周围孩子每人一根，用来擦拭蚕宝宝身上的黄水。

照顾完蚕宝宝，老师向昨天代养的苗苗妈妈询问了昨天晚上的喂养情况，有了上次蚕宝宝生病的

▲ 医生，蚕宝宝生病了，快救救它！

经验教训，苗苗妈妈保证桑叶上面没有水，对生病原因也很困惑。家长和孩子们通过网上查阅资料发现，除了桑叶上面不能有水、农药，花露水、驱蚊药也不能使用。再次询问苗苗妈妈，她想起来病因极大可能是家中使用电蚊香了，了解情况后我马上在群里告知家长出现的状况及避免方法。

📝 第三次生病

周四早上，孩子们发现昨天生病的蚕宝宝都坚强地挺过来了！正当孩子们为蚕宝宝恢复健康开心时，有孩子发现又有一盒蚕宝宝在吐黄色的水。一听蚕宝宝又生病了，孩子们都凑过来。

圆圆："蚕宝宝流绿色的血了！"

蹦蹦："老师！蚕宝宝身上的黄水，怎么变成绿色了！"

森森："咱们请医生吧！"

两位保健医被孩子的真诚打动，来到班级，和孩子们一起救助蚕宝宝。

可可："王医生，我们蚕宝宝生病了，你快救

▲ 好多蚕宝宝生病，咱们得轻点

136

救它们,给我们点棉签吧!"

孩子们擦拭后,我们将它单独放在一角,换上新桑叶。

中午,盒子里面的蚕宝宝状况越来越不好……经过了解,应该是吃了有问题的野桑叶。最终,孩子们在老师的帮助下,把失去生命的蚕宝宝埋葬起来,希望幼儿园外能长出一棵蚕宝宝树。

▲ 埋葬失去生命的蚕宝宝

多多:"蚕宝宝和我们人一样都是有生命的,我很难过。"

又又:"我舍不得和它们说再见的话。"

招招:"蚕宝宝,我爱你!"

琦琦:"我会想念你的,蚕宝宝!"

豆豆:"蚕宝宝,你们快点活过来吧!"

在这个过程中,孩子们体验到了生命的可贵,也把情感迁移到亲人身上,表达了自己不想和家人分开的情感。

三次经历蚕宝宝生病,前两次的蚕宝宝依然存活不少,第三次可能是吃了野桑叶,那一盒蚕宝宝几乎全军覆没。在照顾生病的蚕宝宝过程中,关注的孩子越来越多,第一次有两个孩子关注,第二次多半的孩子关注、照顾,第三次全班孩子一起细心照顾。孩子们每天给蚕宝宝喂食桑叶、观察蚕宝宝、听蚕宝宝吃桑叶的声音、帮助蚕宝宝清理蚕沙……渐渐地和蚕宝宝产生了情感,越来越喜欢蚕宝宝,和蚕宝宝一起成长,对蚕宝宝生病感同身受!

故事五　分离蚕沙

每次清理桑叶后,我们都会将蚕沙一一收集,并在老师和家长的帮助下做好记录,保存下来。看到不同阶段的蚕沙从像沙子一样细碎,一点点变大,孩子们也从中感受到小小生命的成长。

最初的蚕沙比较少,也比较细碎、干硬,很好和桑叶分离。随着蚕宝宝逐渐长大,蚕沙也变得越来越大,并且不好分离。孩子们发现较大片的桑叶好取出,但蚕沙里面还混有很多的桑叶渣,怎样才能分离出干净的蚕沙?这引发了孩子们积极的讨论和探索,于是我们及时生成了支持幼儿探索的活动——"筛蚕沙"。观察过后,孩子们准备清理蚕沙,怎么清理呢?孩子们开始了自由的探索。

📝 第一次尝试

孩子们想到的第一个办法是"捏+粘"的方法:用手把蚕沙捏出来,或者用手把蚕沙粘出来,还有的发现里面桑叶比蚕沙少,所以就去捡里面的小桑叶。

▲ 用手把蚕沙"粘"出来

经过一段时间之后,孩子们发现要想把这么多的蚕沙清理出来,需要很长的时间。

蹦蹦:"我都累了,捡不动了。"

老师:"那怎么办呢?"

明明:"我们可以用网兜,我奶奶捡生虫的大米就是用的网兜。"

招招:"还可以用水冲,把小桑叶都冲走。"

📝 第二次尝试

于是,孩子们开始在班上寻找合适的工具,进行验证。有的用小厨房的漏斗,有的用有空洞的塑料筐,有的用竹篮,还有的孩子尝试用水冲……在验证的过程中,孩子们又发现了新的问题。

硕硕:"塑料筐的口子太大了,桑叶和蚕沙一起掉下去了。"

主题活动篇·蚕宝宝成长记

弯弯："篮子分不出来，都在缝里。"

辰辰："水把蚕沙、桑叶都打湿了，更难了。"

教室里的工具并不能满足孩子们的需求，于是我们请孩子回去跟家长一起想办法，继续寻找适合的工具。

洞洞大小，很多都塞在缝隙里了

📝 第三次尝试

第二天，孩子们将找到的工具如小簸箕、筛子、细网纱等带到幼儿园，再一次进行提取。

他们有的用"筛漏"的方法，用孔洞合适的小漏勺，或是拉伸水果泡沫包装把蚕沙漏下去；还有的小朋友用"簸扬"的方法，用盒子或框子，把碎的干桑叶扬出去；还有的小朋友用嘴直接吹，把细小的干桑叶吹走。大家互相分享各自的好办法，还会进行相互合作。

洞洞太大，桑叶渣和蚕沙都漏下去了

▲ 玩具小漏勺也能将蚕沙漏下去

▲ 我的拉力塑料网太好玩了

▲ 轻轻地吹一吹，让特别细碎的桑叶渣飞出去

孩子们通过观察、思考、实践、探索，最终用自己搜集的工具把蚕沙分离出来，重新建构自己对工具以及材料之间关系的认知结构，丰富自己的实践经验。整个过程中，

孩子们的主动性非常高，专注、积极，遇到问题时，能通过观察、比较、验证等方法尝试去解决。孩子们不仅仅得到了能力上的发展，还有问题解决后成功的快乐。

圆溜溜的小蚕茧

故事一　蚕宝宝吐丝了

蚕宝宝的食量不断增加，越长越大，越长越胖，再不是曾经黑黑小小的小蚁蚕了。一天，孩子们发现了一些蚕宝宝"奇怪"的现象：

多多："蚕宝宝怎么不吃桑叶了？我给它，它也不吃。"

甜甜："它是生病了吗？我妈妈说积食就不能吃饭了。"

糖糖："不会吧！生病了应该躺着不动，它为什么一直仰着头，晃来晃去的？"

香香："它在找桑叶吗？"

多多："不是，它不吃！我放在它头上，它都不吃。"

乐乐："哎呀！你们看，这只蚕宝宝怎么没有以前白了，它的身体好像变黄了，它是不是生病了？"

亮亮："它怎么老往盒子的角角跑，我把它抓回来放在桑叶上了，它又爬过去了。"

孩子们对蚕宝宝这些不同寻常的表现感到好奇和担忧，我告诉孩子们蚕宝宝没有生病，它只是需要吐丝。吐丝引发了新的讨论：

亮亮："吐丝？就是以前我们换桑叶看到的丝吗？"

老师："是的，不过这次会吐好多好多丝，然后把自己裹起来。"

天天："怎么裹起来啊？"

老师："这个就需要我们一起观察啦！"

多多："那它怎么现在还不把自己裹起来？"

老师："它吐丝需要找个地方，所以它在一直仰着头来回找。"

乐乐："什么地方？我们快点带它去！"

老师："以前蚕宝宝生活在大自然里，它就会找一棵树，爬到高高的树枝上吐丝。现在我们在房子里养它们，就要给它们做一个吐丝的地方，这个地方就叫作'蚕蔟'。"

香香："那我们快做吧！不然蚕宝宝找不到吐丝的地方，该着急了！"

故事二 制作蚕蔟

中班的孩子们已经有了较强的动手能力，他们在老师的介绍下，初步了解蚕蔟的作用并尝试设计制作蚕蔟。

 第一次设计尝试

一开始孩子们认为，只要给蚕宝宝画一个格子，把蚕宝宝放到格子里，就是它们自己的家了，蚕宝宝就能够在里面吐丝。老师并没有阻止他们，而是鼓励他们把自己的想法实现出来，再用蚕宝宝来验证他们的想法。他们画好格子，还小心翼翼地把一只一只的蚕宝宝放进格子里，期待着它们会在各自的"新家"里吐丝作茧。

午睡起来，孩子们迫不及待地跑来看自己的蚕宝宝有没有在画好的格子里结茧，可是他们发现，蚕宝宝不仅没有结茧，还跑出了格子，依旧不停地仰着头找啊找！

我给蚕宝宝画了很多家

蚕宝宝不在画好的家里结茧

 第二次设计尝试

后来，老师又继续给孩子们讲解了蚕蔟的要求：需要形成夹角，能够让蚕宝宝挂

住蚕丝，并且空间不能太大，于是孩子们尝试改进，用纸折叠小房子，用一个个立体的格子，分割空间，做成蚕蔟。

▲ 我用纸折成一个一个小房间

此外，孩子们还在教室里寻找能够形成夹角空间的玩具，尝试让蚕宝宝在其中结茧，并且还会在户外游戏时，折断捡来的树枝，拼搭形成蚕蔟。

幼儿通过画、折纸、拼搭玩具的方法进行了尝试，但实际验证都存在问题。比如纸做的小格子，高度不够；拼搭的树枝，因为没有黏合，不够稳固，无法移动；一些玩具的空间过于狭小或过大，蚕宝宝都不愿在上面结茧。

▲ 用玩具拼搭出架子　　▲ 寻找玩具做蚕蔟　　▲ 户外游戏时用捡来的树枝拼搭

📝 第三次设计尝试

我让孩子们再次观察已经开始吐丝作茧的蚕宝宝，它们选择结茧的位置，以及它们吐丝前的特征。孩子们发现那些开始吐丝作茧的蚕宝宝，都喜欢选择盒子的角落结茧。

天天："它们喜欢在盒子的角角结茧。"

小翔："盒子角角有老师说的夹角。"

乐乐："它结茧前还会拉屎、尿尿，你们看这个黄水就是它的尿。"

香香："咦！这个屎尼尼好大，还湿湿的！"

糖糖："它会爬高一点的地方结茧，这样就不会碰到自己的尿和屎尼尼了！"

天天："上次老师就说了，它以前是爬到高高树枝上结茧的。"

孩子们根据自己的观察，开始了新的设计，这次孩子们先画了设计图，并介绍了自己的设计想法。

果粒："我画的蚕蔟在房顶上，因为它喜欢高啊！这里面每一个小格子里面可以住一只蚕，它结茧之前不是要拉屎、尿尿嘛，我在下面准备了两个马桶，谁想尿尿就对着马桶就可以了。"

小翔："我的是绳子做的梯子蚕蔟，它可以顺着梯子爬到高的地方。"

▲ 带"马桶"的蚕蔟设计图

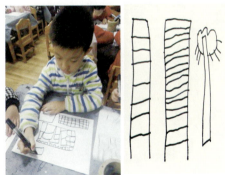
▲ 绳梯蚕蔟设计图

然而房顶蚕蔟并不容易实现，绳子做的蚕蔟也不容易结茧。因此，孩子们汲取前两次经验，在设计方案时，有了更贴近现实的设计方案。

第四次设计尝试

第四次的设计,孩子们不光考虑到蚕宝宝结茧的需求和特点,还考虑实现的可能性,利用身边的材料进行设计。

▲ 用筷子拼搭出的"小刺球"蚕蔟

"小刺球"设计:利用一次性筷子,按照错开角度叠加的办法,制作出小刺球状蚕蔟。经过孩子们的验证后,他们的"小刺球"依然存在问题——交错粘贴,有的宽,有的窄,有的还上下翘起来,不够稳固。于是孩子们在制作中尝试用绳子缠绕、皮筋缠绕的方法,也有的孩子在制作中会拿着木棍儿四处比划寻找更多的支点。

▲ 在制作中尝试各种缠绕的方法增加交叉点　　▲ 撕掉蚕宝宝不喜欢的胶带

孩子们的各种设计再经过验证后,又发现了四种问题:第一种是盒子太低,形成的角落不够;第二种是支撑物形成的夹角太大;第三种是纸盒格子间距太大;第四种是由于材料材质问题,例如透明胶带太光滑,蚕宝宝不容易爬上去。这些都造成蚕宝宝上去后很难找到支点挂丝，不利于蚕宝宝结茧。针对问题进行讨论后，孩子们决定通过增加空间密度的办法让蚕宝宝成功结茧。

📝 第五次设计尝试

最后一次设计时，孩子们将前四次的经验加以总结，设计出了美观且功能强大的蚕蔟。我们来看看孩子们是怎么操作的。

改进"刺球"设计：调整夹角角度，黏合更加稳固，蚕宝宝喜欢爬到高处，于是横向放置，提高结茧率。

▲ 从"小刺球"再次改进的"五角星"蚕蔟，结茧率大大提升

迁移"刺球"经验设计：竹签"立起来"交叉穿过纸箱成"烤箱"状，再次利用筷子粘贴成凌乱的树杈状。在这个过程中，孩子需要反复测量，以便形成固定的支撑。

▲ 测量、穿插、粘贴……和好朋友默契地合作完成

改良"绳梯"设计：调整方向，用绳子在塑料筐绑成平行的线，而不是垂直上升。

改良"格子"设计:加高盒子以及隔板的高度,完成设计和制作。

还有的设计,干脆模拟大自然的环境,用捡来的树枝,直接制作蚕蔟。

▲ "绳梯"蚕蔟设计的改进　　▲ "格子"设计　　▲ 用捡来的细枝做蚕蔟

在爸爸妈妈的帮助下,孩子们回家后还制作了不同的蚕蔟。各种设计让人大开眼界,有的精美,有的实用。

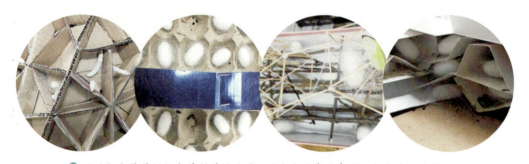

▲ 孩子们和爸爸妈妈合作制作的蚕蔟,蚕宝宝更喜欢在哪一个蚕蔟上结茧呢?

制作蚕蔟的活动,融合了科学、技术、工程、数学、艺术多学科思维。我们鼓励幼儿采用多种工具和方法,运用初步的工程化思维设计、改进方案,结合数学、技术和艺术美感等,完成各类蚕蔟的制作,从而提高了幼儿实践操作能力,提升了幼儿发现问题、解决问题的能力,培养了幼儿的创新精神。

故事三　**抽丝剥茧**

蚕宝宝结茧一周后，蚕茧又白又硬，我们将所有的蚕蔟都搬出来，托班的孩子们一边数一边摘，里面的蚕蛹估计都圆乎乎的了，一拿起来在里面咕噜咕噜滚。孩子们很快就发现了这个好玩儿的现象，都拿着蚕茧在耳朵旁边轻轻地晃动，蚕茧发出特别好听的"咚咚"声。

▲ 让我听一听

▲ 让我数一数这白白胖胖的茧子

小班的孩子们还用画笔记录下了蚕茧的样子，因为品种不同，有的蚕宝宝还结了黄色的蚕茧。

顶顶："蚕宝宝吐丝啦！好像蜘蛛网啊！"

明明："好漂亮啊！椭圆形的，硬硬的。"

佑子："正在吐的丝软软的。"

小米："变成小球球里的蚕宝宝是不是没有啦？"

鑫鑫："不对，我妈妈说它们还在里面呢，马上就变成蛾子了。"

招招："还有黄的丝，老师，我好想把它们画下来啊！"

▲ 看我们画的蚕茧

孩子们对蚕茧有了零距离的接触，可是对蚕丝与人类生活的关系还了解甚少。有孩子提问："这么细的蚕丝有什么用呢？"这一内容对于幼儿来说又是一种全新的知识。于是我们决定开展"抽丝剥茧"的体验活动。

托班开展了一次"拉着线线去旅行"的亲子活动，托班的小萌宝们神情专注地拉着丝线慢慢走，传递给下一个小朋友，和爸爸妈妈、爷爷奶奶一起感受抽丝剥茧的神奇时刻。

▲ 蚕茧煮一煮，可以拉着丝线出发了

老师："蚕宝宝的一生有两个主要作用，一个是繁衍，就是生宝宝。"

洋洋："就是循环。"

多多："跟我们人一样，会生宝宝。"

▲ 托班的小豆豆们和家人一起拉着线线去旅行

老师："对！它的另一个作用就是吐丝。我们今天一起来体验缫丝，一起来看看蚕丝是什么样子的。"

为了让大班孩子也能体验抽丝剥茧的神秘，于是我们策划了大班年级组百人抽丝剥茧的活动。在幼儿园的操场上，回顾蚕宝宝的一生，分享养护蚕宝宝过程中的趣闻乐事，还展出了各种各样的蚕蔟，孩子们还从家里带来妈妈的真丝围巾系在脖子上，亲手饲养的蚕宝宝吐的丝在大家手中传递。

主题活动篇·蚕宝宝成长记

❶ 蚕蔟展览
❷ 和大班孩子一起回顾蚕宝宝成长过程中的精彩故事
❸ 百人抽丝剥茧有老师们的强力助阵
❹ 让我闻一闻蚕丝的味道
❺ 轻轻地、纹丝不动地托着蚕丝
❻ 百人一心,我们成功啦!感恩蚕宝宝的伟大!

抽丝剥茧活动中,当有孩子猜测蚕宝宝会被煮死的时候,我们一起探讨蚕宝宝一生对我们人类的贡献:桑蚕丝在中国古代就成为人类重要的丝织品来源;蚕沙可做枕头,可入药;蚕蛹可食用,还可以入药;等等。当听说一只小小蚕茧最多能抽出2000~3000米单股的丝线时,孩子们惊讶不已。孩子们小心翼翼地捧着丝线,怀着一颗感恩的心,体验着蚕丝的味道和触感!

故事一　**蚕宝宝流血了**

长翅膀的小蚕蛾

我们并没有将所有的蚕茧都抽丝,而是留了一部分等待它们破茧成蛾,让孩子们观察。早上刚入园,饲养区里像往常一样,很多小脑袋凑在一起围观,期待着蚕蛾出现。

可可:"老师,你快来看!蚕宝宝流血了!"

小米:"蚕宝宝的血不是绿色的吗?"

九天:"是不是它们打架流血了?"

招招:"我们去请医生阿姨来看一看吧!"

淘宝:"上面还破了一个洞,是不是蚕宝宝咬破的?"

孩子们对蚕宝宝越来越有爱心了,蚕宝宝只要有点异常,孩子们就很想去找保健医来看病。老师闻声而来,告诉小朋友蚕宝宝不是在流血,而是想变成蚕蛾出来,于是就吐出一种红色的液体,帮助它们捅破蚕茧,方便它们爬出来。孩子们听后更加兴奋了,因为他们期盼已久的蚕蛾终于要出生啦!

▲ 终于破茧成蛾!为什么你的"洞口"那么光滑、平整?

故事二　蚕蛾飞出来啦

蚕蛾终于飞出来了,孩子们惊喜不已,同时也非常好奇。

顶顶:"蚕宝宝飞出来啦!长了一对小翅膀。"

淘宝:"我家的蚕宝宝也飞出来了。"

可可:"它的眼睛在哪里啊?"

招招:"你看那两个黑黑的是不是它的眼睛,好像小蝴蝶。"

柚子:"这两个蛾子粘在一起,它们在干吗?"

老师:"它们在打招呼,准备交配,生宝宝呢!"

多多:"这个蛾子肚子大一点,这个小一点。"

老师:"你们觉得大肚子的是妈妈还是爸爸?"

瞳瞳:"大肚子的是妈妈,妈妈生孩子肚子就变大了。"

豆包:"可是,我爸爸的肚子比妈妈的肚子还大啊!"

柚子:"它们会不会飞走?"

▲ 快让我看看蚕蛾在干什么呢?

柚子:"我觉得会,它要去找它的妈妈。"

明明:"我觉得不会,它们翅膀太小了,飞不起来。"

蚕宝宝的身体发生了神奇的变化——破茧成蛾!真是好特别的变化,爬行的腿不见了,长出一对小翅膀。

故事三　蚕茧里还剩什么

蚕蛾出来之后,蚕茧里还剩什么呢?孩子们非常好奇,于是我们决定一探究竟。

先来看一看,闻一闻。

小宝:"里面黑黑的,什么也看不见!"

暖暖:"里面是蚕宝宝吗?"

小杰:"好像是黑色的东西。"

怡然:"有点臭臭的味道。"

再来摇一摇,听一听。

叮当:"有声音,里面有东西。"

萌萌:"什么在里面响呢?还有一只蚕宝宝吗?"

最后剪开看一看。

琳琳:"剪开会伤到蚕宝宝吗?"

小新:"蚕宝宝都飞出来了。"

果果:"哇,里面是蚕宝宝蜕的皮!"

▲ 破茧成蛾后还有什么呢?剪开来,一探究竟吧!

故事四　蚕蛾生宝宝啦

明明:"老师,快看!蚕蛾生孩子啦!黄黄的。"

招招:"就像玉米粒儿。"

辰辰:"我觉得像小黄豆。"

又又:"我觉得像小米。"

澳宝:"好可爱的小宝宝。"

蚕蛾妈妈产卵的时候就像播种机一样,围绕自身转圈,"噗噗噗",一个个可爱的小蚕卵平铺在纸上。

蚕卵产出后呈鹅黄色,并逐渐变成土黄色,再到褐色。温度在30℃左右,蚕卵就会再次孵出蚕宝宝。孩子们将有蚕卵的纸撕成大大小小的纸条,然后每人带着一张纸片的蚕卵,包好并带回家保存,期待新生命的再次诞生!

园外拓展之参观陕西省桑蚕研究所

利用周末的时间,老师组织家长带着孩子一起参观陕西省桑蚕研究所。孩子们认真地听教授伯伯讲解蚕宝宝的故事。研究所的蚕宝宝有400多个品种,长相、花纹都不一样,每一种蚕宝宝都有一个好听的名字。善于观察的孩子发现每一个屋里都有一个蜂窝煤。在好奇心的驱动下,孩子们大胆询问教授:"蚕宝宝的房间怎么会有蜂窝煤炉子呢?"教授告诉孩子们蚕宝宝需要在恒温中生活,蜂窝煤的作用就是晚上为蚕宝宝取暖,让蚕宝宝更健康地成长。

▲ 听教授伯伯讲蚕宝宝的知识　▲ 每一个筛子里是一个品种的蚕宝宝　
▲ 爸爸妈妈和你们一样收获满满

在桑蚕养殖基地,孩子们一起摘桑叶、采桑果。活动最后,孩子们从桑蚕研究所带回来不同品种的蚕宝宝并进行饲养。最终它们结了彩色的茧子,形状也并不全是胖胖的椭圆形。

回顾与反思

因为教师和幼儿并没有丰富的饲养经验,为了确保饲养工作的有序开展,我们开展了饲养前的准备工作,包括对蚕宝宝的生活习性、食性、生长变化等基本特征的了解,饲养环境的创设,食物来源的考察,日常清理工作的准备。同时,我们收集了幼儿关于蚕宝宝的认知经验,并通过谈话活动了解幼儿兴趣,根据幼儿兴趣预设蚕宝宝饲养活动计划单等内容。

通过谈话活动,我们捕捉和挑选适合孩子年龄特点的内容,最大限度地接近幼儿的最近发展区,生成有价值、有意义的活动,并明确饲养的规则和要求。在此基础上,我们把幼儿感兴趣的问题分成一个个可操作、可实施、可探究的内容,形成计划单。

在蚕宝宝饲养活动中,我们努力让幼儿以一种主人翁的姿态,像小小生物学家一样尽情探索发现,并制定规则——观察蚕宝宝的过程中不能去打扰蚕宝宝,更不能威胁蚕宝宝的生命。从活动的效果来看,虽然大多数幼儿对蚕宝宝比较陌生,但孩子的天性决定了其对小动物情有独钟的关心和喜爱。

两个多月的时间里,孩子们看着蚕宝宝从小小的蚕卵里出生,经历了蚕卵—蚕蚁—成蚕—破茧成蛾—蚕卵的生命历程,从生命的起点回归生命的起点。在养护中,孩子们不仅认真观察,还知道了科学喂养;在制作蚕蔟时,自己设计、制作蚕蔟,并不断改进方案;分离蚕沙活动中,小小班、小班幼儿利用手分离,并尝试使用工具帮助我们更快更好地分离,大班的抽丝剥茧活动更是让孩子们心里的敬畏、感恩之情不断升华。饲养活动的核心就是幼儿做事的过程,应鼓励他们发现问题、解决问题。在螺旋式上升、循环往复的饲养活动中,幼儿的情绪、情感体验不断丰富,学习品质也得到了提升。

附:家长手记

月亮妈妈手记——带着蚕宝宝去旅行

"五一"假期第一天,我们简单收拾行装,带上蚕蔟盒子出发了。

其实，这一盒蚕宝宝是应月亮小朋友的请求专门带上的，希望我们出去旅行的时候也带着蚕宝宝去看看世界。

不管出行是不是不方便带，去的一路上会不会顾不上照顾，我们依然答应，想着蚕宝宝这两天就会全部结茧，能看到最后一只蚕宝宝上蔟结茧何尝不是一件有始有终的好事情。

酒店电梯门口，旅行的人都纷纷围观，夸奖我们的蚕宝宝又白又胖，甚至还有人提出可以给我们提供桑叶。蚕宝宝跟随我们一路自驾去逛黄河，一路上不断有蚕宝宝身体发亮，准备结茧。月亮的小小心愿也终于得以实现！

中四班　贾若曦妈妈

陈陈妈妈手记——平面吐丝的蚕宝宝

4月30日

今天，陈陈回家说，邓老师告诉他们：蚕宝宝也可以不用结茧，会在平面上吐丝。我和陈陈都觉得很神奇，决定用家里养的蚕宝宝试一试。我们选了一个圆形的桌面垃圾桶，高度大小都合适，我们在它的平面上铺了一张纸，用皮筋扎好，挑选了一只快要吐丝的蚕宝宝，等待见证奇迹的时刻。

5月1日

早上起来，我们发现它真的可以在平面上吐丝，它在圆边的边沿、突出的纸尖挂住丝，然后开始一边吐一边爬，陈陈用手摸着丝线觉得好神奇。蚕宝宝就像一个勤劳的纺织工人，来来回回，反复在平面上拉着丝线。陈陈问我：吐完丝，蚕宝宝会死吗？我也不知道，所以我们一起观察、等待。

主题活动篇·蚕宝宝成长记

5月10日

　　一个星期过去了，蚕宝宝终于把丝吐完了，一动不动。早上起来，我们看到它蜕掉了一层皮，变成了一个没有眼睛、嘴巴的蛹。蛹在一天之内，从淡黄色，到焦黄色，再到发黑，陈陈说看上去就像毛毛虫面包被烤焦的过程。哈哈，其实我也觉得像极了！

5月13日

　　好多天了，"焦黑的毛毛虫面包"一动不动，我们都很担心。一天下午，陈陈兴奋地告诉我：妈妈，刚才它动了。我也激动地跑来看。从那以后，它动的频率越来越高，有一次甚至把自己震动到了地上，我们又把它捡了回来。

5月18日

　　每天从幼儿园回家，陈陈第一件事就是跑去看蚕蛹。今天，陈陈惊叫道："妈妈，快来看啊！蚕宝宝变成蛾子飞走了！"我们惊奇地发现，蛹裂了一道缝，只留下一个空空的蛹壳，太神奇了！真可惜没能亲眼见证它从蛹壳里挣脱的过程。

5月22日

　　蚕蛾们开始交配产卵了，黄黄的小点点代表着新生命的诞生。

大三班　徐辰赫妈妈

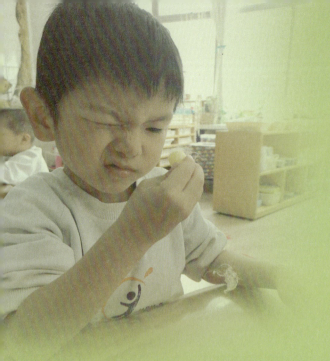

自然宝典

蚕

鳞翅目的昆虫，丝绸的主要原料来源，在人类经济生活及文化历史上占有重要地位。原产中国，华南地区俗称之蚕宝宝或娘仔。最常见的是桑蚕，又称家蚕。桑蚕饲育适温为20~30℃。蚕宝宝非常怕冷，温度稍低就有可能冻死。蚕是蚂蚁的美食，须注意蚂蚁对蚕的生命威胁。

蚕是变态类昆虫，一生经过"蚕卵—蚁蚕—熟蚕—蚕茧—蚕蛾"几个过程，共五十多天的生命时间。蚕宝宝以桑叶为生，不断吃桑叶后身体便呈白色。它们头部颜色变黑时，表明它们将要蜕皮。蜕皮时约有一天的时间如睡眠般不吃也不动，这叫"休眠"。经过一次蜕皮后就是二龄幼虫，蜕一次皮就算增加一岁。幼虫共要蜕皮四次，成为五龄幼虫，再吃桑叶8天成为熟蚕，开始吐丝结茧。蚕上蔟结茧后经过4天左右，就会变成蛹。蚕蛹形状像一个纺锤，再经过12~15天变成蛾。蚕蛾不能飞，它们的唯一目的只在于产卵繁殖后代。蚕蛾交配完后雄蛾会马上死去，雌蛾则于产卵结束后死亡。

蚕宝宝成长记（侯芊亦，6岁）

小班亲自然主题活动

我的小鸡朋友

胡 晶

主题缘起

午点时间,小朋友们在吃鸡蛋,有小朋友疑惑道:"鸡蛋是哪里来的呢?"有人回答道:"鸡妈妈生的。"接着又有人提出:"鸡蛋是怎么变成小鸡的呀?"在一问一答中,小朋友对这个问题充满了好奇。

问题情境

鸡蛋是从哪里来的?
小鸡是从哪里来的?
我家冰箱里面的鸡蛋可以变成小鸡吗?
小鸡什么时候可以生鸡蛋呀?
为什么鸡蛋上有黑黑的点点?
小鸡的家在哪里?
……

午点时间,小朋友们在吃鸡蛋。他们对手里的鸡蛋充满了好奇,用自己的小手轻轻地摸,用眼睛认真地观察,再仔细地品尝,试图来探索鸡蛋的奥秘。

设计意图

小班年龄阶段的幼儿本能地喜爱亲近小动物,同时在自然中对动物关注度最高,因此开展饲养活动很容易在孩子幼小的心灵里种下热爱自然、关爱生命的种子。我们前期以了解鸡蛋的奥秘、护蛋计划、孵化小鸡、小鸡之家为主线开展一系列活动,孩子们通过孵化蛋宝宝和对小鸡宝宝出生后的日常照顾等,感受生命的神奇。

主题脉络

主题目标

☆ 了解鸡蛋的孵化过程,感受小鸡生长变化的过程。

☆ 激发幼儿热爱小动物的情感,培养责任心。

☆ 体验自然材料带来的建构乐趣,提高幼儿的想象力、创造力和动手能力。

☆ 树立幼儿生命平等的意识,珍爱自己的生命,珍爱其他物种的生命。

当孩子们和鸡蛋近距离接触时,鸡蛋的"一百种玩法"深深地吸引着孩子们。

故事一 和蛋宝宝的一天

 为蛋宝宝取名

孩子们每人从家里挑选了一枚生鸡蛋,通过对鸡蛋的观察和个人喜好,自行为鸡蛋宝宝命名和装饰,孩子们天马行空的想象力让我感到非常惊喜。

桐桐:"我的蛋宝宝叫公主,我希望她是一个漂亮的小公主。"

依依:"我的小鸡叫花朵宝宝,因为小花很好看。"

小小马:"我的蛋宝宝叫小宝。"

李允淇:"我的蛋宝宝叫高高李,我希望它长大以后个子高高的。"

▲ 和亲爱的海宝合影留念

入园时,孩子们兴高采烈地和朋友展示自己的蛋宝宝,并介绍蛋宝宝的名字。在互相交流的过程中,又对蛋宝宝的性别展开讨论:到底是男孩子还是女孩子呢?我要怎么保护它?

 护蛋计划

为了保护自己的蛋宝宝,孩子们想尽办法。有的为它制作了温暖舒适的小家,有的拿着小水杯小心翼翼捧着,还有的紧紧地揣在自己的口袋里,当然也有胆大的小朋

友拿在手上。

妙妙:"孵小鸡需要温暖的环境,所以我给它准备了暖和的小床和被子,还有一个暖宝宝,就像鸡妈妈在保护它一样,这样鸡宝宝在里面就不怕冷了。"

护蛋行动正式开始,我们请每个小朋友将自己带的保护鸡蛋的工具收起来,自行来保护自己的宝宝。孩子们无论是上课、活动,还是睡觉、喝水,都随身携带自己的蛋宝宝,小心地保护着,真正把蛋宝宝当作自己的小生命。

召召:"小鸡被我装到口袋里了,很安全的。"

锦儿:"我在给小鸡宝宝讲故事呢。"

町町:"蛋宝宝在我毛茸茸的帽子里睡觉呢。"

言延:"好喜欢它呀,我想亲亲它。"

小朋友都谨慎地保护着自己的宝宝,可总是在那不经意之间,蛋宝宝被摔碎了。如看书时,一只手拿蛋,一只手翻书,一不小心鸡蛋滚落到地上;早操时,挥起手来没拿稳摔在地上;睡觉前将鸡蛋放在枕头旁边还要用手盖住,结果睡梦中翻身时鸡蛋掉到地上。孩子们眼里含着泪水,充满了自责和对蛋宝宝的不舍。

言延:"我看书的时候不小心掉地上了,没保护好我的蛋宝宝。"

▲ 把鸡蛋当作珍宝一样守护着

▲ 没有保护好蛋宝宝,自责地哭了

橙儿:"我去卫生间时把我的宝宝交给允淇照顾了,回来就碎了。"

兆熙:"小便的时候把蛋宝宝夹到脖子里,没夹住摔碎了。"

允淇:"我睡觉的时候把鸡蛋放在枕头旁边了,睡醒来就看到它在地上。"

主题活动篇·我的小鸡朋友

经过一整天的守护计划，有四名孩子成功保护了自己的宝宝，一放学就兴高采烈地和爸爸妈妈分享自己今天的成就。挑战成功真是一件让孩子们感到自豪的事情！

孩子们在活动中培养了爱心，体验了成长的艰难，学着感恩父母，感受到"爱的教育"。

 故事二　神奇的鸡蛋

孩子们经历过护蛋计划后都知道鸡蛋很容易碎，可是当我们用手握住鸡蛋时，再使劲也捏不碎，太神奇了！孩子对鸡蛋越来越感兴趣了，我们一起做起了有关鸡蛋的科学小实验，探索鸡蛋的奥秘。

 垒小书实验

我们尝试用胶带当底座将鸡蛋固定起来，在鸡蛋上放小书，看看一个鸡蛋上面能放多少本书不倒。孩子们排好队一个接一个双手捧着书轻轻地放在鸡蛋上，生怕小书滑落。在不懈努力下，我们的最高纪录是在鸡蛋上放了21本小书。孩子们感叹道："鸡蛋可真是一个大力士呀！"

▲ 小心翼翼地将书放在鸡蛋上

▲ 神奇的实验惊呆了小朋友们

好玩的弹弹蛋

鸡蛋还有很多的秘密等着我们去探索,接着我们用三种不同的液体(芬达、醋、矿泉水)将生鸡蛋浸泡24小时。孩子们一边观察一边猜想。

妙妙:"鸡蛋身上有好多小气泡,它还会吐泡泡呢,可漂亮了。"

马泽宇:"醋泡的鸡蛋上面的小气泡最大了。"

汉汉:"鸡蛋会变香香的吗?"

蜜儿:"会变成橙子味的鸡蛋吗?"

孩子们利用放大镜等多种工具观察到芬达饮料浸泡的鸡蛋表面竟然会变成橘色,矿泉水浸泡的鸡蛋没有变化,最神奇的还是白醋浸泡的鸡蛋,外表黄色坚硬的蛋壳已经没有了,只剩下一层薄薄的膜包裹着蛋黄和蛋清,软极了。

▲ 用放大镜观察泡在不同液体中的鸡蛋　　▲ 不同的液体使鸡蛋产生了完全不同的变化

孩子们惊喜极了,纷纷跑过来感受没有壳的鸡蛋。我们在桌子上方一定的高度扔下没有壳的鸡蛋,发现它像弹球一样弹起来,这又刷新了孩子们对鸡蛋的认知,并乐此不疲玩起了弹弹蛋的游戏。

妙妙:"醋泡的鸡蛋,好软呀,像棉花。"

帅帅:"里面是没长大的小鸡吗?我摸到了。"

朵朵:"为什么蛋壳不见了?"

言延:"硬硬的鸡蛋变得好软,像弟弟的脸。"

孩子们回到家中,与家长一起做起弹弹蛋的实验,感受鸡蛋的神奇,每个人都是

主题活动篇·我的小鸡朋友

小小科学家。

  科学小实验深受孩子们喜爱,在活动中孩子们尽情去发现、探索、研究。本来就是孩子们熟悉的鸡蛋,通过不同液体的浸泡,产生不同的变化,孩子们再利用不同的工具去观察记录。在全书的活动中,通过探讨如何让鸡蛋立住,探索一枚鸡蛋的承受力,一系列问题让孩子们充满兴趣。

孵小鸡

  在与鸡蛋短暂相处之后,孩子们开始讨论:鸡蛋里面都有什么呢?鸡蛋是怎么来的呢?小鸡又是怎么来的呢?每个孩子的心里都充满了好奇和求知欲。于是我们通过上网查资料、阅读相关图书、自己动手孵小鸡来寻求答案。

故事一　挑选种蛋——哪种鸡蛋能孵出小鸡

  首先我们通过上网搜集资料了解到,只有受过精的种蛋才能孵出小鸡。孩子们好奇地问道:"就像是《小威向前冲》里面只有参加过游泳比赛的鸡蛋才能孵出小鸡吗?"

  在家长的帮助下购买种蛋后,孩子们争先恐后地观察种蛋和普通生鸡蛋的区别。在手里轻轻地摸,放到耳朵旁边安静地听声音,还放到鼻子跟前仔细地闻闻,比较大小。在用手电筒观察鸡蛋内部时发现种蛋里面有一个小点点,孩子们感叹道:"好神奇啊!"

  接着,孩子们小心翼翼地将种蛋放入孵化器内,孵化之旅正式开始。

▲ 听,有没有小鸡在说悄悄话

▲ 依次将鸡蛋放进孵化器中

— 163 —

教室下午放学需要断电,因此需要将孵化器放在监控室插电。每天小朋友入园来第一件事情就是提醒我:"胡老师,我们该去抱我们的小鸡回家了,不然它会孤单的。"

随着日子一天天过去,孩子们最期待的事情就是小鸡的出生,以至于每天早上都要早早到幼儿园来,一切美好的事情都值得被期待。

 小鸡出壳——你好,小鸡

在第18天的时候我们迎来了第一只小鸡的破壳。刚开始蛋壳只裂了一点点的缝,小朋友们激动地趴在鸡蛋旁边,安静地听里面小鸡发出"叽叽叽"的声音,并模仿小鸡的叫声,顿时教室里充满了"叽叽叽"的叫声。

在经历了三四个小时后,小鸡还没有出来,小朋友们着急地围在鸡蛋旁边和它讲话:"小鸡你怎么还不出来呢?"眼巴巴地瞅着小鸡,在放学之际,蛋壳有了明显的晃动,我们将它放到桌子上,只见蛋壳中间的缝越来越大。

小朋友们卖力地喊道:"小鸡,加油!"小鸡在自己的不懈努力下,在小朋友们的加油呐喊中,终于破壳而出。小朋友们欢呼雀跃,这个时候刚好接园的家长们都来了,孩子们拉着家长们的手兴奋地说道:"我们班的小鸡出生了!"并邀请爸爸妈妈在教室观看小鸡,久久不愿离去。

▲ 为即将出生的小鸡喷水,以利于啄壳

▲ 孩子们围在一起,期待小鸡的诞生

橙儿："小鸡怎么出不来呢，是不是被里面的胶水粘住了（蛋壳里面的白色保护膜）？"

桐桐："小鸡的叫声好好听呀，叽叽叽叽的。"

骏驰："小鸡在叫妈妈呢，它可能在说妈妈我饿了。"

帅帅："好神奇呀，就像有魔法一样！"

在养殖活动中，孩子们通过每天用灯照蛋，观察和感受到生命成长的变化，并体验到自己照顾小鸡的乐趣和成功孵出小鸡的喜悦，不仅了解了小鸡孵化的变化过程，还学习了简单的照顾小鸡的方法。

▲ 一只即将完全破壳的小鸡

故事三　喂小鸡

我们了解到，刚出生的小鸡只能吃泡过的小米和玉米糁，不能喝水，喝水会拉肚子，而且很有可能会死亡。照顾小鸡的任务就交给小朋友们了，他们自发为小鸡带来了食物。

小朋友们会用温温的水将小米泡开，再喂小鸡。刚开始小鸡还不会吃，小朋友就将小米放在手上，说着："小鸡宝宝，吃饭了！张大嘴巴，啊，大老虎嘴。"小鸡在地板上拉臭臭了，小朋友会自觉地去卫生间拿卫生纸，将小鸡的臭臭擦干净，还感叹道："小鸡的尼尼好少呀，可是一点也不臭。我好喜欢照顾小鸡宝宝呀！"

▲ 将小米放在手上，喂小鸡进食

过了些日子，小鸡长大一些，可以吃菜叶子和虫子了，小朋友们带着小鸡去散步，到处为小鸡找东西吃，害怕饿到小鸡。

小朋友们在草地里寻找虫子,好奇地问道:"小鸡到底喜欢吃什么虫子呢?"

早上入园后,小朋友为小鸡准备了一份蔬菜小餐。考虑到小鸡还是个小宝宝,小朋友们用剪刀将蔬菜剪得碎碎的。

▲ 孩子们好奇地看着小鸡在地里找东西吃

▲ 发现一只蚯蚓,孩子们在想如何把它带回去给小鸡吃

孩子们积累了有关饲养小鸡方面的经验,了解了小鸡的生长变化、外形特征、进食规律。除了日常的喂食外,他们还承担起了打扫小鸡的生活环境卫生的工作。因为小鸡的存在,孩子们感受到了动物生命的存在,感受到自己的行为与动物生命之间的关系,体验到照顾新生命那种奇异而美妙的感觉。

小鸡之家

随着小鸡的出生,孵化器已经不能再住了。小朋友们开始计划为小鸡建新的家。

故事一　户外栅栏

如何搭建一个适合小鸡住的家呢?就这个问题我们又展开了讨论。

主题活动篇·我的小鸡朋友

讨论：小鸡的家里面应该有什么？

桐桐："鸡要拉臭臭，一定要有小马桶。"

骏驰："要有空气净化器。"

帅帅："必须有个小碟子吃小米喝水，不然就饿死了。"

及召召："要有空调呢。"

小小马："给它放个玩具车，不然它会无聊的。"

孩子们观察发现小鸡拉屎是走到哪里拉到哪里，不会拉到马桶里，尿不湿也太大了，小鸡也穿不上。于是我们结合大家意见，决定给垫子上铺上隔尿垫，并且按时更换隔尿垫，就这样解决了小鸡尿尿拉屎的问题。利用家长带来的材料，孩子们开始动手为小鸡搭建新家。

房子建好了，孩子们迫不及待将小鸡放到家里，小鸡像公主一般在栅栏里快乐地追逐游戏。

▲ 合作为小鸡搭建新家

▲ 小朋友们兴奋地围在小鸡的新家周围

故事二　纸板房子

天气暖和的时候，小鸡可以在户外玩耍，可是晚上和下雨天，小鸡就得在室内游戏。小朋友们又提议，可以用纸板给小鸡做一个房子。孩子们分享着自己的想法，并

在爸爸妈妈的帮助下画出设计图，为小鸡搭建新家。

▲ 蜜儿和妈妈一起为小鸡设计的小别墅

▲ 利用薯片桶连接纸箱，搭建可以穿梭的房子

在父母的帮助下，小朋友为小鸡搭建了拥有饮水池、进食区、小山洞以及滑滑梯的小别墅。

故事三　房子模型

图书日的时候，小朋友们看到了《三只小猪》和《麦克建房子的故事》两本绘本，又萌发了为小鸡建造结实房子的念头。

 泥土房子

孩子们说干就干，拿起铲子和小桶，在地里挖泥土，要为小鸡建造泥土房子。

挖好土后，小朋友们加入水并搅拌。第一次发现泥土和得太稀了，捏在手里就掉了，根本没办法做房子，便继续挖土、搅拌，经过多次的反复调试，终于和好了合适的泥巴。

小朋友们想到，下雨天如果小鸡的家没有屋顶，小鸡可能就会淋湿、感冒。

于是，孩子们开动自己的脑筋在美工区找来雪糕棒，一片片地拼起来，为小鸡遮风挡雨。

泥土房子初步搭好了，小朋友们说："砖头房子是最坚固的，没有人可以破坏它。"于是我们在网上查阅了盖房子的方法并且观看了相关视频，购买了仿真砖块和水泥。砖头房子的搭建在孩子们的满心期待中开始了。

▲ 以小组为单位，寻找合适的泥土　　▲ 不断地加水、加土、搅拌　　▲ 泥土房子初步成型　　▲ 遮风挡雨的房子

砖头房子

砖头房子的搭建对小朋友们来说也是一次新奇的体验，孩子们感叹道："好好玩呀，砖头房子好酷，小鸡一定会喜欢我的房子，我以后一定要当建筑师！"

▲ 为砖头房子准备的材料

玩在自然中 Playing in Nature

小鸡的家在孩子们富有童真的想象中出现了无限的可能。孩子们通过调查，用绘画的方式为小鸡设计新家，借助不同的道具和材料，根据设计图，在操作中体验创作的成就感。测量、剪裁、组合、制作及反复调试，整个过程中，不同材料的搭配和使用，都需要有预先的计划和多次的尝试操作，这些对于孩子的构思、预见、动手等能力都是很好的锻炼。

往往越先进的教育，越"返璞归真"，为孩子们提供最原始的材料，激发他们内心的热情和创造力。在为小鸡搭建房子时，孩子们利用泥巴和砖块去获得最真实的体验，在动手和实践中发现问题，解决问题，在这个过程中所有的体验都是非常宝贵的。

后记：送别小鸡

小鸡的出生给了我们极大的欢乐和成就感，每天晨间活动时间和离园时间，孩子们总会趴在小鸡的家旁边，窥探小鸡的世界。

早上来园，小朋友突然发现有两只小鸡躺在那里一动不动，也不叫。"是睡着了吗？"孩子们疑惑道："小鸡，起床了，太阳晒屁股了！"可是过了一会儿小鸡还是保持那个姿势，任小朋友再怎么叫也没有反应。

▲ 和老师一起用滴管给小鸡喂糖水

我们尝试对小鸡进行抢救，给小鸡喂糖水，可是小鸡还是不动。

于是，我告诉孩子们，这两只小鸡可能是由于某种原因死掉了。当小朋友听到这个消息的时候，有疑惑，有震惊，甚至有小朋友捂着嘴巴哭起来了。

召召："小鸡是怎么死的？"

帅帅:"小鸡都死了,我觉得好孤单呀。"

蜜儿:"它可能生病了,可是没有大夫阿姨给它打针喂药,所以它死了。"

思雅:"小鸡痛吗?我好难过呀。"

就这个问题,我们展开了小鸡之死的讨论以及生命、死亡教育的延伸。

讨论:什么是死亡?

蜜儿:"就是不会说话,不会动了。"

十六:"是再也见不到了。"

帅帅:"就像是我爷爷埋到宝鸡老家的山上去了,妈妈都哭了。"

妙妙:"妈妈说是去了很远很远的地方。"

可乐:"死了就是睡着啦。"

我们一起阅读了《爷爷变成幽灵了》《活了100万次的猫》《当鸭子遇到了死神》等书,了解到什么是死亡。其实死亡也不是很可怕,只是换了一种方式陪伴在我们身边而已。小朋友们根据自己的理解用画图的方式记录小鸡的死亡,他们认为小鸡变成天使飞走了。

我提议:"我们为小鸡举办一场隆重的葬礼。"全班小朋友出席了小鸡的葬礼。

接着我们商量将小鸡埋在教室外面的小树林里,并在幼儿园寻找可以挖坑的工具。孩子们亲自动手挖坑,将小棺材放进去,郑重地和小鸡说再见。

▲ 孤独的小鸡被埋在小朋友用铲子挖的坑里

▲ 将死去的小鸡放到纸盒里,再放到坑里

让小鸡入土为安后,每个小朋友都为它献上了一片树叶以示对小鸡的怀念,孩子们承诺以后会经常来看小鸡的。

尊重生命是一切教育的核心,但成人几乎不会主动和幼儿讨论死亡的问题,因此儿童对死亡并不了解。但现实生活中,幼儿世界不可避免会有死亡经验,如宠物的死亡、植物的枯萎、亲人的离世,因此死亡教育对幼儿是十分重要的。

通过葬礼的仪式感,让孩子接受小鸡的逝去;通过绘本,帮助幼儿理解并缓解对于逝去的恐惧和忧伤。在整个过程中让孩子体会生命只有一次,并且一起接受小鸡逝去的事实。

> 阅读是一种间接体验的过程,我们将绘本故事中对"死亡"这一现象的呈现与生活中小鸡"死亡"的现实经验相结合,引导幼儿再次正确感知死亡和生命存在的价值,对儿童进行"生命教育",从而减少现实生活中面对死亡事件的紧张心理。如绘本《爷爷变成了幽灵》,教给我们正确面对死亡的态度:在生命离去时,除了尽情宣泄——哭泣,也要用平常心去怀念逝去的人,学会说"再见"。

回顾与反思

饲养小动物,培养幼儿关爱自然、珍爱生命,是我们亲自然主题活动中一直进行的活动之一。孩子们通过对小鸡每天生长变化的观察,自主地去学习,去探索事物的本源,获得直观清晰的感受。

制作观察记录时,让孩子们自己做第一手的观察,积累知识,鼓励孩子们观察、提问、解决问题,使其对自然、对生命感兴趣。

在小鸡破壳后,我经常看到他们与小鸡对话,也许这正体现了这个年龄段的幼儿具有与自然万物交流的天赋。他们将自己置于与大自然中的动植物完全平等的位置,将小鸡当作最亲密的朋友,小鸡离开自己,会伤心难过得哭泣。从珍爱小动物，到珍爱大自然，再到珍爱自己的生命，珍爱他人的生命，把人类的思想感情迁移到自然界中，有利于培养生命平等的意识。对大自然中所有的生命都应平等相待，和谐相处。

搭建小鸡之家时，孩子们能考虑到小鸡生活所需的方方面面，如关于冬天小鸡保暖、进食、粪便清理、散步等问题。有的小朋友提到雾霾天小鸡的家里需要空气净化器；小鸡一个人会孤单，需要给它建造带滑滑梯的玩具房；冬天太冷，需要保暖……这些所有问题的提出、解决，与孩子们前期对小鸡的全方面了解是分不开的，他们能耐心、细心地照顾新的生命。

在饲养活动中，我们从幼儿兴趣点出发，充分尊重和保护幼儿的好奇心和学习兴趣，通过护蛋游戏、孵蛋体验来帮助幼儿逐步养成积极主动、认真专注、敢于探究和尝试等良好的品质；让幼儿在照顾和观察小鸡的同时体验幸福的感觉，丰富幼儿的生活认知与生活经验，培养其责任意识；让幼儿在自然中玩，在自然中感知，在与小动物和谐相处的过程中塑造完整的人格。

附：小鸡成长日记

小鸡成长日记

 成长日记篇一

这是我第一次这么仔细地观察鸡蛋，我看到鸡蛋壳上面有一些黑黑的点点，这是什么呀？胡老师告诉我们这是气孔，用来呼吸的。蜜儿说是和我们的鼻子一样啊，呼吸用的。那它的鼻子好小呀，而且它有这么多鼻子，好可怕啊！

▲ 原来蛋壳表面有这么多的气孔

▲ 一起观察鸡蛋

📝 成长日记篇二

今天我们用照蛋器来观察鸡蛋，鸡蛋变得好亮好亮，像一个小灯泡，又像一块宝石。观察完以后，我们又把鸡蛋放在孵化器的家里，所有的蛋宝宝都在里面，里面可温暖了，下面还有水。小鸡在哪里呢？它没在鸡蛋里吗？

▲ 照蛋器下的鸡蛋　　▲ 鸡蛋在温暖的孵化器里

📝 成长日记篇三

日子过了一天又一天，我们每天都会观察种蛋，深色的部分占据了鸡蛋的一大半，像月亮一样，一半是深色，一半是浅色，老师说这是里面的小鸡在越长越大，好神奇。我在妈妈肚子里面时，也是这样的吗？不久之后，小鸡就要孵出来了，我真的好期待！

▲ 孵化第四天照蛋图　　▲ 记录鸡蛋每一天的变化

那天我们还一起讨论了小鸡的性别，我觉得我的小鸡肯定是男孩，这样它就能跟我一起玩小汽车了。蜜儿觉得她的小鸡是女孩，因为她喜欢女孩。

主题活动篇·我的小鸡朋友

📝 成长日记篇四

  班里出生了第一只小鸡——桃心宝宝，我真的好开心呀，回家一定要把这个好消息和爸爸妈妈分享！它身上的毛都是湿的，眼睛也闭着，安静地躺在桌子上，可能是太累了睡着了，明天我要给它带好吃的。

  好多小朋友的小鸡都出来了，可是我的小鸡为什么还没出来呢？我都等得着急了，我好想摸摸我自己的小鸡呀。

▲ 破壳而出的小鸡

▲ 小鸡宝宝画像

▲ 部分小鸡已经破壳，还有一部分小鸡还未破壳

📝 成长日记篇五

  太阳出来了，我们把小鸡放到草地上，小鸡开心地跑过来跑过去找虫子吃。过了一会儿，有两只小鸡跑到树丛里面不见了，胡老师带着我们到处找小鸡，小鸡看到我们就跑远了，它们可真调皮。最后，在大班哥哥姐姐的帮助下，我们终于找到了小鸡，把它送回家。

▲ 草地上嬉戏的小鸡

📝 **成长日记篇六**

小鸡越长越大，经常从栅栏的缝隙中间溜出去，钻到草丛里玩耍。我们为小鸡起名叫"调皮的小鸡""跑得快的咯咯咯""小火箭"，这些好玩的名字把我们大家都逗乐了。

▲ 草丛里找虫子吃的小鸡们

📝 **成长日记篇七**

有两只小鸡去世了，桐桐都哭了，我也很难过，肯定是我们没有照顾好它们。我记得爷爷去世后，妈妈把他埋到山上去了，我们的小鸡也要埋葬起来，虽然它不在了，但是我知道，它是变成天使飞走了，在天上陪着我们。

我们在班上为小鸡举行了葬礼，一起唱了送别歌，最后把它埋到了大树底下。我找了一片最漂亮的叶子送给它放在坟墓上，希望它不要觉得孤单。

▲ 死去的小鸡变成天使飞走了

自然宝典

孵化

是指动物在卵内完成胚胎发育后破壳而出的现象。传统上鸡蛋由母鸡孵化,现在多采用人工保温的方法孵化。母鸡不但孵化自己所产的鸡蛋,也孵化别的鸡所产的鸡蛋,甚至可以孵化鸭蛋。

人工孵化

是借一定设备由人工控制进行孵卵,是现代家禽业的主要孵化方式。现代大型孵化器每台可孵化1万～10万个,其温度、湿度、转蛋、通风均可自动控制。家禽的孵化期因禽种而异:鹌鹑17～18天,鸡21天,鸭28天,鹅30～33天。孵化过程中,特别是孵化后期要创造良好的通风条件,以利于胚胎通过蛋壳不断吸进氧气、排出二氧化碳和水蒸气。孵化期内,需要控制好孵蛋的温度和湿度。人工孵化鸡蛋时,要将鸡蛋放在高温的环境里。如果环境温度不够(37.7℃左右),可以使用电灯泡来保温。使用电灯泡保温时需要全天开启电灯泡,在孵化后仍需使用电灯泡保温至三周。如果不满足环境温度条件,会导致孵蛋失败,孵化成功的幼鸡也很有可能会死亡。小鸡的孵化率达85%即为较高水平。

小鸡孵化(张若桐,5岁半)

托班亲自然主题活动

小蝌蚪变变变

赫 晨

主题缘起

春暖大地，万物复苏。池塘、河沟里的小蝌蚪也聚集在一起，快活地游来游去。高宇杉周末和家人亲自然，给小朋友们带来了一群小蝌蚪。孩子们很喜欢到自然角去看它们，学着蝌蚪摇头摆尾的样子，经常询问：蝌蚪吃什么？不吃什么？它住在哪里？有什么邻居？随着小蝌蚪们一天天长大，孩子们与蝌蚪亲密接触，点燃了好奇心，探索也随之展开。

问题情境

蝌蚪的妈妈是谁？

小蝌蚪吃什么？

小蝌蚪生活在哪里？

小蝌蚪的尾巴怎么了？

长大的蝌蚪为什么不在水里游？为什么坐在石头上？

……

孩子们照料蝌蚪生长的过程中，又发现了很多的新问题……

设计意图

对于小小班两岁多的孩子而言,他们对自然的接触,可能更多是一种感受和体验,他们更加喜欢会动的小动物。我们通过饲养小蝌蚪,创设一个轻松自由的氛围,引发他们持续关注、观察、猜想、思考、验证,让蝌蚪成为他们的朋友,让饲养活动成为一日生活中的重要组成部分。整个过程中,幼儿能够对小蝌蚪的成长过程进行有目的、有方法的观察,并通过多种感官直接感知小蝌蚪的外形特征,在实际操作中亲身体验饲养小蝌蚪的乐趣,初步获取饲养经验。最后,通过对小蝌蚪的观察、模仿、照顾,在饲养中体验乐趣,体会人与自然、人与小动物的关系。

主题脉络

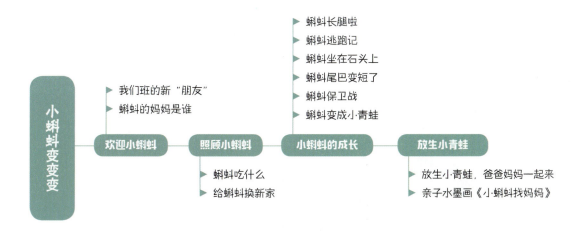

主题目标

☆ 照顾、爱护小蝌蚪,在饲养中体验乐趣。
☆ 简单了解小蝌蚪的生活习性。
☆ 初步具有发现问题、解决问题的意识。
☆ 在饲养过程中能够真实表达情感。

欢迎小蝌蚪

故事一　我们班的新"朋友"

高宇杉小朋友给大家带来了一群小蝌蚪,孩子们自发地围成一团,观察蝌蚪朋友,有趣的讨论开始啦!

苏思源:"蝌蚪的头圆圆的。"

刘玥彤:"蝌蚪有尾巴。"

姚昊辰:"你看小蝌蚪是黑色的。"

嘟嘟:"它的尾巴一摇一摆。"

雪宝:"大的是蝌蚪姐姐,小的是蝌蚪妹妹。"

▲ 一边观察一边热烈地讨论

观察蝌蚪成为孩子们每日生活中最快乐的事情。他们特别喜欢用身体模仿蝌蚪摇头摆尾的样子,喜欢用小手摸摸蝌蚪圆圆的小脑袋。他们也尝试用画笔记录下蝌蚪可爱的模样。

▲ 小蝌蚪是圆脑袋

▲ 小蝌蚪一个追一个

孩子们根据观察,抓住蝌蚪形态,能用简单的线条记录下蝌蚪的主要特征。我将孩子们观察蝌蚪的语言串成一首儿歌:

大脑袋,长尾巴,变成蝌蚪小娃娃,游来游去找妈妈。

主题活动篇·小蝌蚪变变变

故事二　蝌蚪的妈妈是谁

儿歌中"游来游去找妈妈"这句话引发了孩子们对"蝌蚪妈妈"的猜想。我没有直接告诉孩子们答案，而是鼓励他们大胆猜测。孩子们的想法各式各样，真是佩服他们的想象力。

雪宝："小蝌蚪的妈妈是大蝌蚪。"
琪琪："小蝌蚪的妈妈是小鱼。"
嘟嘟："小蝌蚪的妈妈是青蛙。"
卷卷："小蝌蚪的妈妈是黑黑的鱼。"

▲ 瞧，一群可爱的小蝌蚪

我们找来了绘本和视频，帮助孩子们更加直观地了解到蝌蚪妈妈是青蛙，小蝌蚪长大也会变成青蛙，像妈妈一样捉害虫。

接下来我们用《小蝌蚪找妈妈》的音乐，一起玩"小蝌蚪找妈妈"的音乐游戏，情景表演，一群快乐的小蝌蚪在妈妈的带领下愉快地游戏着。

照顾小蝌蚪

故事一　蝌蚪吃什么

在观察蝌蚪的时候，就有小朋友问道："老师，蝌蚪吃什么？"还有小朋友急切地询问着："它住在哪里？有什么邻居？"我没有立刻告诉他们答案，而是鼓励他们先来猜一猜蝌蚪宝宝爱吃的食物。

果果："吃肉。"
多多："吃米饭。"
拉拉："吃面条。"

琪琪:"吃糖果。"

孩子结合自身经验说出了蝌蚪可能吃的食物,他们把蝌蚪当成了自己,自己爱吃的饭也是蝌蚪的最爱,答案可是五花八门。我把今天的话题"蝌蚪吃什么?"发到了班级群,请孩子和家长一起查阅资料寻找答案。

家长群里的讨论十分热烈,尤其在饲养照护蝌蚪方面给予了关键性建议,包括喂食、饲养环境、换水频率等。

▲ 小蝌蚪们吃什么呀

苏思源爸爸:"蝌蚪爱吃蛋黄、虾肉、面包屑。"

汪嘟嘟爸爸:"这是蝌蚪变青蛙的成长图。"

卷卷妈妈:"蝌蚪的水需要3～5天更换一次。"

雪宝妈妈:"蝌蚪喜欢有水草、石头的环境,要增加氧气。"

第二天孩子们也带来了他们的答案,迫不及待地和同伴们分享,你一言,我一语,争先恐后地说着:蝌蚪爱吃蛋黄,蝌蚪爱吃面包屑,蝌蚪爱吃鱼食,等等。恰好今天早晨,幼儿园早点吃的是面包,东东说:"那就给蝌蚪吃面包屑吧!"这个提议得到了很多孩子的响应。于是,孩子们便将面包屑喂给蝌蚪,然后目不转睛地观察着。

十六:"这只蝌蚪在吃面包。"

笑笑:"这两只蝌蚪抢着吃。"

咩咩:"蝌蚪长牙齿了吗?"

在以后的日子里,孩子们尝试按照家长们提供的喂养指南照顾这群可爱的小蝌蚪。蛋黄、虾、鱼食、青菜等,都是小蝌蚪的美味大餐,小蝌蚪们也在慢慢变化,长出了后腿和前腿。

在观察过程中,孩子们通过摸、看等方式多感官地感知蝌蚪的特点,并通过画画、语言表达、身体模仿蝌蚪形态等方式,表达自己的发现和快乐,逐渐与蝌蚪成为朋友。我们对于孩子们提出的问题"蝌蚪吃什么"没有立刻告知答案,而是通过猜想、查阅、验证的过程,保护幼儿的好奇心,激发幼儿的探索兴趣。在以后的饲养中,我们和孩子们商量,将蝌蚪分组喂养,通过喂养不同的食物来对比观察,发现蝌蚪最喜欢的食物。

故事二　给蝌蚪换新家

随着蝌蚪宝宝一天天长大,需要的氧气也越来越多,根据雪宝妈妈提供的喂养指南,我们了解到,瓶子里可以放水草,可增进光合作用,增加氧气。

老师:"小蝌蚪生活在哪里?"

孩子:"小河、池塘里。"

老师:"那里有什么呀?"

孩子:"有石头、小草、小虫子、小鱼。"

我和孩子们给小蝌蚪换了新家,里面有石头和绿色植物。

孩子们:"蝌蚪很喜欢这里,它们在石头下边躲猫猫,藏起来了!"

▲ 小蝌蚪的新家

▲ 蝌蚪在跟我们玩捉迷藏

小蝌蚪的成长

故事一　蝌蚪长腿啦

在孩子们的悉心照顾下，小蝌蚪慢慢长出了后腿和前腿。孩子们越发惊喜，每天时不时到自然角看看这些蝌蚪朋友。

音音："哇，小蝌蚪长出后腿了！"

刘欣怡："它的腿上还有趾头。"

琪琪："老师，小蝌蚪长出前腿了！"

每过一段时间，蝌蚪的变化都会给孩子们带来惊喜。每隔3～5天，孩子们要给小蝌蚪换水，而每次给小蝌蚪喂完吃的，孩子们还会发现蝌蚪拉了很多臭屁屁。

▲ 蝌蚪有了新变化

故事二　蝌蚪逃跑记

今天孩子们给蝌蚪换水时，忽然有只蝌蚪"逃跑"了。孩子们激动地叫了起来："蝌蚪逃跑了，快抓住它！"还有一些孩子发出了惊喜的尖叫声。为什么蝌蚪会逃跑？孩子们众说纷纭。

朵朵："它想出去玩。"

雪宝："它害怕。"

嘟嘟："它长腿了。"

刚长出腿的小蝌蚪行动并不太灵活，我和孩子们一起

▲ 蝌蚪走路摇摇晃晃

轻轻走上前去，俯身蹲下，悄悄地观察这只正在"逃跑"的小蝌蚪。

老师："小蝌蚪是怎么走路的？"

东东："小蝌蚪摔跤了。"

老师："小蝌蚪走路摇摇摆摆的，很不稳，你们看它怎么了？"

琪琪："它翻了一个跟头。"

老师："它为什么走不稳？"

心怡："因为它还很小。"

十六："它的胳膊还没有劲。"

思源："它喜欢翻跟头，所以它总摔跤。"

老师："你们说的都对，小蝌蚪的四肢非常软，还不能支撑它的身体，所以，走几步就摔跤。"

换完水后，王子淘飞奔到娃娃家区域的"电话"旁，要把刚才看到的告诉他的妈妈。六六小朋友也想排队打电话。

王子淘："妈妈，妈妈，告诉你一个好消息，小蝌蚪变成青蛙了，它摔了一个跟头！"

《幼儿园教育指导纲要（试行）》指出，要善于发现幼儿感兴趣的事物、游戏和偶发事件中隐藏的教育价值，把握时机积极引导。一只换水时趁机"逃跑"的小蝌蚪，引发了孩子们的极大兴趣和交流讨论，孩子们注意到蝌蚪的体态与运动方式的变化。

故事三　蝌蚪坐在石头上

突然有一天，孩子们发现蝌蚪不在水里游了。它们在干什么呢？为什么坐在石头上？

李子涵："小蝌蚪在晒太阳。"

周一诺："小蝌蚪吃饱了。"

珠珠："它们三个是好朋友。"

回家查阅相关资料，孩子们得知，随着蝌蚪长大，它们会用肺呼吸，喜欢氧气，

所以它们要到石头上呼吸新鲜空气。

孩子们通过观察发现，蝌蚪快变青蛙时不会一直待在水里，有时会坐在石头上。这时孩子们提出"为什么小蝌蚪以前在水里、长出腿之后坐在石头上"等问题，可以引导孩子们自己找到答案。我们让孩子们回家查资料，第二天有的孩子便带来了答案，知道蝌蚪变成青蛙时用肺呼吸，要生活在陆地上。于是孩子们帮助小青蛙准备了一个舒适的家。那么在以后的饲养过程中，还可以让孩子们来分组设计适宜蝌蚪的家。在饲养过程中，要让孩子们主动参与，激发他们的观察兴趣，引导他们的观察方向，培养他们的观察能力。

▲ 坐在石头上呼吸的蝌蚪

故事四　蝌蚪尾巴变短了

今天孩子们喂蝌蚪的时候，发现有几只小蝌蚪的尾巴变短了。

老师："小蝌蚪的尾巴怎么了？"

露露："尾巴变短了。"

甜甜："尾巴不见了。"

老师："那它们变成青蛙了吗？咱们对照蝌蚪成长图看一看吧。"

刘越桐："没有，它还很小。"

刘瑞泽："尾巴还在呢！"

老师："是的，虽然它的尾巴变短

▲ 对照蝌蚪成长图，孩子们讨论蝌蚪的尾巴呢

了,但它还没有真正变成小青蛙,我们需要耐心地等待。"

故事五　蝌蚪保卫战

一天孩子们在给蝌蚪换水的时候,发现台子上有一只死掉的蝌蚪,他们急忙告诉了老师。看到离开水死了的小蝌蚪,大家都很难受,随之引发了话题:"如果小蝌蚪再蹦出去,死掉怎么办?我们有什么方法保护小蝌蚪,不让它跳出去?"孩子们展开了讨论。

洋洋:"用碗把它盖住。"

老师:"用碗盖住没有光,没有空气怎么办?"

珠珠:"用纸把它盖住。"

老师:"纸盖住透光,但空气不畅通,还有没有什么办法?"

甜甜:"用毛巾把它盖住。"

老师:"这个方法不错,既有光,又有空气。那还有没有跟毛巾类似、洞洞更大、透光的东西?"

孩子们在教室寻找各种材料,积木桶盖、竹筐、泡棉积木、塑料筐、笼屉等等,进行尝试探索。

▲ 用积木盖

▲ 用塑料筐挡

▲ 用笼屉遮

虽然，以上这些方法都没有成功，但孩子们没有放弃，继续寻找材料，一场保护蝌蚪的行动正在进行。孩子们和小蝌蚪产生了深厚的情感，不想让小蝌蚪死掉。

最后，在老师的帮助下，孩子们找到了纱网。孩子们用手摸一摸，发现软软的；用嘴巴对着吹一下，发现可以透空气；用小眼睛看一看，发现可以透光。这是目前为止找到的防止蝌蚪跳出来的最好的材料了。

一只离开水的小蝌蚪死了，让孩子产生了深深的怜悯之心，他们共同开启了一场蝌蚪保卫战！通过搜寻工具、对比实验，一次一次尝试，一次一次失败，他们没有气馁，不断寻找，最终寻找到适宜的材料，成功保护了蝌蚪。

▲ 用嘴巴轻轻一吹

▲ 用纱网做防护

故事六　蝌蚪变成小青蛙

经过一个多月的观察和照顾，小蝌蚪终于变成青蛙了，孩子们兴奋不已。

雪宝："小青蛙跳得好高呀。"

嘟嘟："小青蛙跳到桌子下边了。"

苏思源："小青蛙我要抓住你。"

主题活动篇·小蝌蚪变变变

刘欣怡："变成小青蛙啦！"

琪琪："啊啊啊，小青蛙！"

笑笑："不要让它跑了，小心不要踩到。"

看到小青蛙蹦来蹦去，孩子们抑制不住激动地尖叫。当小青蛙停下来时，孩子们就安静地观察它呼吸。

▲ 孩子们观察小青蛙

放生小青蛙

故事一　放生小青蛙，爸爸妈妈一起来

小青蛙逐渐长大，教室的环境不再适合它们，它们需要更大更宽敞的"家"，于是我们决定邀请爸爸妈妈一起来，在幼儿园的玩水区，放生小青蛙！

老师："小蝌蚪变成小青蛙了，不能生活在教室里了，该怎么办呢？"

王子淘："把青蛙放到池塘里。"

老师："你们舍得小青蛙吗？你想对它说什么？"

嘟嘟："小青蛙，再见！"

十六："小青蛙，我以后还会回来看你的！"

雪宝："你要乖乖地吃饭。"

孩子们十分不舍地将小青蛙放回大自然的怀抱中。

▲ 小青蛙再见

— 189

|故事二| **亲子水墨画《小蝌蚪找妈妈》**

放生之后,孩子们对小蝌蚪依依不舍,我们回到教室,和爸爸妈妈们一起进行水墨画创作《小蝌蚪找妈妈》,让孩子们对小青蛙的情感有所寄托。

在老师指导下,爸爸妈妈们用毛笔勾勒青蛙和荷叶的姿态,孩子们则

▲ 和妈妈一起作画

用黏土搓出一个个活灵活现的小蝌蚪,一幅幅惟妙惟肖的《小蝌蚪找妈妈》水墨画跃然纸上。

彤彤妈妈并没有美术功底,当看到自己和孩子的作品时,不禁感慨起来:"我真没想到自己还能画这么好看的水墨画!"

孩子和爸爸妈妈互相欣赏着"大作",颇有成就感。

回顾与反思

《3~6岁儿童学习与发展指南》对科学领域的描述指出:支持幼儿在接触自然、生活事物和现象中积累有益的直接经验。如:和幼儿一起通过户外活动,参观考察,种植植物,饲养动物,感知生物的多样性和独特性,以及生长发育繁殖和死亡的过程。

给孩子提供观察实物,使得孩子可以更加直观地了解小蝌蚪。我们通过多种方式饲养小蝌蚪,并和班级主题教学活动相结合,给孩子们创造了一个轻松自由的氛围,让饲养活动成为孩子们生活中的一部分。这是实施生命教育的重要途径,是幼儿园课程的重要内容。在观察饲养中,孩子们能真切地感受到动物的生长变化,习得更多照顾蝌蚪的相关经验,感受到动物生命的存在,感受到自己的行为与动物生长之间的关系。孩子们敏锐的观察能力、比较能力,以及发现问题、思考问题及解决问题的能力在活动中得到提升,感受生命的价值,从而真正认识生命、尊重生命、珍惜生命。

自然宝典

蝌 蚪

古时写作"科斗",是两栖动物蛙、蟾蜍、蝾螈或蚓螈的幼体,又称蛤蟆蛋蛋,生长在水里。刚孵化出来的蝌蚪,身体呈纺锤形,无四肢、口和内鳃,头部两侧生有分枝的外鳃,吸附在水草上,靠体内残存的卵黄供给营养。此阶段,蝌蚪通过鳃来呼吸,有一条鳍状的尾巴,像大多数鱼类般通过摆动尾巴来游水,以群居为主。它们会渐渐长出四肢,然后通过细胞凋亡来摆脱尾巴。

蝌蚪的生长阶段可以分为四个时期。生长初期(1~10天),蝌蚪孵出三天内不觅食,三天后活动量明显增加;生长前期(10~20天),食量增大,生长发育加快,但消化功能仍然不强,此时饲养的好坏直接影响到蝌蚪的成活率,饵料如蛋黄、玉米粉,辅以细嫩的藻类植物等,饵料投放时间白天或晚上均可,每天1次,但要定时,须注意保持清爽水质,及时处理残饵及粪便;生长中期(20~50天),除投饲糊汁饵料外,还应投喂植物性饲料和藻类植物,如浮萍;生长后期(50~78天),是蝌蚪转化为幼蛙的关键时期,蝌蚪在此期间要长出后肢和前肢,并且由水生转化为水陆两栖。

一般而言,4—7月份孵化的蝌蚪在7—9月份可以完成变态,8—9月后孵化的蝌蚪要经过冬天,到第二年4月份以后才能变态成幼蛙。

小蝌蚪变变变(王页顼,6岁)

小班亲自然主题活动

牵着蜗牛去散步

王 楠

主题缘起

班级图书区里新添了一本名为《啪嗒啪嗒蜗牛》的绘本，引起了孩子们的关注。"蜗牛"便成了孩子们区域活动时讨论的话题。月月说："蜗牛的壳是圆的，上面还有螺旋线。"洋洋说："这就是它的房子。"轩轩说："它为什么总背着自己的房子呢？"九九说："我在我家的院子里见过蜗牛。"孩子们聊得不亦乐乎，对蜗牛产生了浓厚的兴趣，我们和蜗牛的故事从此开始了……

问题情境

蜗牛喜欢在哪里生活？
如何分辨蜗牛和蜗牛壳？
它爬行后留下的线线是什么？
……
孩子们从兴趣出发，在亲自然活动中寻找答案。

设计意图

鉴于孩子们对蜗牛产生了兴趣，喜欢研究有关蜗牛的知识，我们通过寻找蜗牛的活动，对蜗牛的生活习性有了初步的了解，知道蜗牛喜欢潮湿的地方，喜欢在雨后的夜晚出门散步。之后，通过观察蜗牛、送蜗牛回家等一系列活动，培养孩子们热爱大自然、保护小动物的情感。

主题脉络

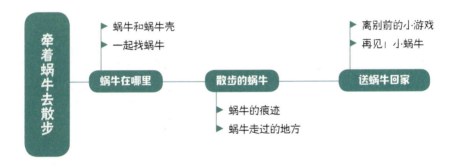

主题目标

☆ 认识蜗牛，初步了解蜗牛的外貌特征及生活习性。
☆ 在了解蜗牛的过程中具有初步探究的能力。
☆ 能用绘画的方式记录蜗牛的行进轨迹。
☆ 体验和蜗牛做朋友的乐趣。
☆ 知道要爱护小动物。

玩在自然中 Playing in Nature

蜗牛在哪里

故事一　蜗牛和蜗牛壳

小朋友们每周期盼的"亲自然日"终于来啦！老师和小朋友们一起来到户外，在草丛中寻找蜗牛。蜗牛到底在哪儿呢？

小朋友们自由寻找，在他们的努力下，很快就有人找到了"蜗牛"。

幼："王老师，我们找到蜗牛了，你看！"

师："你们是在哪里找到蜗牛的？"

幼："在花坛里。"

幼："灌木丛里也有。"

幼："我是在树叶下面找到的。"

▲ 找一找蜗牛到底在哪里呢

不一会儿，小朋友们找了好多好多的"蜗牛"，并把它们放进盒子里。老师发现这些"蜗牛"中大部分都是蜗牛壳。于是，大家一边观察一边讨论。

师："大家快来看一看，我们找到的'蜗牛'有什么特点？"

幼："上面有一圈一圈的花纹。"

幼："圆圆的、扁扁的。"

幼："颜色黄黄的，有点像土的颜色。"

幼："还有一种，是长长的，和其他的不一样。"

幼："对呀，这种颜色有点儿白。"

突然，人群中传来一个声音："这些都

▲ 灌木丛中的蜗牛

▲ 将找到的蜗牛放进盒子里

是蜗牛壳，不是蜗牛！"

幼："里面没有蜗牛的身体。"

师："原来我们找到的都是蜗牛壳，为什么会这样呢？"

幼："可能蜗牛在家里。"

幼："今天太热了，它不想出来了。"

幼："它可能在吃饭。"

师："你们说的都有可能，大家再去找一找，看能不能找到活的蜗牛！"

不一会儿，终于有一位小朋友找到了一只活的蜗牛，马上激动地跑来交给老师。大家聚在一起兴奋地观察着，讨论着。

幼："它是活的。"

幼："它里面有肉肉，是蜗牛的身体。"

幼："它的颜色有点黑。"

▲ 找到一只活蜗牛！

孩子们"借鉴"自己的生活经验猜测着。回家后，通过和爸爸妈妈上网寻找答案，我们了解到蜗牛喜欢在阴暗潮湿的地方生活，它们最怕阳光直射，所以一般在晚上出来活动，白天不太出来。

通过这次的亲自然活动，孩子们对蜗牛有了一定的认识，他们互相分享着自己了解到的蜗牛知识。

▲ 一起观察蜗牛

幼："我知道蜗牛壳有不同的形状，颜色的深浅也有不同。"

幼："蜗牛喜欢住在潮湿的地方。"

幼："蜗牛白天在家，晚上才出门。"

故事二　一起找蜗牛

班级的亲自然活动，带动了家长们，爸爸妈妈、爷爷奶奶们都参与其中，利用放学或周末的休息时间，带孩子们到大自然中去探索大自然的奥秘。他们分别带孩子在白天、夜晚、雨后、晴天，寻找蜗牛，观察蜗牛，在大自然中寻找答案。

大家纷纷把自己找到的蜗牛带到班上一起观察，一起研究。

▲ 和奶奶在黄昏打着手电找蜗牛　　▲ 和妈妈在雨后找蜗牛　　▲ 和爸爸在书店查阅资料　　▲ 和妈妈阅读有关蜗牛的书籍

通过观察、发现蜗牛和蜗牛壳的不同，孩子们学会了仔细观察，提升了观察事物的能力，并能清楚地用语言进行描述，对蜗牛的生活习性也有了进一步的认识，知道蜗牛昼伏夜出。家长们利用休息时间，和孩子们一起寻找蜗牛，一起搜集资料，一起研究、学习。

散步的蜗牛

故事一　蜗牛的痕迹

新的一周，家长带来了一本《蜗牛的日记》，希望能给小朋友的研究带来帮助。一只小蜗牛散步的故事让小朋友对蜗牛的行走方式和行进轨迹有了初步的认识，并产生了想要进一步探索的欲望。

师："蜗牛是怎么散步的？"

幼："趴着的。"

幼："慢吞吞的。"

幼："它会留下痕迹，因为书上的蜗牛走过的路有一条白白的印子。"

老师邀请蜗牛宝宝来小五班做客啦！它们要来散步啦，在小蜗牛散步的时候，大家要注意观察，看看蜗牛会不会在纸上留下什么。

▲ 散步的蜗牛

老师给小朋友们每人准备一张黑色卡纸，一只小蜗牛，请小朋友们仔细观察：蜗牛是怎样爬行的？它爬过的地方是什么样的？会留下痕迹吗？

师："它们在散步的时候有没有留下什么？"

幼："有的，是透明的。"

师："用手摸摸看，有什么感觉？"

幼："感觉滑滑的、黏黏的。"

▲ 观察蜗牛留下的痕迹　　　▲ 摸一摸黏黏的液体

孩子们马上对蜗牛的黏液产生了兴趣，他们很好奇为什么蜗牛会分泌这样黏黏的液体。

幼："是它的鼻涕吗？"

幼："可以让它爬得快。"

幼："让它的妈妈找到它。"

通过查询资料，孩子们知道了这些滑滑黏黏的东西叫黏液，这种黏液可以帮助它们在细细的枝叶上行走时不会掉下来。

 蜗牛走过的地方

小蜗牛散步时走过哪些地方呢？它们都去了哪里？小朋友再次观察蜗牛爬行的痕迹，并用蜡笔帮助小蜗牛记录它走过的地方，留下小蜗牛散步的痕迹。

▲ 观察蜗牛走过的地方

▲ 一边观察，一边记录

▲ 这是蜗牛宝宝走过的地方

▲ 记录小蜗牛走过的地方

小朋友们互相分享自己的蜗牛宝宝行走的路线。大家开始讨论这些路线代表着什么,并猜测自己的蜗牛宝宝都去了哪些地方。

　　幼:"这是一个火车,红红的是轨道,黑色的是它的家。"

　　幼:"这是小兔子的家,门前是一条河,桃心图案的是轨道,蜗牛准备去小兔子家。"

　　幼:"这是小蜗牛的家,它走走走,累了然后喝点儿饮料,继续走。"

　　幼:"蜗牛走到这儿转弯,然后再转弯,再转弯,它在捉迷藏呢。"

　　幼:"我的蜗牛像是爬山一样。"

通过这次活动,孩子们学会了安静仔细地观察事物,并用简单的线条和清楚的语言描述自己的想法,知道蜗牛经过后会留下黏液,对黏液特征也有了进一步的认识和研究。

故事一　离别前的小游戏

　　为期两周的探索与学习,小朋友们对蜗牛的生活习性和身体特征都有了初步的了解。最近,大家发现养在班上的蜗牛每天都会有一两只不明原因地死亡,大家对此进行了讨论。

师:"为什么蜗牛会死呢?"

幼:"因为蜗牛没有吃东西。"

幼:"因为它们喜欢湿润的土壤,在盒子里不舒服。"

幼:"它们也许想自己的家了,想自己的爸爸妈妈了。"

在大家的激烈讨论后,孩子们最后决定要送小蜗牛回家了。

要和蜗牛分开了,小朋友们还想为小蜗牛做些什么,说些什么呢?

幼:"还想带着它散散步。"

幼:"想和它玩一玩。"

小朋友们选择自己喜欢的树叶或树枝拼摆造型。

幼:"你摆的是什么呀?"

幼："这是一个轨道房子，里边有好吃的，小蜗牛就不会饿了。"

幼："我摆了一个蜗牛的家，是辣椒造型的，会很温暖。"

幼："我的是橘子房子，因为太好吃了，可以送给小蜗牛。"

幼："我的是火箭推送器，就是蜘蛛侠的卡片，它会发射，送蜗牛回家的。"

小朋友们自发地认领小蜗牛，并让小蜗牛在自己拼搭的落叶造型上游戏。

幼："我的蜗牛出来了，它在树叶上散步。"

幼："我的蜗牛在我为它做的房子里休息。"

幼："我的蜗牛在睡觉。"

师："为什么小蜗牛到大自然中头都探出来了呢？"

幼："因为它喜欢大自然。"

▲ 树叶上散步的蜗牛

▲ 在"家"中休息的蜗牛

 再见！小蜗牛

小蜗牛已经玩累了，大家轻轻地捧起小蜗牛，走到草丛里慢慢蹲下来，依依不舍地送它回家。

有什么想对小蜗牛说的吗？可以大声地告诉它。

幼："小蜗牛，我很舍不得你。"

幼:"小蜗牛,我会常常来看你的。"

幼:"小蜗牛,你是我的好朋友。"

幼:"小蜗牛,我们爱你。"

小蜗牛被大家送回家了,虽然很舍不得,但蜗牛宝宝在大自然里才能健康快乐地成长,我们祝福它们。小蜗牛让我们学到了很多知识,它是我们的好朋友,我们也应该谢谢它来我们班做客。小朋友们以后也要常常来看它,来看看我们的好朋友。

通过这次活动,孩子们学会利用身边最普通的自然材料去创造价值,拼接出漂亮的艺术作品,并利用这些自然材料进行创作、设计游戏,用清楚的语言进行交流与表达。在送蜗牛回家的时候,可以看出他们对蜗牛的爱护与不舍,情绪情感也有了进一步的发展。

回顾与反思

主题活动"牵着蜗牛去散步"是由图书区新添的绘本《啪嗒啪嗒蜗牛》开始的,孩子们对研究蜗牛产生了强烈的兴趣和求知欲。教师带孩子们去大自然中寻找蜗牛,并尝试着和蜗牛交朋友。让大家失望的是,就找到了一只"蜗牛",其它都是"蜗牛壳",这究竟是为什么呢?孩子们和爸爸妈妈一起查阅资料,了解蜗牛的生活习性,并和小朋友分享、交流。孩子们强烈的求知欲促使家长们也积极参与其中,利用周末、黄昏、雨后,和孩子一起寻找蜗牛,探索有关蜗牛的秘密,并将寻找到的蜗牛带到幼儿园供大家观察。

大家先观察蜗牛的样子。然后试着摸一摸,把它放在手心里,和它进行亲密接触。了解蜗牛走过后会留下黏液,并用绘画的形式记录蜗牛的行进路线。他们还会兴奋地给蜗牛做了个小家,给它找东西吃,拿它去和小伙伴们进行"蜗牛比赛",忙得满头大汗、不亦乐乎。

孩子们通过和蜗牛的亲密接触,知道了许多关于蜗牛的知识,在玩中学,学中玩。在和蜗牛的相处中,从一开始的陌生、害怕,到后来的喜欢和享受照顾小动物,至今回想起来还是那么幸福。最后,送蜗牛回家,让蜗牛从自然中来,又回到大自然的怀抱中去。这一切都在孩子们的心中留下了美好的记忆。

自然宝典

蜗牛（王义如，5岁半）

蜗　牛

属于贝类软体动物，结构包括碳酸钙组成的外壳以及一个软体。一般蜗牛以植物叶子和嫩芽为食，但也有肉食性蜗牛（例如扭蜗牛），会猎食其他种类蜗牛或蚯蚓等动物。蜗牛的眼睛长在头部的后一对触角上，嘴里有一条矩形的齿舌，上面长着细小而整齐的角质舌齿。这些舌齿最多有135排，大概每一排都有105颗，总数达到了1万颗以上，因此蜗牛也是世界上牙齿最多的动物。

蜗牛喜欢在阴暗潮湿、疏松多腐殖质的环境中生活，昼伏夜出，最怕阳光直射，对环境反应敏感。蜗牛喜欢钻入疏松的腐殖土中栖息、产卵、调节体内湿度和吸取部分养料，时间可长达12小时之久。杂食性和偏食性并存，喜潮湿，但怕水淹。当受到敌害侵扰时，它的头和足便缩回壳内，并分泌出黏液将壳口封住；当外壳损害致残时，它能分泌出某些物质修复肉体和外壳。蜗牛具有惊人的生存能力，对冷、热、饥饿、干旱有很强的忍耐性。爬行时，还会在地上留下一行黏液，这是它体内分泌出的一种液体，即使走在刀刃上也不会有危险。

蜗牛在各种文化中的象征意义也不相同。在中国，蜗牛象征缓慢、落后；在西欧，则象征顽强和坚持不懈。

主题活动篇·泥土乐园

大班亲自然主题活动

泥土乐园

杨 静　刘宇辰　王 颖　睢 琳

主题缘起

在持续的亲自然活动中，我们发现小班幼儿最喜欢在草地上做的事情是蹲下来观察寻找蜗牛、蚂蚁等小动物，各种活着的小虫子都能引起他们的兴趣；到了中班，他们喜欢捡拾草丛中掉落的花朵果实，采摘叶子，渐渐他们对草丛下隐藏的地下世界产生了探索的欲望，比如，土下埋藏了半截的石头、草下面的根、虫子的洞穴，这些都使他们想要挖出来看看；到了大班，他们具备了更多挖掘的能力，而且和同伴之间有了更多的合作和学习。他们已经准备好了一起向地下去探索。

问题情境

我们可以用什么来挖泥土？
什么样的泥土好挖？
我们用什么办法能让不好挖的泥土变得好挖呢？
泥土下面有什么？
用泥土可以做什么？
怎么才能把水引到小树那里？

用泥水可以画画吗？

……

孩子们在玩泥的过程中，在不断探索的同时也在不停地产生新的问题，就这样玩着、问着、想着办法，孩子们对泥土的了解越来越深入了。

设计意图

在探索地下世界的过程中，泥土是孩子们首先接触到的物质。为了让孩子触摸泥土，深入感受泥土的特性，我们生成了挖洞洞、和稀泥、挖宝等活动。随着幼儿对泥土认识的深入，以及与幼儿日常生活学习经验的连接，我们又开展了搭锅做饭、开渠引流、架设陷阱的游戏活动。泥土的可塑性和包容性使幼儿愿意将泥土和水、石头、叶、花等自然物结合变换出美妙的艺术作品，因此有了泥巴拓印、捏泥塑人、插花艺术、泥水绘画活动，泥巴变成幼儿表达想法和体会美好事物的媒介。我们希望通过这些活动，让幼儿对泥土的多层次认知、对玩泥的技能，以及对泥土产生亲切情感等方面都得到一个质的飞跃。

主题脉络

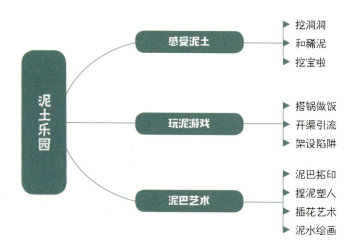

主题目标

☆ 丰富对泥土的直接感受，了解泥土的更多特性。
☆ 会将泥土和身边的自然物结合创意出多种泥土游戏，感受泥土之趣。
☆ 喜欢用泥土进行拓印、绘画、塑形等艺术创作，体会泥土之美。
☆ 体验玩泥的轻松愉悦，萌发对泥土之爱。

感受泥土

故事一　挖洞洞

孩子们在蹲下来寻找草地上的虫子、蜗牛时，会自然产生向泥土深处探寻的欲望。可是用什么可以向下挖呢？有的孩子用随手捡来的石头当作工具来挖洞，仿佛"石器时代"的人们一样。我们引导幼儿先从自身出发，然后在身边寻找自然物来当工具，这会丰富幼儿发现、创造自然物工具的经验，同时也能找到更多解决挖洞问题的方法。

接着，我们又为孩子提供了一些铲子、不锈钢勺等挖土工具，让孩子比较铲子和手、石头、树枝这些工具的不同及各自的优势。

▲ 用细树枝尝试钻洞

▲ 用石头挖洞

▲ 比较不同的挖土工具

朵朵："我觉得铲子和树枝一样头头都是尖尖的，很好挖洞。"
轻轻："我找到的石头有点小，不好拿，铲子有个铲子把，挖洞时好拿。"
东东："我发现瓶盖很好挖，但是有点小。铲子很大，挖的土多。"

波波:"我觉得树枝好钻洞,铲子好挖土。"

在城市生活的孩子,对各种机械工具比较了解,其实这些工具的创造灵感很多来源于我们的身体,来源于丰富多元的大自然。因此,带他们回到大自然——灵感的源头,让孩子们从源头找寻最原始的材料、灵感,和现代的工具进行对比,发现两者间的不同,这些直接经验,相信都将是孩子未来创造力的宝贵储备。

故事二　和稀泥

有了用各种自然材料、人造工具挖洞的经验后,孩子们发现有时候泥土很好挖,有时候却特别难挖。什么时候的泥土好挖?什么时候不好挖呢?

青青:"下雨的时候,泥土好挖;不下雨的时候,不好挖!"

老师:"雨水会让泥发生什么变化呢?"

丛丛:"雨水能把泥变得软软的,很好挖。"

老师:"那我们用什么办法能让不好挖的泥土变得好挖呢?"

微微:"可以用水把泥土浇湿,变软,然后就好挖了。"

在浇水湿润泥土后,孩子们的兴趣却发生了转移:由于孩子们倒水越倒越多,因此,形成了一个个小水坑,挖洞就逐渐变成了和泥。

▲ 互相配合,浇水和泥　　　　▲ 在和泥时,泥和水逐渐相互融合变成了泥团

孩子对水能使泥土变得柔软湿润、易于挖掘已有一定的认知经验了,但在这个过程中,水和泥土混合时逐渐发生的变化,孩子并不明了。他们需要用一次甚至多次尝试来探索和验证自己的猜想,丰富自己的感知。这一过程的学习对孩子来说比单单知道结果更加重要。

旺旺一下子把提来的一整桶水都倒在了土上,水四溅流开。旺旺挖时发现浅表的土湿了,但往下挖时,泥土依然很硬。

老师:"怎么了,旺旺,倒了那么多水,还不好挖吗?"

旺旺:"水不够,还需要更多的水。"

老师:"威威拿的是一小瓶水,可是他现在还有水,可以继续用,你去看看他是怎么做的。"

在操作活动中,教师可以引导孩子间的相互学习,特别是操作行为较为科学或具示范性的行为,这样可以带给其他孩子更多操作方法的启发。

端端用小棍一边搅拌混合水和泥土,一边大声地告诉同伴和老师:"我的泥巴越来越多了。"

老师:"是呀,这样一直搅拌,水和土就逐渐混合成了泥巴。"

教师用简洁、概括性的语言帮助幼儿将事物的特性总结出来,会使幼儿对事物的认识更加清晰。

 挖宝啦

泥土越挖越深,泥土下埋藏的各种物质像宝贝一样逐渐出现在孩子们面前,于是就有了"挖宝啦"活动。

几个小朋友拿着自己从泥土中挖出来的石头给老师看:

嘟嘟:"老师,我发现了一块宝石,你看它还是红色的。"

西西:"我觉得我挖到的是一块恐龙化石,它应该是霸王龙的牙齿,是不是霸王

龙以前也在这里生活过？"

老师："很有可能呢！"

丁丁："我想把它带回家给妈妈看看。"

幼儿将自己的发现和以往的知识经验及自己的想象联系在一起时，教师以欣赏、信任的态度去认可孩子的发现，会使孩子在接下来的探索中更有热情，更加投入。

挖到了宝贝，孩子们还找来放大镜仔细地观察石头上、树根上细致的花纹。

▲ 我挖到了草根

当孩子们将挖到的宝贝带回班上进行展示和分享时，他们发现有的"宝贝"可以放在一起，有的则必须单放。比如：挖到的各种草根、树根和种子，这些植物类的可以放到一起；石头、琉璃块、铁皮等无生命的物品可以放到一起；挖到的蚯蚓则需要准备土壤把它养起来。这样，他们有了自己的一套分类展示的方法。

▲ 我找到了小蚯蚓

孩子对事物的认识是从充满兴趣的、自由的、直接的感知开始的。在反复的挖土寻宝过程中，孩子对土质的变化、泥巴的形成、泥土下物质如何分类都有了多层次和较为复杂的认识。孩子就在这一次次的探索中，逐渐了解和爱上泥土——这看似平常却充满神奇魅力的事物。

玩泥游戏

活动一　搭锅做饭

孩子们用心用力挖出的或深或浅的坑洞，他们并不会轻易丢弃，它们能用来做什么呢？

多多："你看我都挖了这么深的一个洞！"

西西:"我给你这里放一点小果子吧,你炒一炒。"

多多:"咱们再去摘一点叶子,我来给你做饭吧!"

孩子们把坑想象成"锅",开始模仿成人,当起了小厨师。

朵朵一边用刚刚捡来的木片当锅铲,翻搅着坑里的各种叶子,一边朝西西喊:"你再摘一些叶子,青菜还不够。"朵朵拿着一把叶子说:"就剩这么多了,菜场里已经没有了。"

多多用一块石头尖尖把叶子切成两段,朵朵把叶子放在石板上,用石头使劲砸叶子,叶子的绿色汁液都染到了手上。新加入的果果在往坑里放撕成一缕一缕的银杏树叶。

果果:"我做的是蘑菇炒青菜,蘑菇要撕开才好吃。这是我妈妈教给我的。"

朵朵:"这是叶子蒜泥。"(怪不得要用石头砸碎。)

多多:"老师,你也吃一点吧!"

老师:"那你快给我舀一碗饭吧!我要尝尝你做的菜!"

孩子们一边说,一边用树枝在"锅"里搅拌,还时不时撒上粉面状的泥土做调料。

▲挖坑做饭

▲包饺子

▲树枝是筷子,开始吃饭

大班孩子能够观察到成人生活中很多的细节。在角色游戏中,他们像反刍一样,会把这些细节运用到游戏中去:他们把树叶当成蘑菇,一片一片地撕开放进锅里,找来两根粗细长短相似的树枝当成筷子,用圆圆的树叶当饺子皮。他们还一边聊天一边品尝着自然美味。我们还发现,女孩子对搭锅做饭的角色扮演游戏表现出更浓厚的兴趣,这也许和多数母亲在家中承担烹饪工作有着一定关系;孩子们同时也很期待成人和同伴的参与,这是对他们发明的游戏的最好支持。

活动二　**开渠引流**

随着幼儿多次对土和泥的探索，他们逐渐对不同比例的泥和水的混合产生的不同形态的泥有了更多直接的经验，并创意出了更多玩法：团泥球，和泥浆，用泥给叶子上色，更有一些孩子合作挖成了一条灌溉水渠。

当孩子将水倒在泥土上时，水流方向的不确定性，对孩子们来说特别好玩。

露露："水会从泥土上拐弯。"

威威："那是因为土不平。"

牛牛："用脚一挡水也会拐弯。"

豆豆："水可能消失。"

老师："水为什么会消失呢？"

端端："被松软泥土迅速吸收到地下面，看着就像消失了。我看过《儿童百科全书》上写的。"

老师："多读书很有用呀！"

孩子用间接学习方法——读书，获取了更多相应的知识，这是一种很高效的学习方法。教师的肯定不仅让其他孩子拓展了知识，而且潜移默化地让其他孩子了解了读书的重要性。

水流经之处会形成若干个和泥的小区域。孩子们便蹲下身子，在有水的地方，拿小石头、小树枝、小铲子开始把水和土搅拌至泥浆再至泥团。在不断搅拌的过程中，泥与土的比例在变化，孩子们很享受这一变化的过程。孩子们都在忙碌地各自进行着自己的工作，他们之间并不互相交流。随着水流的线路，孩子们开始将几个连续的泥坑打通形成了较长的坑道。再次灌水，水的外溢又会让孩子想要挖更长的坑道以储水。最后他们发现长长的坑道可以从一个地方引向一株植物，形成一个灌溉水渠。

熠熠:"把大树跟前的通道要挖得粗一些,水就流得快了。"

老师:"可以试试,看看是不是像你说的那样。"

懂懂:"这个通道要和大树干对齐,这样大树就好喝上水了。"

❶ 连接各自挖好的泥坑,让水道更通畅　❷ 把大树跟前的通道挖得粗一些,水就流得快了
❸ 开始灌水　❹ 发现水道有的地方高,水流不过去　❺ 再次调整水道的宽窄　❻ 渠道贯通

由于孩子们活动经验有限,他们会把想象的事物当作是真实的。给予他们正确答案并不是最重要的,让他们经过反复实验来认识事物才是我们应该培养孩子的一种学习习惯。

经过倒水实验,仍然有人认为大树跟前的通道粗一些,水流得快。但另一些孩子观察到不同的现象:水道宽,水反倒流得慢。

老师:"到底是怎么样的呢?我们下次可以再试试。"

寻找真理是一个漫长的过程,我觉得可以让这个谜题在孩子心中盘旋得久一些,让孩子对一个问题有更多回味和反复研究的时间。

| 活动三 | **架设陷阱** |

逐渐扩大的土坑冲击着儿童的视觉，他们把周围碎小的物品放在土坑里，放得越多，越证明坑的宽大。有些树枝放的时候会卡在坑壁上，形成支架。有的孩子就会将这些支架及下方的空间和读过的故事中的陷阱联系起来，在支架上面铺满叶子和草。虽然他还顾不及"陷阱"与周围环境的隐藏效果，但仍然相信这是一个真正的陷阱，会使小动物陷入其中。

▲ 挖坑做陷阱

小米对走过来的卡卡说："我这是一个陷阱，如果小动物从上面走过，会以为这只是些叶子，就从这儿掉下去了。"

卡卡："你这个陷阱不够深，小动物一跳就跳上来了。"

小米："小动物要是掉下去，猎人就来了，它们就被抓上来了。"

卡卡："你还是把陷阱再挖得深一点吧，一般陷阱都是很深很深的。"

小米对卡卡提出的建议很在意。因此，接下来的活动中，我给小米他们提供了铲子、耙子、不锈钢勺子，以及以前我们一起收集的木片、尖利的石头等，供他们选择。

小米选择了铲子，卡卡选了小耙子，两人各负责坑的一边，很快就把原来的小坑挖得更深更大了。这次他们找来一根很大的树枝，从上面掰下来许多小枝丫交叉地放在新挖的洞上。看着新的更深的陷阱就要做成，卡卡哼唱起自己编的说唱歌曲："都来看呀，都看呀，我们的陷阱大又深。"

小米还叫来旁边挖土的晨晨和理理："过来玩个游戏！"他故意把晨晨、理理带到陷阱那里，让他们把一只脚踩到那个陷阱里。因为坑不深，晨晨感到了小小的刺激和惊喜，小米和卡卡更是开心地哈哈大笑，他们的杰作让自己收获了巨大的成就感。

主题活动篇·泥土乐园

▲ 用脚测量陷阱的深度　　▲ 找到更长的树枝架设陷阱　　▲ 陷阱支架已搭好

▲ 用树叶和草做掩护　　▲ 把小朋友带入陷阱里

孩子们在游戏的过程中，不断地调整游戏的方式、方向以及进度，教师作为参与者、支持者、问题协商者参与其中，和孩子们在玩泥巴的过程中一步步接近"泥土"的真相。

泥巴艺术

活动一　泥巴拓印

下雨天，小朋友在泥巴上跑来跑去，泥巴上就有了各式各样的花鞋印。

多多："我的鞋底是波浪花纹。"

静静："我的鞋底有个字母！"

于是，我们开始尝试泥巴拓印活动。

老师："除了用鞋底可以拓印，我们身边还有能用来拓印的东西吗？"

▲ 我的小鞋印

— 213

嗯嗯："树枝、石头都可以拓印。"

微微："我们班植物角里的莲蓬也可以拓印。"

老师："莲蓬拓印出来会是什么样子呢？快拿来试试！"

艺术来源于丰富的生活经历和天马行空的想象，孩子们喜欢的生活是玩泥巴，他们喜欢的一草一木都是玩具。试一试、玩一玩，孩子们艺术的天分就在玩耍时被表达出来了。

▲ 莲蓬拓印

在拓印树叶时，小朋友遇到了一些困难。

张睿钦："老师这个叶脉看不清呀！"

老师："你觉得是为什么看不清啊？"

叶祥云："因为他的力气太小了。"

朱紫萱："因为他的泥表面不平整。"

老师："谁来想想办法？怎么把泥变平整？"

杨雅竹："压一压、拍一拍。"

张都艺峰："老师，我觉得可以像我们在小厨房做饭一样用擀面杖擀一擀。"

沈星辰："还可以像做蛋糕一样刮平整。"

▲ 固定树叶位置　▲ 用擀面杖轻轻擀一擀　▲ 树叶完美地嵌进泥面　▲ 平整的泥面很快让叶脉显现出来

当孩子们遇到拓印叶脉显示不出来这个问题和疑惑时，教师不是简单地告诉孩子答案，而是通过提问和提供更多材料，来帮助孩子解决问题。

| 活动二 | **捏泥塑人** |

春暖花开的日子里,最适合外出玩耍了,孩子们在多次的游戏中,已经逐渐有了自己的想法与思考,他们对于泥土的探索也更加写实与贴近生活。这一天琳舒在活动时,拿着几个泥团反复摆弄,还不时地东找找、西看看,不一会儿,她拿着自己的"作品"得意洋洋地让我看:"老师!你看我做的小娃娃,这里是她的腿和胳膊,她还有一顶小帽子,嗯,我觉得她还需要一件衣服,一些扣子……"话还没说完,就兴冲冲地跑去给娃娃找衣服了。

很快,琳舒的小娃娃在小伙伴里传开了,许多孩子因此都萌生了制作泥塑的欲望。孩子们有了想法,马上开始创作起来。

制作各式各样的泥塑,让孩子们打开想象的翅膀,用自己灵巧的双手将生活与泥巴碰撞出艺术的火花,变成手中可爱灵动的泥塑作品:夏日的知了、美丽的蝴蝶、柔软的毛毛虫……

泥塑作品:知了

泥塑作品:小红帽娃娃

在泥塑活动中,教师发现孩子们有着惊人的想象力和创造力,用两片简单的小树叶就形象地表现出了知了伸展的薄翼,红红的石榴花像极了娃娃的小红帽。孩子的作品给我们带来了很多惊喜。

活动三　插花艺术

在制作泥塑时，他们收集了很多周围的自然材料：小花小草、树枝树皮……

他们尝试着将这些自然材料插在泥块上，并且不断丰富和美化它，逐渐形成了一个个极具创意又富有美感的插花作品。

豌豆是一个热爱美丽事物的小姑娘，每一次活动总能带给老师别样的、美丽的惊喜。她将收集的自然材料在泥块上摆一摆、拼一拼，从各个角度看一看这个作品"美不美"，有时候刚插上去的果子和叶子，再看一遍，又换了排列方向。不仅如此，还学着电视和家里妈妈插花的样子，找了底座"瓶盖"，又做了"剑山"，还搭配了颜色和形态。美丽的作品不仅感染了老师，更感染了身旁的小伙伴们，更多美丽的插花作品就这样映入眼帘。

◀ 有花座和剑山的插花作品

◀ 插花作品：送给老师的花

活动四　泥水绘画

"老师，你看我像不像在学你调颜料？"……看着一团"稀泥"，"颜料"一词倒是给我和孩子们带来了灵感，孩子们围绕"泥能不能当颜料？""怎样把泥调制成颜料？""泥做的颜料可以怎么用？"展开了一系列讨论，并进行尝试。

用手指画泥画

用树枝画泥画

也许我们从没想过，不起眼的泥土也能被当作绘画材料创作出充满想象力的画作。可孩子们却通过收集各种质地的泥土甚至灰尘，将其作为"颜料"，创作出了一幅幅生动的画。作为教师，对孩子们玩泥玩水的活动可以进行一定的指导，但应以顺应孩子为宜，不能干涉孩子，不能强加于孩子。同时，随着游戏的进展，应不失时机地进行引导，使游戏逐步发展，逐渐深化。

泥土就在我们身边，是唾手可得的低结构游戏材料。老师和家长可以鼓励幼儿在把玩时，自己创意各种玩泥游戏，也可以将传统经典的摔泥碗、扎泥刀等游戏介绍给孩子。

拓展与延伸

家长纷纷发来了周末和假期里孩子们自发玩泥的照片、视频和感想。

多多的妈妈反馈：以前多多经过田间根本不会注意泥土，甚至觉得泥土很脏，不愿碰到泥土。现在会觉得泥土是种很好玩的玩具，主动去找泥土、和泥玩、捏泥人。当当的妈妈也反映在开展"泥土乐园"主题活动时，当当放学回家还要再去玩一会儿泥巴，对挖渠、摔碗都有特别高的兴致，愿意一玩再玩。这些信息都告诉我们，孩子们非常喜欢这个主题活动，在活动中表现出了主动、专注、投入的学习品质，同时更好连接了家园间的互动学习，让家长更了解孩子的兴趣和需求，真正实现了家园互

动、共同成长的教育目的。

回顾与反思

  泥土是天然的物质，它具有可塑性和可还原性等低结构特性，因此它一直是人类最古老、最具生命力的玩具及游戏材料。在"泥土乐园"主题活动中，我们通过三部分内容，让幼儿在自由的、充分的感官探索中，在充满想象力和快乐的游戏中，在投入的表现和展示泥土之美的艺术活动中，对泥土的认知更加深入，并对泥土产生亲密的情感。

  第一部分，孩子们自由地探索、挖洞、和泥，利用身边可以找到的自然物作为工具去接触泥巴。他们发现了越来越多的与"泥"有关的线索，从泥土到小土坑再到大土坑，随着不断挖掘与发现，孩子们的兴致被一步步激发和调动起来。

  第二部分，孩子们与实际经验连接，自发创意出了搭锅做饭、开渠引流、架设陷阱等泥巴游戏。从自由探索、发现自然物、自然物与实际经验联系、提升游戏水平、增加情境因素，一直拓展延伸到运用创造性思维，把游戏中的泥土加入水，把泥土的软硬变化与科学现象相联系，并展开一系列的讨论。回归教育的本质，就是在大自然中感受神秘的自然力量，用具有吸收性的心智来探究我们身边正在一步步消失的却异常珍贵的向大自然学习的机会。

  第三部分，人常说艺术是永恒的，在插花、泥塑等活动中，幼儿对泥土的认知和表现在艺术活动中得到了升华，感受到泥土的神奇与美好。

  这三部分是逐层递进的，孩子们从自由地探索游戏，到安静地投入泥土制作，在亲近泥土的过程中，孩子的学习品质和亲自然情感得到了更好的提升与发展。

自然宝典

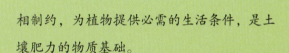

土 壤

是陆地表面具有一定肥力、能够生长植物的疏松表层。土壤是一种自然体，由数层不同厚度的土层构成，主要成分是矿物质。土壤由各种风化作用和生物的活动产生的矿物和有机物混合组成，存在着固体、气体和液体等状态。固体物质包括土壤矿物质、有机质和微生物通过光照抑菌灭菌后得到的养料等。液体物质主要指土壤水分。气体指存在于土壤孔隙中的空气。土壤中这三类物质构成了一个矛盾的统一体，它们互相联系，互相制约，为植物提供必需的生活条件，是土壤肥力的物质基础。

泥为含水的半固体状的土，即糨糊状的水、土合成物。

泥 塑

一种古老的中国传统民间艺术，以泥土为原料，以手工捏制成形，或素或彩，以人物、动物为主。泥塑在民间俗称"彩塑""泥玩"，发源于宝鸡市凤翔县，流行于陕西、天津、江苏、河南等地。泥塑的基本用料"泥土"需精心准备，一般选用带些黏性又细腻的土，经过捶打、摔、揉，有时还要在泥土里加些棉絮、纸、蜂蜜等。泥塑的模制一般分为四步：制子儿、翻模、脱胎、着色。

泥塑（孙琳舒，6岁）

中、大班亲自然主题活动

石头城寻游记

邓昕欣　周　瑾　王　柳

主题缘起

　　石头在大自然中随处可见，它能用来玩游戏，能观赏，还对我们的生活有很大的作用。在组织孩子们亲自然活动时，我们经常发现他们将小石头捡起来视如珍宝，捧在手心、装在口袋中带回教室，与同伴们"研究"小石头。"咦，我们走的鹅卵石小路是不是这种小石头铺的啊？""石头上的花纹好漂亮啊，像水墨画。""小石头可以这样玩……"基于此，我们顺着幼儿的兴趣点，生成了这一活动，满足幼儿的好奇心和兴趣，开拓幼儿视野，在观察与玩乐中培养他们的创造力，体验合作的乐趣。

问题情境

　　在哪里能找到石头？
　　最早石头都来自哪里？
　　世界上最大的石头有多大呢？
　　石头存在于地球上，它的作用是什么？
　　我们能够利用石头做些什么事情呢？
　　……

看似简单普通的石头,经过孩子们的细细推敲与探索,发现隐藏在它中间的秘密似乎还很多……

设计意图

这学期,我们依据孩子的兴趣点,尊重孩子的学习方式,以孩子们喜欢玩耍的石头作为活动的探索对象,通过不同形式的活动促使孩子们在活动中勇敢地探索并激发孩子们求知的欲望。幼儿在兴趣的驱动以及教师及时的引导和帮助下,对石头进行观察、感知、探索和艺术创作,对石头的了解和喜爱程度逐渐加深,在这一过程中幼儿可以获得深入的探索体验,并在玩耍中开拓思维,体验大自然的乐趣。

主题脉络

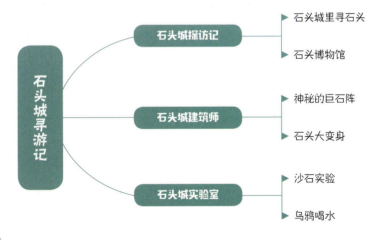

主题目标

☆ 观察石头的形状、纹路,体验收集石头的乐趣。
☆ 了解石头的基本特征和在生活中的用途。
☆ 了解有关石头的趣事,增进幼儿对石头的兴趣。

☆ 会用石头与同伴合作、协商创意各种石头的游戏。

☆ 在操作中，培养想象力、创造力，体验与同伴合作的乐趣。

☆ 通过玩石头的游戏，对石头产生喜爱之情。

石头城探访记

活动一　石头城里寻石头

又到了亲自然的时间，在一片欢声笑语中，孩子们来到了熟悉的"老地方"——幼儿园后面的小花园"香蜜园"，这里不仅有漂亮的花草，还有许多大大小小、形状各异的石头，来到这里仿佛置身"石头城"。这时候一位小朋友兴奋地大喊："我发现了一块'巨大'的石头！快来看呀！"吸引了班里不少孩子的目光。孩子们盯着他手里的"巨石"，你一言我一语地讨论起来。

▲ 行行手里拿着他刚刚捡起的一块"巨石"，叫小朋友们都来看

言言："这块石头这么大，是从哪里来的啊？"

园远："泥石流流下来的，石头很沉，是实心的，有的还是宝石，还会发光。"

小伊："在山洞里有，是风把它从山洞里吹出来了。"

池池："从山上掉下来的，因为古代打仗时候，爆炸把它给炸下来了。"

心怡："很多次地震，把山震动的松动了，就有小石头掉下来了。"

喆喆："是天上的陨石掉下来，也会有石头的。"

既然大家对石头这么感兴趣，那么就行动起来，一起去寻找这片土地上的宝贝石头吧！不一会儿的工夫，孩子们从这块宝地上搜集到了各种各样的石头，大家纷纷展示出自己的"战利品"。

西西："我的石头上有花纹，我觉得我的花纹像树叶。"

琳琳："我的石头上颜色不一样，有很多小点点，黄的、白的。"

汤圆:"你这个上面还有亮亮的点点呢!"

轩轩:"这块石头可白可白了。"

亲自然活动结束后,孩子们对石头的兴趣依然在延续,大家都想要把自己见过的漂亮的石头介绍给大家,由此我们开展了"有趣的石头"活动。让孩子们借助假期游山玩水的机会,在旅途中寻找更多各式各样的石头,带到幼儿园,和大家一起分享。开学后,每天都有小朋友带来不同的石头邀请其他小朋友来观赏。

石头上的花纹多样且抽象,石头的内部也因为看不到而充满神秘感,激发了孩子们对石头探索的兴趣。他们通过用看、摸、捏、掂等多种感官接触方式来了解石头的基本特征。在收集石头的过程中,孩子的热情感染了家长,越来越多的家长参与进来,这就是有价值的教育活动。

 石头博物馆

石头蕴含丰富的教育资源,并且深受孩子们喜爱,幼儿在"认识石头—自发收集石头—分享石头"过程中,对石头的种类与用途也产生了浓厚的兴趣。因此我们利用社区资源,以研学活动为载体,开展一系列活动,满足幼儿的探究欲望,进一步调动幼儿探究的积极性。

 参观博物馆

在热心家长的帮助和配合下,我们班小朋友参观了西北大学博物馆,在那里孩子们了解到新石器时代和旧石器时代人们所用的石器工具,知道原始社会人们的生活依靠打制石器生活。孩子们还见到会"开花"的石头,对石头的种类和用途有了进一步的了解和认知,活动结束后孩子们依旧讨论着石头。

月亮:"我刚刚看到一组红色的石头,就像天上的太阳。"

多多:"我喜欢那个像小人一样的石头,好神奇啊!"

念念:"石头会开花真的好有趣,我要回家讲给爸爸听。"

……

周一早上,安齐兴奋地拿着一块石头来找我。

安齐:"老师,看我这块石头,它上边也有花纹,也能开花。"

老师:"你也找到了会开花的石头,我们可把它放在我们的展览区,让大家都来看看。"

接下来每天早晨都会见到孩子们带来的各式各样的石头。孩子们把捡来的石头清洗得干干净净,精心设计造型,摆放在桌子上,期待着有人来欣赏自己的石头。

在欣赏石头的过程中,经常会有孩子告状说其他小朋友动了他的石头,造型被破坏了,或者在欣赏的时候因为人太多,发生推挤的情况。因此我们针对"欣赏形式"开展了一场热烈的讨论。

尚慧洁:"老师,我们可以让每个人拿着石头到大家跟前去让大家欣赏。"

念念:"不行呀,每个人都有石头,都拿石头,谁来看呢?"

月亮:"上次我们去博物馆不是把石头放在那里,然后大家去看啊!"

朵朵:"就是呀,我们把石头放在桌子上,大家来参观。"

孩子们都觉得这个主意不错,大家纷纷响应,为筹备"石头博物馆"忙活起来。

寻石记

开展建博物馆活动的第一步是要有很多很多的石头,可是我们收集的石头还远远不够,于是我们又一次来到户外开启"寻石记"。可是一番寻找后,并没有找到任何石头,孩子们都很失望。

芊芊:"老师,哪里才有石头,我怎么一个也没找到呢?"

老师:"你觉得应该怎么办呢?"

月亮:"芊芊,我们再往前走走,找找看吧!"

于是孩子们顺着幼儿园的小路,继续往前走,刚走了两步,就有小朋友很兴奋地大喊:"快来快来,这棵树下有好多好多石头。"小朋友一拥而上,团团围住了大树。可是,树坑里的石头已经埋进了土里,孩子们用手抠了好久,石头依然纹丝不动。在困难面前,孩子们的表现很勇敢,并没有因此放弃,纷纷起身寻找大自然提供的工具——树枝,来挖石头。在挖的过程中孩子们发现土和石头太硬,树枝太脆弱,粗细不同的树枝都被折断了。这时候韩越巍捡起身旁一块扁扁平平的石子开始给石头松土,最终成功挖出石头。孩子们看到后,都学着韩越巍的办法开始挖石头。不一会儿工夫,每个孩子手里都拿满了石头。

孩子们找到了很多很多石头,还开动脑筋想办法把它们搬走。有的用手捧,有的两人抬,还有的用衣服兜着走……最终大家齐心协力把它们带回了教室。

石头收集够了,孩子们依据上次参观博物馆积累的生活经验开始对博物馆的工作进行分工讨论,看看我们的小朋友在讨论什么呢?

可乐:"上次我们去参观的时候,门口有售票员,我们要买票才能进去。"

小米:"而且还有收票的阿姨,我们要把票交给她。"

段涵语:"还有保安叔叔。"

王玉硕:"还有讲解员,要给我们讲石头的知识,就像老师一样。"

老师:"有参观规则吗?我可以在里面大声说话吗?"

念念:"不可以,要用眼睛参观,不能吵。"

孩子们做了人员分工,并制定了参观人员规则,要求所有的游客安静参观,前门进,后门出。在这次讨论中,孩子们的社会性得到进一步发展。

小小石头城博物馆

我们就把教室布置成"石头城博物馆",孩子们买票进行参观。小朋友买票,通过安检以后可以入内。在整个活动中,孩子们都能遵守共同制定的规则,安全有序,不吵不闹。

❶ "博物馆"门口，检票入场　❷ 走进"博物馆"，大家安静而有序地参观
❸ 终于有一组可触摸展台了，大家都迫不及待地摸一摸、掂一掂

在参观的过程中，孩子们发现每块石头都藏着许多不同的秘密，便聚在一起小声介绍着自己的作品。

月亮："我拿来的石头是和妈妈一起去乡下挖的，可以用来盖大房子呢！"

念念："我的作品是和爸爸妈妈一起动手做的，拼成小兔子的造型。"

可乐："你看我这个，绿绿的，是大理石，可以做桌子呢。"

小棕："我的石头是从小河里捡的，小螃蟹就住在这块石头的下面。"

元宝："我这块是雨花石，从南京带回来的，你们看上面的花纹都是自己长的，特别漂亮。"

博物馆活动结束后，孩子们对石头的认知也越来越深刻，一些专业性的知识已经超出孩子们的学习范围，所以家长也陪着孩子开始查阅书籍和资料，积累更多关于石头的知识。利用餐前准备的时间跟大家介绍石头，就像博物馆里的讲解员一样，在活动中有了越来越丰富的体验。

"石头博物馆"一系列活动展示了亲自然活动和艺术领域、社会领域的完美融合。幼儿在"参观石头博物馆—自发收集石头—小小石头城博物馆"的过程中，对石头的种类和作用有了越来越清楚和深刻的理解，也了解了博物馆的作用，在参观的过程中学会欣赏艺术品的造型美和结构美，提高了审美水平。与此同时，孩子们的社会性也在这个过程中有了很大发展。首先，孩子们懂得遵守社会规则的意义并共同制定公约，如参观要从前门进、后门出，参观时要安静，等等。其次，孩子们学会等待、学会倾听，在参观前整齐排成一队检票，没有插队和拥挤的现象。最后，孩子们对分工合作的理解也更加深刻，博物馆里有保安、检票员、讲解员等，孩子们自行分工并齐心协力完成本次活动，最终体验到了合作的快乐。

在"石头博物馆"活动中，孩子们对石头的种类和用途已经积累了一定的经验。为进一步提高孩子们的探究能力，教师从幼儿的兴趣点出发，生成"石头阵"一系列活动，让孩子在了解巨石阵的过程中，大胆对其来源和作用进行猜想，对利用石头设计造型，进行拼搭、建构，产生兴趣，并锻炼动手创作的能力，全方位调动幼儿自主探究的积极性，提高幼儿解决问题的能力，促进幼儿在活动中的深度学习。

活动一　神秘的巨石阵

 巨石阵从哪里来

当讲到巨石阵的来源时，引发了孩子们激烈的讨论。

老师："据我们了解，巨石阵的每块石头都是非常重的，然而周围方圆数十里都没有这样的石头，那这种石头是从哪里来的呢？"

侯佳音："是汽车运来的？"

邓张池："老师刚说了，这个石头很早以前就有人摆在这里了，那时候还没有汽车呢，就像我们中国古代时候一样。"

杨璐伊："那只有马车了？马车能拉动这些吗？"

邓张池："应该也不行。"

马行远："我知道，天上掉下来的吧？"

王泽天："天上掉下来的，也不可能摆得这么整齐吧。"

徐辰赫："我知道！是外星人扔进来的。"

小米："对！他们比咱们先进，他们的武器多，办法多。"

杜钰菡："那他们为啥把这东西放在这啊？这么沉，这么重！让古代的外国人搬都搬不走。"

徐辰赫："肯定是给地球上做的记号。"

刘则佑："表示他们来过这里。"

小小设计师

孩子们对巨石阵做了很多猜想，但终究是猜测，因此我们鼓励孩子们动手画一画，在画的过程中加深思考，也许在画画中能猜到些什么……

陈玥彤："本来的样子可能不是这样子的，也许因为地震把原来的样子震得剩下一半了。"

周欣仪："这可能是个迷宫。"

侯佳音："可能是个刑场，古代干了坏事的人被抓起来，就在这里惩罚他。"

戴坤慧："可能是个体育场，和我去看见的罗马角斗场很像。"

▲ 孩子们笔下的"巨石阵"

常语桐："我觉得这可能是古代人看时间的钟表。每块石头照射的影子有方向。"

赵凌鹤："对，就像我们的钟鼓楼一样，也是给我们西安的古代人看时间用的。"

孩子们通过天马行空的想象力让这个离我们很久远、未曾谋面的"巨石阵"突然有了一层温度，多了一层神秘。

 石头大变身

 搭建巨石阵

孩子们决定用捡来的石头进行一次搭建，在画过巨石阵的基础上，亲自来摆一摆，搭一搭，虽然没有见过真的，却可以通过自己的努力建造一座微观的石头阵。

巨石阵活动后，孩子们对石头拼搭也产生了很大的兴趣。在户外活动的时候，他们往往喜欢进行石头拼摆。

▲ 我们摆出来的"巨石阵"　　　　▲ 户外活动找来石头进行拼摆

 小小建筑师

一个雾霾天，不能去户外活动，孩子们讨论待在教室里可以玩些什么不一样的游戏。

小米："咱们教室里最近石头可多了。"

大米："那就继续玩石头吧！"

徐辰赫："咱们拿石头和积木一起堆小山吧，比巨石阵还大的那种。"

说干就干，孩子们在教室里寻找材料，把石头和积木等其它材料进行组合建构。

徐辰赫："我们拿了一些木制积木和硬纸板来配合着拼搭，我们拼搭的是马路上的高架桥。"

刘瀚琛："我们用到了班里的泡棉积木和木质积木一起，我们搭建了一个小花园。石头是花园里的石头围墙，圆柱积木是花园里的小树。"

班懿轩："我们组还用到了木质积木和硬纸板。我们搭的也是公园，我们公园里能玩的东西可多了！有大门、小拱桥、旋转喷泉、十字小桥、蹦极塔、蘑菇小院。"

▲ 高架桥

▲ 小花园

▲ 公园

孩子们通过动手操作、同伴合作，把自己天马行空的想象变成了"现实"。在搭建的过程中，孩子们遇到很多问题，但并没有阻挡孩子们继续下去的勇气。比如，徐辰赫在搭建高架桥的时候发现单薄的积木站不稳，很容易倒地。他在失败两次后选择拿起石块围在积木的四周，把"桥墩"保护起来，使得高架桥更加坚固。刘瀚琛和小伙伴在搭建小公园的石头围墙时，发现石头的表面不平整，在垒高时经常坍塌，所以他们尝试在石头上放一块积木，让表面平整一些，再接着垒石头，最终取得成功。

在"石头城建筑师"的活动中，孩子们始终对"巨石阵"充满兴趣。有了兴趣驱动，孩子们在活动中始终兴致勃勃，全神贯注。从"猜想"到"设计"再到"搭建"的过程中，没有人追逐打闹，大家专心致志，齐心协力完成自己的作品。孩子们专注投入，教师也有了更多的精力和孩子们一起思考，提高活动的趣味性和挑战性，推进幼儿的深度学习。

石头城实验室

小小的石头除了可以用来欣赏、拼搭，还可以做实验呢，一起来看看吧！

活动一　沙石实验

在找石头的活动中，孩子们猜想大的石块是从陨石上来的，是从山上掉下来的，小的沙砾则是大石头摩擦磨下来的小沙砾，是海洋里冲上沙滩的。结合孩子们的兴趣点和生活经验，根据石块和沙砾的特征，我们设计了一场"沙石实验"的活动。

老师："今天我们面临一个难题，就是你们要把眼前的沙砾和石子全部放到这个小盒子中，你们觉得这个小盒子能装得下吗？"

▲ 我来试一试

李天蔚："我猜装不下的吧，因为我觉得石块有点多。"

赵路铭："我觉得刚刚好。"

常语桐："放得紧一些就能放得进去。"

老师："你们的想法都不一样，就请你们动手试一试，看看结果和你想的一样吗？"

杜钰菡先把沙子放进去，然后再放几块石头；马行远先放了石头进去，然后再放沙砾，而且是一边摇一边放。究竟哪种方法能把石头和沙砾全部放进这个空盒子中呢？

◀ 先放沙砾，再放石头，空间严重不足

◀ 先放石头，再放沙砾，空间刚好够

马行远："我这叫见缝插针！"

邓张池："我们在缝隙里面藏了些最后的沙砾。"

王赞瑄："我们是先放大石头，再放小沙砾，再大石头，最后再放一点小沙砾，就成功了。"

思维拓展

如果外出收拾行李箱，我们为了装进更多的东西，怎么做呢？

王赞瑄："我们应该先放大的，再放中等的，最后再放很小的，这样就能放得下了。"

孩子们在这个活动中，获得了合理利用空间的认知经验，将经验在生活中进行迁移，知道在收纳整理时应该先放进大物件，然后见缝插针地将小物件放在大物件周围，这样就可以合理利用空间。

▲ 按照我们的方法来整理行李箱

活动二　乌鸦喝水

乌鸦喝水是孩子们耳熟能详的童话故事，但是乌鸦的做法真的能让乌鸦喝到水吗？孩子们有的说能，有的说不能，争论起来。然而争论解决不了问题，那就模拟这个场景做实验来验证一下吧。

孩子们特别喜欢这个实践探索活动，尝试投放大小不同、形状各异的石头帮助乌鸦想办法，探索如何让瓶子里的水位升高，了解物体的大小与水位上升快慢之间的关系，最终得出结论——大块石子占用空间多，水面升高效果明显。

▲ 实验过程中

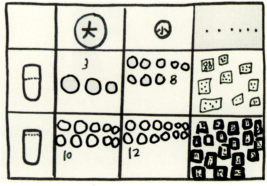

▲ 孩子们的记录表

孩子们天性喜欢探索，善于发现问题，所以教师应时刻关注孩子们的最近发展区，借助生活中常见的、孩子们感兴趣的物品进行教学设计，给孩子一定的支持和引导，引发孩子们发散性思维，不断提高孩子们动手操作、解决问题的能力。

回顾与反思

刚开始让孩子们搜集石头是为了更好地观察、研究、发现，但是四处搜集、寻找石头，这个过程本身对孩子来说就是一种奇妙的体验。通过观察这些"神秘"的石头，猜测、探索、寻求线索，孩子们在猜想石头来历的过程中建立了一个个"有迹可循"的线索。孩子们在思考问题的过程中学会一步一个脚印，建立起踏实钻研的可贵精神。

整个活动由自然界中最常见的石头开始，让孩子们在认识、玩耍、探究、运用、艺术创作中，发现平凡石头的不平凡之处。《3~6岁儿童学习与发展指南》中提出，幼儿科学活动中成人要善于发现和保护幼儿的好奇心，充分利用自然和实际生活的机会，帮助幼儿形成受益终身的学习态度和能力。在整个过程中幼儿既培养了探索精神，又丰富了经验知识，从多个角度来进行探究，在收获与分享中感受石头带来的快乐！

巨石阵（李昱欣，6岁）

自然宝典

巨石阵

英国的旅游热点，每年都有约100万人从世界各地慕名前来参观。巨石阵是英国最著名的史前建筑遗迹，它的建造起因和方法至今在考古界仍是个不解之谜。巨石阵也叫圆形石林，位于离伦敦大约120公里一个叫埃姆斯伯里的地方。那里的几十块巨石围成一个大圆圈，其中一些石块足有6米之高。据估计，圆形石林已经在这个一马平川的地方矗立几千年了。1986年，"巨石阵、埃夫伯里和相关遗址"被列为世界文化遗产。

整个巨石阵的结构由环状列石及环状沟所组成。环状沟的直径将近100米，在距离巨石阵入口处外侧约30米的地方，有一块被称为"席尔"的石头单独立在地上。如果从环状沟向这块石头望去，刚好是夏至当天太阳升起的位置，因此部分学者认为古代民族用巨石阵来记录太阳的运行。

中班亲自然主题活动

阳光下的影子

孟卫平　姚　岚

主题缘起

影子是常见的一种自然现象，物体遮住光线而产生的较暗区域就是我们常说的影子。影子的现象对幼儿来说并不陌生，但同时也充满未知的神秘。幼儿有着与生俱来的好奇心和探究的欲望，在炎热的夏季，当他们玩热了会躲到树荫下避暑，也会在奔跑中和影子做游戏。在户外的阳光下玩耍时，他们发现影子原来也有许多小秘密："为什么会有影子？""它为什么一直跟着我？""影子怎么不见了？"伴随着孩子们的一连串问题，我们根据幼儿对影子的兴趣，开展了亲自然主题活动"阳光下的影子"，以帮助幼儿在与影子的亲密互动中进一步认识影子，发现光与影的关系，大胆探究和发现更多这一自然现象的奥秘。

问题情境

为什么会有影子？
它为什么一直跟着我？
影子怎么不见了？
为什么影子不能固定在一个地方？为什么它会跑？
为什么影子总是和我连在一起？我们能不能分开？

……

孩子们的好奇引发问题，又在探究和游戏中解决问题，积累感受和体验。

设计意图

　　影子是幼儿几乎每天都会看到的自然现象，也是幼儿在户外游戏时非常感兴趣的现象之一。幼儿需要充分地与自然接触，动用各种感官去感受体验，才能萌发对自然事物的亲密情感。探索影子的最好方法就是让幼儿亲自去找一找，看一看，玩一玩。"阳光下的影子"主题活动由"感受影子""和影子做游戏"和"影子的应用"三个部分组成。首先通过找影子、藏影子、影子分离、留住影子等方式让幼儿充分感受和体验，从而了解影子的特征，发现光与影的关系。其次在与影子的游戏中，与影子进一步建立亲密情感，探索和发现更多有趣的影子游戏。影子不光有趣还很有用，影子可以为我们的生活带来哪些便利呢？最后，在"影子的应用"这个游戏中，孩子们通过了解日晷、影子剧院表演等内容了解影子在生活中的应用，感受古人的智慧结晶。"阳光下的影子"系列活动带领幼儿亲近自然，探索奇妙的光影现象，激发幼儿探究和发现更多自然的奥秘。

主题脉络

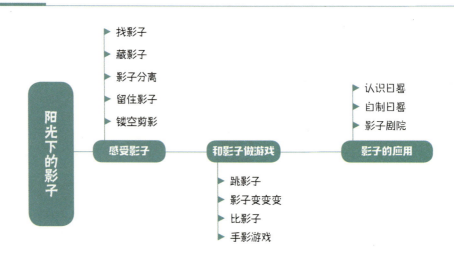

主题目标

☆ 喜欢亲近大自然，愿意大胆探索光影现象的奥秘。
☆ 观察各种物体的影子，丰富与影子相关的各种经验。
☆ 积极参与影子游戏，在游戏体验中感受影子这一自然现象的神奇和有趣。
☆ 初步了解皮影戏、日晷的光影原理，了解影子在生活中的应用。
☆ 尝试动手搭建影子剧场、自制日晷，感受古人的智慧结晶。

感受影子　　大自然中有许多奥秘等待着我们发现和探索，但只有让幼儿充分地与自然接触，动用各种感官去感受体验，才能萌发对自然事物的亲密情感，从而激发探究的兴趣。因此在活动中，我们先从感受影子出发，通过与影子的亲密互动，了解影子的特性，激发幼儿对影子继续探究的兴趣。

活动一　找影子

 影子去哪儿了

一天在户外活动中，孩子们正在兴致勃勃地寻找影子，刹那间天色暗了下来，所有的影子都不见了。这下孩子们炸开了锅，七嘴八舌地议论起来：

"咦？影子怎么不见了？"

"老师，影子没有了！它刚刚还在这儿呢！"

这时有孩子把注意力转移到了天空。

"你们看！太阳不见了！"

老师问道："太阳哪儿去了？"

"云把太阳遮住了！"

"快看！影子又出来了！"

阳光从云的缝隙中穿过，孩子们又看到了影子，这次的影子不太明显，需要孩子们仔细辨认，大家还没来得及细看，很快模糊的影子又不见了。这时一个孩子说："老师，我知道了，是阳光照出的影子，阳光没了，就没有影子了。"

于是大家都抬着头，等待着阳光再次出来，可是天空的云越积越多，等了许久太阳都没再出来。眼见就要下雨了，大家约好等天气晴了再来找影子。

各种各样的影子

总结了上次的经验后，这次大家挑了个艳阳高照的日子再次一起出去找影子。看！花园里到处都有影子！孩子们开心地四散开来寻找各种各样的影子。

▲ 耙子的影子

▲ 石头的影子

大家发现这次的影子格外清晰，老师问道："为什么上次看到的影子那么不清楚呢？"

"因为今天天气热，太阳好。"

"今天天上没有云，上次云太多了。"

"上次的太阳（阳光）只有一点点，所以影子看不清。"

"哈哈！原来调皮的影子喜欢光亮呀！"

经过孩子们的讨论与比较，大家发现：原来光线越强，影子越清晰；光线越弱，影子越模糊。通过"找影子"的游戏，孩子们在影子的反复出现与消失中发现了阳光与影子的关系，认识了光线强弱对影子的影响，这也激发了他们探索影子更多奥秘的兴趣。

主题活动篇·阳光下的影子

> 活动二　**藏影子**

发现了影子的孩子们开始在阳光下追逐着玩踩影子的游戏。他们发现，跑到树荫下影子就会不见了。他们跑累了就会躲到树荫下歇息片刻。老师问："你们的影子怎么不见了？"孩子们七嘴八舌地说："影子被树挡着了。""树把阳光挡住了，影子就不见了。""影子藏起来了。"……老师又问道："大树把影子藏起来了，如果没有大树、房子这些高大的东西，你们能把你们的影子藏起来吗？"

孩子们开始寻找可以挡住光的物品。有的孩子拿来扇子，发现扇子有点透光，挡不住；有的孩子拿来图书，发现图书只能挡住头部；还有的孩子拿来外套，发现还是能看见自己的影子。阿良搬来一个沙发墩子放在草地中央，把自己藏在墩子后面，他发现就算把身体蜷起来也藏不住影子。于是，他又搬来一个墩子，架在第一个墩子上，这回他跪在地上，可还是没有把影子全部藏起来。他微微地低下头，旁边经过的硕硕说："阿良的影子全都藏起来了！"米丫也学着阿良的样子，为了能把胳膊都藏起来，她还加了两个靠垫，她也成功地把自己的影子藏了起来。大家看到他们成功后，纷纷前来尝试。

▲ 墩子藏不住我的影子

▲ 我的影子藏起来了！

▲ 我要再加两个垫子把旁边的胳膊也挡住

孩子们在藏自己的影子时，知道借助不透明的、较大的物体，想办法将物体堆高或拓宽挡住光源，才能把自己的影子藏起来。在整个过程中不断地思考，遇到问题积极想办法解决。在看到别人成功后，主动向同伴学习，同时再创新，最终体会成功的快乐。

活动三　影子分离

在与影子的亲密互动中，孩子们发现了影子会紧紧跟随自己。"老师，影子总是跟着我，我走到哪儿它就跟到哪儿。""我跑，我的影子跑；我停，影子也停。"这时一个孩子说："老师，你说能不能让影子和我分开？"有趣的想法总是在不经意的交流中迸发出来，大家对这个提议都非常感兴趣，于是孩子们开始在走、跑、跳、藏中寻找答案，一起在游戏中探索如何让影子和自己的身体分开。

有孩子手撑地，抬起一条腿："老师，你看我的一条腿和影子分开了！"

"你的左腿是和左腿的影子分开了，可右腿和双手的影子还和身体连在一起噢！"

浩浩看到后试着用双手撑地，让双腿腾空。一旁的多多看到说："你的手还和影子连在一起。"浩浩站起身对多多说："那你说怎么弄？"多多想了想，向上一跳，浩浩兴奋地说："啊！分开啦！分开啦！"浩浩开始学习多多的做法，用力向上跳，他俩影子都和身体分开了。大家纷纷来效仿。

▲ 把一条腿抬高，这条腿的影子就离开我啦

▲ 我的影子和身体分开啦！

▲ 快看！跳起来影子就离开我啦！

老师说:"大家现在都已经做到和自己影子分离,如果我们大家的影子连在一起,这时我们再来让影子和身体分离,你们能做到吗?"这个提议激发了孩子们挑战的欲望,纷纷开始尝试。

在尝试的过程中,总有一两个小朋友没有跳起来。

"你得把脚抬起来,使劲往高跳!"

"加油,你可以跳起来的!"

大家一起出谋划策,相互鼓励,经过多次尝

▶ 大家一起挑战影子分离

试,终于挑战成功。孩子们兴奋地在草地上欢呼雀跃着,喜悦之情溢于言表。他们经过一次次失败、一次次总结,互相鼓励,获得了成就感、集体荣誉感。从游戏中他们也感受到团队合作、凝聚一心的力量。

"影子分离"的游戏让孩子们和自己的影子朋友愈发亲密起来,大家越来越喜欢和自己的影子玩游戏了,于是回到教室孩子们一起将"我和我的影子"画了下来。在绘画"我的影子"时,孩子们能够清楚地理解影子会时刻紧紧跟随自己,同时尝试用绘画的方式表现出与影子分离的办法,并将光源与影子的关系表现出来。从这里可以看出,孩子们前期对影子的充分感知与观察起到了很好的效果。

▲ 我和我的影子

▲ 我们一起玩影子分离游戏

| 活动四 | **留住影子** |

✏️ 拼影子

在幼儿园里，孩子们四处寻找影子，他们发现幼儿园舞台巨大的皇冠影子时，不由得赞叹："这个皇冠影子好漂亮啊！"孩子们在皇冠影子里蹦来跳去，久久不愿离开。这个时候大家开始思考：有没有办法留住这些好看的影子呢？根据这个问题孩子们展开了激烈的讨论：

"可以用手机拍下来，这样想看的时候就能看到。"

这是个好办法，可是小朋友没有手机，还有什么办法可以留住漂亮的影子呢？

"可以用画笔把它画下来。"

"不行，画笔会把地面弄脏的。"

老师建议大家回教室找找有没有其它材料可以代替画笔留下影子的印记。于是孩子们搬来了教学操作材料，开始分工摆出影子的轮廓。

▲ 幼儿园舞台的影子好漂亮！

▲ 我们一起拼出舞台的影子

在大自然中，孩子们收集各种自然物（花瓣、树叶、果实等）留住同伴的影子。他们几个人合作，有的收集自然物，有的当模特，还有的拼影子。

主题活动篇·阳光下的影子

▲ 和小伙伴合作用花瓣拼影子

▲ 我们合体拼出的影子

画影子

孩子们还用画笔留住了自然物的影子，如草地上的三叶草、地上的落叶、树上的树枝等。

▲ 我来画三叶草的影子

▲ 树叶影子的借形添画

孩子们画出影子后，围坐在一起猜一猜小朋友画的是谁的影子，看一看这些影子像什么，再说一说如何借形添画。

"我画的树叶的影子，我把它变成一条鲨鱼、一只海马、一只乌贼。"

"我用树叶的影子画了一朵乌云，下雨了。"

"我在画树叶的影子时，转一转树叶，影子就变了，有的变成小狗，有的变成大青虫，还有的变成一条小丑鱼。"

❶ 海底世界　　❷ 美丽的秋天
❸ 想吃小鱼的狗狗　❹ 下雨了

孩子们兴致勃勃地寻找形态各异的影子，寻找和尝试留住影子印记的办法，并大胆用影子进行借形想象，进行美术创作。在拼影子的过程中孩子们发现，影子的轮廓还没拼完，影子就悄悄地移走了，于是孩子们不断跟随影子的轮廓重新调整拼搭材料的位置，可是影子又一次次地溜走了。这一现象引发了孩子们的兴趣，也为接下来探索和发现影子随光源位置移动的奥秘埋下了伏笔。

活动五　镂空剪影

在反复玩影子的过程中，谦谦发现轮胎的影子会随着摆放位置的改变而变出"一"字形或"O"字形。被遮挡的地方会出现影子，而没有遮挡的地方有光透过，这引发了小朋友们探索光透现象的兴趣。

孩子们通过观察发现，在阳光下光束会穿过镂空的物体投射在地面上，与阴影部分结合变幻出各种美丽的剪影。于是尝试寻找不同的物体通过变换角度、组合拼搭变出意想不到的光影效果。经过进一步了解，孩子们发现，原来美丽的星空投影仪、镂空灯罩在墙面上投射的美丽阴影，都是人们利用这一现象而制成的。

▲ 月亮　　　　　▲ 曲奇饼干　　　　▲ 东西在上面，影子却在中间　　▲ 美丽的剪影

在"感受影子"的系列活动中，我们预设让孩子从寻找身边的影子开始，观察和发现影子的形态特征。但是第一次外出观察，天气由晴突然转阴，这是我们没有预料到的。这貌似给我们原本的活动计划造成了阻碍，但是天气突变所带来的影子消失这一现象却更加激发了孩子们对影子探究的兴趣。忽隐忽现的影子好像太阳和云朵亲自来给孩子们演示光影关系般自然生动。不得不说大自然是孩子们最好的老师，在这样的环境中主讲是"自然"。孩子们在自然中通过观察、感受影子的特性，不断地发现问题并尝试解决问题。在这个过程中教师只需要支持幼儿的想法，鼓励幼儿大胆尝试，接下来的活动便自然生成。这让我们惊喜地发现，在大自然的课堂中教师只要跟随孩子的兴趣点，提供支持孩子兴趣与问题的有力支撑，孩子们就会在自然中寻找出问题的答案。

和影子做游戏

我有独一无二的影子朋友，它好像我的双胞胎，而且还很喜欢我，不然为什么我干什么它就干什么。你看：我走它也走，我停它也停。这么喜欢我，不如就做最亲密的朋友吧！想知道我和影子朋友一起玩了哪些有趣的游戏吗？别犹豫，快来一起加入我们吧！

活动一 跳影子

午餐后孩子们在户外散步时，惊喜地发现影子在线上有序排列，就像我们在户外活动时摆放的障碍物。这时他们三五一组自发玩起了跳影子的游戏。有的小组女孩站好，男孩排队依次跳跃，然后交换；有的小组全体幼儿站在线上，第一个孩子先跳影子，跳完站到队尾，后面的孩子依次循环游戏。

▲ 我们来跳影子

通过前期与影子的充分接触与感受，孩子们对光影的兴趣也愈发浓厚。在日常生活中他们会主动关注自己的影子，会与同伴合作，利用影子进行创造性游戏，并在游戏中发展双脚跳、单脚跳、跨步跳等运动技能。

活动二 影子变变变

孩子们发现有趣的影子可以通过遮挡、组合发生奇妙的变化。孩子们先从自身开始变化出不同造型的影子，然后和同伴一起尝试创造更多的影子造型。他们又借助道具让影子的造型更加形象生动。在不断的尝试和探索中，影子的造型千变万化，幼儿在游戏中对影子的感知和兴趣也在不断加深。

在游戏的过程中，孩子们从发现到尝试，从空手变换造型到找寻借助各种道具，从一人游戏到与同伴合作等过程，通过模仿、创造、合作等方式体验游戏的乐趣，获得了宝贵的学习经验，体现了在玩中学的珍贵价值。

主题活动篇·阳光下的影子

▲ 我们一起变蜈蚣

▲ 猫头鹰来啦

▲ 用树叶碎片做影子的扣子

活动三　**比影子**

在玩影子的过程中，幼儿又有新的发现。一个孩子对伙伴说："你看我的影子比你的影子长。"另一个孩子向前迈了一步说："我的比你的长。"孩子们就这样你跳一步我跳一步，比了半天也没有结果。这时老师问道："我们在给长颈鹿比高低时，是怎么做的？""长颈鹿都是站在一条线上的。""是从低到高排队的。"孩子们纷纷说道。这一次，孩子们就又重新站在跑道线上开始再次比谁的影子长。

那么如何让自己的影子变得更长呢？大家一起想办法。看！东东站在积木上，他的影子真长呀！萌萌把瓶子拿在手上，这下她的影子比东东的还要长。想要影子变得更长，快来试试影子接龙吧，因为团结合作的力量最最大！

▲ 我的影子比你高

▲ 影子接龙

　　比影子的游戏通过幼儿自主游戏、发现问题，再将已有的数学活动中比长短的经验运用到实际生活中，在游戏中尝试对齐一端比较影子长短、给影子排序、首尾相连给影子接龙等游戏方式，利用数学领域的经验解决游戏活动中的问题，进一步巩固了幼儿对数学领域的认知。

活动四　手影游戏

　　一次在户外活动中，几个孩子玩累了坐在躺椅上休息。趴在长椅上的孩子发现了长椅的影子就像一个长方形的舞台。于是孩子们即兴玩起了手影表演的游戏。

"我是一只小鸟，飞呀飞呀飞！"

"我是一只老鹰，追上你啦！"

"我变成一只霸王龙。"

"我是一只翼龙，我的翼龙要飞过你的头顶。"

▲ 用座椅的影子做舞台表演手影剧

"我的霸王龙跳起来吃你。"

……

手影表演的游戏不仅可以激发幼儿的想象力和创造力,同时通过即兴的故事创编,还能发展幼儿的逻辑思维和语言表达能力。幼儿在游戏中与同伴交流自己的想法,不断用手变出各种形象的造型,同时尝试给手影角色配音,创编故事情节。

在与影子的各种游戏中,幼儿愈发喜爱在阳光下与影子玩耍。教师在幼儿的游戏中发现,幼儿从自由玩耍、在教师的启发下与影子亲密互动,逐步过渡到主动关注影子的各种现象,并利用影子的特性进行创造性游戏。看似简单的游戏却让幼儿乐此不疲地反复玩耍。亲自然活动并不仅仅局限于幼儿对自然的感知和探索,同时艺术、语言、社会、健康等领域的知识自然地融合渗透于其中。在这样的活动中,幼儿学习发现问题并解决问题的能力也有了明显的提高。

影子不仅好玩还很有用。你知道影子都有哪些用途吗?人们用影子的原理发明了电影;有趣的皮影戏也是利用光影现象来呈现的;用高楼的影子计算出楼的高度;科学家根据月球上山峰的影子可以计算出山峰的高度;早在几千年前,古人就已经利用太阳的影子来测定时间了。在接下来的活动中,孩子们通过自制日晷、搭建影子剧院等系列活动,体验影子在生活中的用途,感受古人的智慧结晶。

活动一　认识日晷

在前期留住影子的活动中,孩子们发现了一个有趣的现象:因为舞台皇冠太大,刚摆好的轮廓里影子悄悄地溜走了。孩子们按新的影子位置重新摆放,可影子又一次次地溜走。"老师,影子也太淘气了吧?""它是不是在和我们捉迷藏呢?""为什

么影子会溜走呢？"

因为前期幼儿对光影关系已经有了初步的感知，大家把注意力集中到了太阳的身上。于是老师抛出问题："你们觉得太阳光好吗？有什么好处？"大家开始讨论：

"暖和。"

"杀菌。"

"可以出去玩。"

"可以知道天亮了起床。"

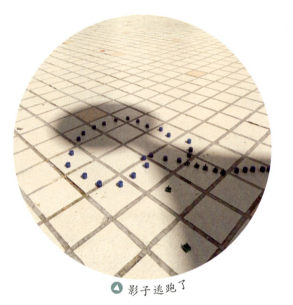

▲ 影子逃跑了

老师继续启发："太阳光确实能给我们带来很多好处。你们知道在古时候人们是用什么看时间的吗？"

"用沙漏。"

"看太阳。"

"看木头的影子。"

结合幼儿的已知经验，教师向幼儿介绍了古代的计时工具——日晷。古人的计时方法引起了孩子们的极大兴趣，赞叹之余，孩子们决定也来试着动手做一个日晷。

 自制日晷

根据孩子们的讨论结果，大家一起将做好的日晷放在教室外的阳光下，计划每两小时观察记录一次影子的方位变化，记录光影的位置走向，了解日晷的使用原理。上午的记录活动一切顺利，可孩子们午休起床后，跑出来观察时却发现，日晷被一大片树荫挡住了光源。这下孩子们炸开了锅。

"怎么办呀！赶快把日晷移到阳光下吧。"

"不行,不行,移走了前面记的就不准了。"

"怎么办呀?没了阳光咱们怎么记录呀?"

老师请孩子们回到教室里,讨论实验失败的原因,又观看了故宫日晷的图片。大家发现,原来古人的日晷是放置在周围没有遮挡物的高台上。这次孩子们重新选取了楼顶平台作为观察场地,并将日晷置于用轮胎搭建的高台上。

▲ 让我来把它的影子画下来　　▲ 定时观察记录表针的位置变化　　▲ 我们为日晷搭建高高的家

在活动中,孩子们通过持续观察和记录自制日晷的光影变化,发现了影子与光源之间的位置关系。在观察过程中发现问题时,能够积极讨论并找出解决问题的办法。孩子们在认识和使用日晷的过程中也有许多收获和感悟:"用日晷观察时间特别容易。""老师,日晷记下的是不是阳光的脚步?""太阳高(正午)的时候,影子会向下,太阳低(早晨、傍晚)的时候,影子会向旁边。"幼儿在模仿日晷的制作和使用中感受古人的智慧结晶。

活动三　影子剧院

 遇见皮影戏

恰逢六一儿童节,幼儿园的皮影戏表演引起了孩子们浓厚的兴趣。演出结束,我们专门邀请了皮影戏表演的魏老师来到班上,为孩子们展示皮影戏,让孩子们带着问题去咨询魏老师,更进一步地了解皮影艺术的魅力,同时感受影子艺术给人们带来的乐趣。

▲ 观看皮影戏

▲ 幕后探秘

▲ 亲密接触皮影道具

皮影戏真是太有趣了，我们也来搭建一个属于我们自己的影子剧院吧！可是，用什么材料搭建？搭建成什么样子？怎样的剧院更加美观实用？这些都是需要大家去讨论和解决的问题。每个孩子的心中都有一个属于自己的"影子剧院"，想要把它转换为现实，我们决定从绘本《索菲亚的影子剧院》开始了解。

第一次搭建

在《索菲亚的影子剧院》这本书中，索菲亚给影子们建立一所剧院，让影子们来表演。看到孩子们对影子表演非常感兴趣，老师问道："那我们要进行影子表演也得先搭个影子剧院，可以按什么来搭建？"这时孩子们议论纷纷，但没有好的主意。老师接着说道："在我们生活中，要盖一座楼房、建一座大桥需要设计师先设计图纸，工人才能按图纸进行建造，那我们要搭建影子剧院需要做什么准备？"

"设计图纸，然后用积木搭建。"孩子们有了主意。

▲ 设计影子剧院

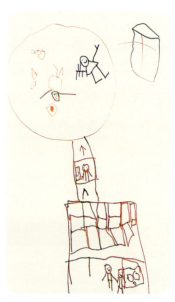
▲ 影子剧院设计图纸

于是大家自由结合，分组设计，分工合作，按照图纸进行搭建。

▲ 看图纸搭建

▲ 我们的影子剧院搭好喽!

📝 第二次搭建

第一次搭建中，各组都能按照图纸，分工合作进行搭建，有的组搭建成功，有的组没有搭建成功。活动结束后，孩子们一起分享、讨论成功和失败的原因。

"我们先弄了一个正方形，然后弄了个三角形的顶就搭好了。"

"我们组是我看图纸，给他们说拿什么积木，然后他们取积木，我们再一起搭。"

"我们没成功，是因为我们的图纸太复杂。"

有了第一次搭建的经验，孩子们调整图纸，再次尝试搭建。

▲ 我们第二次设计的图纸

▲ 在我们搭建好的剧院里表演

📝 第三次搭建

孩子们用积木搭建的舞台在表演中遇到了一些问题，比如：因为舞台较小，无法和同伴一起合作表演；观众观看时会被积木遮挡，影响观看效果。因此我们尝试再次改进剧场的表演舞台。教师把观看皮影戏的照片播放给幼儿观看，启发幼儿思考如何搭建一个更加适合表演和观看的舞台。

新的舞台满足了幼儿表演和观看的基本需求，但幼儿在表演的过程中，又有新的问题出现……

"你挡住我的影子啦！""演员"之间起了争执。

"我看不见你们在表演什么，我只能看到你们的后背。""观众"也提了意见。

拥挤和遮挡的问题，导致表演和观影效果再次受到影响，孩子们又开始思考新的解决办法。

"我们应该用更大的幕布，这样就不会挤了！"

"还是把幕布放在地上，这样可以从旁边看到表演。"

"我们应该给幕布加点花边，就像真正的皮影的舞台那样！"

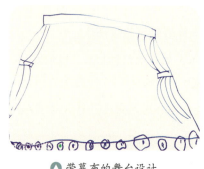
▲ 带幕布的舞台设计

▲ 这样的影子很清楚

影子剧院落成

这一次孩子尝试把舞台放平，解决拥堵的现象。同时，为了更好的舞台效果，让孩子有身临其境的感觉，大家仿照皮影戏的舞台背景，对幕布重新进行了设计，并请家长彩喷出来，然后孩子们进行表演。

▲ 我是一头大象

▲ 动物交响曲

主题活动篇·阳光下的影子

通过了解影子在生活中的用途，幼儿动手动脑，与伙伴合作制作도구、搭建影子剧院。幼儿在每一个活动中，敢于尝试并发现问题，通过反复操作最终获得成功。教师引领家长为幼儿活动提供充分的支持，及时帮助幼儿解决问题，鼓励他们通过动手动脑、积极探索获取成功的体验。在"影子剧院"的体验中，孩子们先从了解喜欢的皮影戏开始，大胆设计和搭建影子剧院。接着小组讨论，选取喜欢的绘本故事分角色进行表演，到师幼一起创编故事进行表演。在整个过程中幼儿的合作能力、表达能力、想象力、表现力都得到了锻炼和提高。

家庭活动延伸

幼儿园围绕"阳光下的影子"开展了丰富多彩的主题活动。但影子的探索和发现还有许多可以继续探秘的地方。比如"余晖下的影子""灯光下的影子""月光下的影子""怎样改变影子的方向""怎么让影子变大变小"等，这些都是孩子们期望了解的。为了让孩子对影子的奥秘持续探究，家长可给予孩子相应的支持，如傍晚带孩子外出观察余晖下的影子特点，灯光下如何改变影子的形态，等等。

傍晚的影子

傍晚，没有太阳光，孩子们在路灯下、在家里的灯光下也找到了影子。

▲ 灯光下我的影子

▲ 天桥上护栏的影子

灯光下的影子

试着把家里的大灯关上，然后把手电筒或手机闪光灯打开，看看哪里都会出现影子，如何让影子变大变小，如何让影子改变方向，如何让影子跑起来。孩子和父母在家中玩起了手影游戏。

▲ 我的影子蝴蝶飞来了

▲ 来玩手影游戏吧！

幼儿园开展"阳光下的影子"系列活动，得到家长的支持和帮助。经过在家中对影子活动的持续探索，幼儿认识和了解了更多光源下的影子，比如月光下的影子、灯光下的影子等，这样对幼儿园无法完成的内容进行补充，让幼儿更加持续、全面地了解光影世界的奥秘，持续发展乐于探究的学习品质。

回顾与反思

根据孩子们在自然探索中的兴趣，我们计划开展"阳光下的影子"系列活动，并在活动前进行了初步的活动预设。孩子们在抬头仰望天空时发现，行走的云团一会儿遮住阳光，一会儿又露出一点阳光，而调皮的影子就像在和孩子们玩捉迷藏似的忽隐忽现。这样生动而奇妙的课堂不需要教师操作，而由大自然亲自为孩子们演示光与影的关系，让孩子们自然地发现了影子的来源。

"阳光下的影子"主题活动，让幼儿先充分地寻找影子、观察影子、和影子做游戏，从而萌发对影子进一步探索和发现的愿望。在这样的活动中，幼儿是活动的主人，有阳光的地方就有孩子们与影子互动的身影。在孩子们的提问和发现中，"跳影子""影子接龙"等有趣的活动自然生成。活动涵盖了多个领域的认知和探索，有"画影子""拼影子""影子变变变""影子剧院"等艺术领域的活动，也有"影子接龙""自制日晷"等科学领域的活动；有"踩影子""跳影子"这样的健身活动，也有"手影游戏""影子剧表演"这样的语言活动。同时，让幼儿在与同伴的合作、游戏中发展社会性交往，学在自然、乐在自然。

自然宝典

影

是一种物理现象，是光线被不透明的物体阻挡而产生的黑暗范围，与光源的方向相反。影的大小、形状随光线的入射角而改变。光线的入射角越小时，影子越短，入射角越大时，影子越长；光源距离物体越远，影子会越长，距离物体越近，影子会越短。相关的天文现象如日食、月食，皮影戏、手影表演等艺术形式即用到了光影。

影子（孟政言，6岁）

日晷

是一种视太阳位置告知每天时间的装置。狭义而言，它由一个平面（盘面）和将影子投影在平面上以指示时间的"晷影器"组成。当太阳移动着划过天际，阴影边缘会与不同的时间线对齐，显示出当时的时刻。广义而言，日晷是使用太阳的高度或方位（或两者一起）以显示时间的任何设备。除了提供时间的功能外，日晷也常被当成装置艺术的一部分、文学上的隐喻和数学上学习的物件。日晷有许多不同的样式，有些使用阴影或阴影的边缘，而有些利用线或光点来显示时间。

中班亲自然主题活动

雨 趣

冷 敏 张 倩

主题缘起

雨淅淅沥沥连续下了好几天，孩子们趴在窗台上望着院子里："又下雨了，我们又不能户外活动。""是呀，没法玩滑滑梯，也没法跑步比赛。"听着孩子们的小抱怨，看着孩子们的小失落，我们和孩子们围绕"雨"展开了一次谈话："雨是什么样的？""喜欢下雨吗？为什么？""我们可以和雨做游戏吗？"谈着谈着，孩子们兴奋起来，对雨充满了好奇，对体验雨中游戏充满了期待。考虑到夏天是一个温度较高、比较适合玩水的季节，在保证孩子们健康、安全的前提下，我们开始了有关"雨"的一系列趣味活动。

问题情境

雨点落下来的声音是什么样的？
下雨天，为什么蜗牛也爬出来呢？
雨中运动是什么感觉？
怎样搭建雨中小路？怎样拦截雨水、引流雨水？
接的雨水可以干什么？

什么是接雨器？怎样设计、制作接雨器？
……

在一次次的雨中玩耍中，孩子们体验到雨中游戏的乐趣。接雨和踩雨时，孩子们对收集雨水、控制雨水表现出极大的兴趣，积极探索发现的问题……

设计意图

喜欢玩水是孩子的天性，雨水就像是大自然赐给孩子的礼物，让孩子有无限的好奇，让他们本能地想要亲近，想把它们捧在手里、踩在脚下，反复触摸、感受。雨水又像是一个变幻莫测的玩具，不需要教，就能让孩子玩出各种花样，就能给孩子无限的空间去想象和创造。在这种自由无干扰的自然环境中玩耍，不仅促进了孩子专注品质的形成，也让孩子的天性得到尽情释放。我们追随幼儿的兴趣点，通过一次次的雨中自由玩耍，充分调动幼儿的视觉、听觉、触觉等多种感官，让其感受雨水的特征，体验雨中玩耍的快乐，引发对雨的思考，让其享受自然现象给世界带来的奇妙感觉。

主题脉络

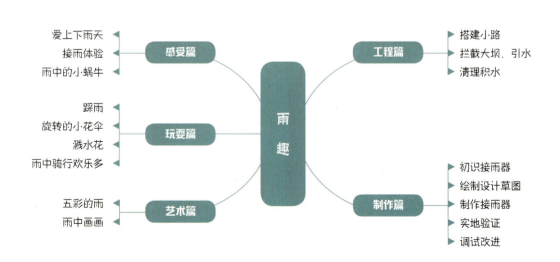

主题目标

☆ 喜欢参与雨中活动,体验雨中游戏的乐趣。

☆ 在看雨、听雨、玩雨的过程中感受、观察、了解雨。

☆ 能大胆表述看雨、听雨、玩雨的感受及自己的发现。

☆ 了解动、植物在雨天的变化,知道雨水可以方便人们的生活。

☆ 善于发现问题,乐于大胆探究和解决问题。

感受篇

故事一 爱上下雨天

一个下雨的早晨,孩子们吃过早点,穿戴好雨衣、雨鞋,直奔楼下。一到户外,孩子们再也按捺不住那颗"蠢蠢欲动"的心,一股脑儿冲进雨里。瞬间,整个操场沸腾了,孩子们有用手接雨的,有仰起脸任雨滴肆意"敲打"的,有把耳朵贴在小花、树叶上倾听雨滴的声音的……

崇柏:"雨点落在叶子上滴答滴答响。"

桐桐:"雨点落在攀爬玩具的钢管上,嗒嗒嗒地响。"

芷墨:"雨点落在喇叭花上沙沙的声音真好听。"

果果:"雨点它啪啪啪地打在我的脸上,凉凉的。"

侧耳倾听雨点落在树叶上的声音

扬起小脸让雨点肆意敲打,凉凉的感觉真好

雨点打在雨衣上、玩具上、屋檐上的不同声音，合成了一首交响曲，吸引着孩子们侧耳倾听，也引起了孩子们对雨的好奇。

石头："小雨打在我的脸上痒痒的，我都想笑了。"

小宇："雨落下来像细细的线。"

萌萌："雨落在小水坑里有泡泡，像水花。"

▲ 趴在喇叭花上，听着雨点和喇叭花说"悄悄话"

婉莹："雨落下就像有鱼跳起来，弄得水面上有一圈一圈的水纹。"

贝子："妈妈说水蒸气凝固在云上，云撑不下了往下落就是雨。"

在与雨的亲密接触活动中，孩子们通过看、听、摸等多种方式观察到雨点落在雨伞、树叶、屋顶、地上的不同样子，倾听到雨滴的各种声音，了解到雨的基本特性，体验到听雨、看雨的乐趣，能用简单的语言表达自己的感受，表达对雨的喜爱之情。

故事二　接雨体验

看雨、听雨活动中，保洁阿姨放置在操场长廊下的一个桶引起了孩子们的注意。"阿姨，你把桶放在这里接雨水干什么？""用雨水洗拖把呀！"看到不一会儿，水桶就接满了雨水，孩子们也开始在教室里寻找各种可以接雨的工具，有的找来小瓶子、小桶、易拉罐、玩具，有的找来塑料袋，还有的孩子说她的雨衣口袋就是她的"接雨工具"。当问到谁的工具最好时，都说自己的工具好接雨。既然这样，那就去雨里试试吧。孩子们或在屋檐下，或在墙根下，或在小树下，或在户外玩具上，观察着雨落入工具中。

❶ 蘑菇房顶往下流的雨水全让我接进了小瓶里　❷ 踮起脚尖，让瓶口尽量靠近树叶
❸ 快来，篮球网这儿也可以接到雨水　❹ 看，我的雨衣口袋接了满满一口袋雨水

在实地接雨的过程中，孩子们发现矿泉水瓶子的口太小，雨只能一滴一滴落进瓶里，但锅、碗、桶等大口的工具一次可以接很多雨滴。塑料袋虽然也能接雨，但在接的过程中，弄湿后很容易粘在一起，用来接雨并不方便。感受到不同容器开口大小不同，接雨效果也会不同后，孩子们回到教室重新找来大口的盆、碗、桶等工具再一次尝试接雨。

▲ 小雨滴，你快快滴进我的水桶里吧

虽然换了接雨工具，但还是有孩子没接到雨，这又是为什么呢？就此，我请接到雨的小朋友和大家分享他的经验。

毅豪："我在长廊的凉棚下接的，那有好多的雨水流下来。"

硕硕："我举着小桶一直站在那里一动不动地接雨，胳膊都酸了我还坚持着。"

朵朵："我和萌萌一起接，再倒在一起就变多了。"

虽然只是简单的分享，但让孩子们发现除了接雨容

▲ 高高举起水桶，让屋檐水尽可能多的落到水桶里

器的选择、接雨地点的选择、接雨时的专注和坚持，也会影响到接到雨水的多少。当然，孩子们也并不仅仅满足于接雨的体验，对接到的雨水有什么用也有自己的思考。

真真："我们接的雨水可以喝吗？"

小九："可以。不过不能直接喝，爸爸说雨滴落下来时，会沾染上许多灰尘和细菌，得经过处理才能变成可以喝的水。"

真真："不能喝，那我们用来干点什么呢？"

捣捣："我要把收集的雨水浇到花车里，让花儿喝个够。"

乐乐："我刚用雨水把花坛前的泥冲干净了。"

嘉嘉："我要把这些雨水倒进我们的玩水池，让玩水池里的水变得更多。"

▲ 孩子们将接到的雨水倒进花车里浇花

孩子们在处理自己收集的雨水时，对"雨水能不能直接喝？""要怎样处理后才能喝？""雨水除了能灌溉植物，还可以干什么？"等问题都充满了好奇。在和父母积极查阅资料后，知道了雨水只有经过净化和消毒后才能饮用。雨水渗入地下，经过厚厚的泥沙层，过滤掉灰尘和细菌，贮藏在地下也可以变成能饮用的地下水。同时，雨水还可以减少空气中的灰尘，净化空气，补充河流水量，用来发电和航运等。

收集雨水前，孩子们观察对比发现，不怕水、没有洞的容器适合接雨。动手收集雨水过程中，孩子们进一步发现口大、不容易变形的容器接的雨水多。在交流讨论的过程中，还了解到雨水可以浇灌植物、洗涮、打扫卫生，甚至饮用等。这一次接雨的体验，让孩子们感受到雨水的作用很大，雨水与人们的生活密切相关。

 故事三　　雨中的小蜗牛

在梧桐树底下的围栏上收集雨水时，一只小蜗牛的出现，让玩雨变得更"热闹"。看到一动不动的小蜗牛，捣捣先是难过地"感慨"："因为下雨天太冷，蜗牛才冻死了。"当看到蜗牛在手心里动了一下时,他立马又欣喜起来,呼唤其他孩子一起来"研究"小蜗牛。

捣捣:"原来,蜗牛没有死,它一定是因为下雨吓坏了。"

糖糖:"小蜗牛,你别害怕,你的壳不是可以挡雨吗?"

小九:"小蜗牛的壳就是它的家。"

竹子:"它的壳还能保护它自己。"

正讨论着蜗牛的壳,蜗牛的一对触角慢慢伸展开,有小朋友用手轻轻一碰,触角又缩了回去。这下,小朋友像发现了"新大陆"都想碰碰小蜗牛的触角。

乐乐:"老师,为什么它的触角也能伸缩?是遇到危险保护触角吗?"

老师:"嗯,有可能。不过,蜗牛的触角就像盲人的拐杖,触角触碰到障碍物它就会改变方向前进。同时,触角还能闻气味寻找食物哦。"

老师:"下雨天,为什么蜗牛也爬出来呢?"

捣捣:"蜗牛也喜欢玩雨吧?"

硕硕:"可能是蜗牛在它的壳里太闷了,想出来透透气。"

贝子:"妈妈告诉过我,蜗牛喜欢潮湿的地方,因为潮湿的地方能保护它自己。"

墨墨:"潮湿的地方有很多好吃的食物,所以蜗牛爬出来找好吃的了。"

▲ 孩子们都想碰碰小蜗牛的触角　　▲ 专注地观察小蜗牛在树干上是怎样爬行的

玩雨活动中，意外"收获"的小蜗牛，让孩子们的关注点从"雨"转移到"小蜗牛"身上。雨中一起观察小蜗牛，带着小蜗牛一起玩雨，讨论雨天给小蜗牛生活带来的影响，让玩雨活动变得不仅丰富有趣，还十分有"爱"。

玩耍篇

故事一　踩雨

仅仅在雨中看一看，听一听，是满足不了孩子们的需求的。当雨天再次来临，孩子们已经迫不及待地想冲进雨中酣畅淋漓地玩耍。地面上溅起的泡泡样的水花，让孩子们兴奋地蹦呀跳呀，开心地追逐游戏。还有的三三两两聚在小水坑中，踩着、跳着、踢着，尝试着各种方法让雨水溅得更高。

嘉嘉咯咯地笑着："看，我跳得越高，水花溅得越高。"

小宇边踩水边说："我轻轻踩，水花小；我重重踩，水花大；我跳一跳，还会溅起很多水花。"

语语："雨下大了，你看，好多的泡泡！"

豆豆："咱们比一比，看谁踩得快，谁踩的雨泡多吧！"

孩子踩水，感受水花四溅的时刻，也是与自然连接的时刻。从水花溅得有多高，孩子的笑容就有多灿烂，可以看出孩子在与雨水接触中获得的放松感、满足感和愉悦感。

故事二　旋转的小花伞

雨中撑伞的小朋友，手握伞柄使其旋转，伞上的雨水在旋转过程中飞溅开来。身上被溅到雨水的孩子，发出欢乐的尖叫声。小朋友们转着美丽的小花伞看雨滴飞出美丽的弧线，根据"雨大了""雨小了""雨停了"的口令控制着雨伞旋转的速度，与雨伞、雨滴一起欢快地游戏。

主题活动篇·雨 趣

捣捣："快看，雨滴跟着我的伞在旋转。"

嘉怡："我转得有多快，雨点飞得就有多快。"

昊诚："哈哈，我感觉我转得都要和雨滴一样飞起来了。"

浩浩："太好玩了，要是能天天下雨该多好。"

有的孩子不满足于小花伞只是在手中简单旋转，将伞倒放在地上，像"陀螺"一样旋转开。看着伞尖不断飞出来的雨水，摸着不断被雨点"敲打"的"光头"，他欢快的笑声好似山雀飞过繁林。还有的女孩子将小花伞的两个伞柄"钩"在一起，再同时旋转着上、下两把雨伞，看谁转得更快，谁转的雨水更多。

▲将小伞放倒，能转得更快，转出的水滴也更多

| 故事三 | 溅水花 |

一场夏天的暴雨让道路积满了雨水，看到路沿上不小心滚落的一块石子激起小小的水花，小朋友们兴奋不已，随手捡起地上的石头、砖块就往积水里扔，被溅得满脸雨水也顾不上擦，只顾着继续寻找更大的石块溅出更大的水花。如何才能溅出大水花呢？孩子们这边扔，那边扔，在对比尝试后，发现水深的地方更容易激起大水花。可虽然都在水深的地方扔，为什么每个人溅出的水花还是不一样大呢？原来，石头或砖块的大小、扔的力度，也会影响水花的大小。

诗诗："你们快来这边扔，这里雨水多，溅的水花大。"

辰辰："你的石头太小了，你找个像我一样大的石头，水花就大了。"

硕硕："我越使劲水花溅得越高。"

阿牛："我用力扔远一点也会溅得水花很大。"

在探索出如何制造大水花后,孩子们"创造"出各种玩法,有朝一个目标点一起扔,制造出"超级大水花"的;有站成一排依次扔,让水花一个接着一个起的;还有比赛看谁扔得远,谁溅的水花大的。

▲ 孩子们拿起石头,皱紧眉头,使出全身的力气扔着石块,比一比谁溅得水花高

玩雨对孩子来说是一种全身心的放松,就跟玩捉迷藏一样,是一种游戏,是与大自然的游戏,是对大自然的探索。孩子们在玩中会自发地去探究很多的问题,如在探究怎么溅出大水花时,会从力度、石块的大小、水的深度等方面逐一去尝试并总结经验。虽然孩子更享受的是雨中玩耍的乐趣,但在玩的过程中探究的乐趣也为玩耍增添了色彩。

 雨中骑行欢乐多

下雨天,户外那些大型的滑滑梯孩子们没法玩儿,可停在跑道上的那些滑板车、三轮车为什么不能让孩子们体验一把呢?雨中玩滑板车是什么感觉?雨中踢球是什么感觉？雨中跑步又是什么感觉呢？也许，只有穿上雨衣，走进雨里"狠狠"体验一把雨中运动，才能真切感受那份别样的快乐。

舒扬："老师，你看我，我可以将滑板车骑得飞快。哈哈，我骑得越快，吹到我脸上的雨越多。"

小婉："洪佑，我找来了拉车，你带上我一起骑吧！不好，雨滴在我的眼睛上了，我都有点看不清了。"

辰辰："地上有水，轮子也有水，不是会滑滑的吗？可为什么我的车子骑不动呢？"

舒扬："我试试。嗯，怎么蹬起来这么费劲的。让我看看车轱辘下是不是卡住了东西。"

辰辰："什么东西也没有呀。不过，轮胎上有小尖尖和棱棱，所以不会滑。"

雨雨："雨水都流进跑道底下了。是不是跑道上铺的这个像小草一样的东西吸了水后把轮子绊住了，所以骑不动。"

孩子们在骑行过程中发现三轮车在中央广场的瓷砖地板上可以骑得飞快，可经过湿漉漉的跑道时，却骑得比平时费劲得多。经过一番观察和讨论，孩子们似乎感受到摩擦力的影响，找到了骑起来费劲的原因。

▲ 雨天滑板车骑起来很费劲

▲ 雨天带着人骑三轮车更费劲

雨中骑行，让孩子们感受到下雨天不再是被"困"教室、不能户外活动的倒霉天。当小雨打在孩子们的脸上，似乎是大自然在亲吻孩子们。孩子们脚下溅起的水花，也好像是在和孩子们一起赛跑。雨天与晴天不一样的骑行感受，引发了孩子们对塑胶跑道在雨天微妙变化的关注，进一步激发了孩子们对雨的探究欲望。在保证孩子安全的前提下，只要敢于尝试，雨天同样可以让孩子们进行跑步、踢球、骑行等运动，甚至可以比晴天的游戏活动更丰富多彩，更富于乐趣。

艺术篇

故事一　五彩的雨

一次偶然的"神奇的小雨滴"油水分离小实验，让孩子们对颜色的变化好奇不已，对玩"色"意犹未尽。持续的雨天毫无疑问可以满足孩子们水中玩颜料的需求。五颜六色的颜料混在雨水中会不会像绘本《七彩下雨天》里一样，下起红色的、橙色的、黄色的……各种颜色的雨呢？当看到各种颜料滴进雨水里，在水中慢慢晕开，变成五彩的雨，孩子们兴奋不已。可看着花花绿绿的雨水，胆小的孩子却不敢把脚迈进雨水里。胆大的孩子则跃跃欲试，想看看彩色的雨踩一踩会怎么样？

馨雅："哇，彩色的雨。"

点点："看，看，看，棕色颜料滴进雨水里，慢慢地变成了一匹小马。"

涵涵："老师，这彩色的雨水踩着踩着它变成了灰色的。"

 不同颜色的颜料随着雨水慢慢地混合到一起，孩子们尽情地踩着、观察着

故事二　雨中画画

孩子们似乎越来越喜欢雨，总是特别期盼雨的到来，看到天阴的时候，会问："老师，今天会下雨吗？""老师，出去玩雨吗？"当雨再一次如期而至，我们带上白纸去找小雨滴。

雨点滴在白纸上产生的一系列变化让小朋友们兴奋不已，一部分孩子尝试着数雨滴，1、2、3、4……每一滴雨滴下来变成一个小圆，慢慢地圆越来越多，多得数都数不清。孩子们用手指将雨水在纸上随意涂抹着，你一言我一语地讨论着：

朵朵："小雨点滴在我的白纸上变成了一个水太阳。"

萌萌："一滴、两滴，小雨点变成了毛茸茸的小鸡身体。让我用泥水给它添上嘴巴和小脚。"

雨桐："我的小雨点变成了好多的蒲公英。"

宇轩小朋友们则将雨水和泥变身成小胶水，将树叶粘到了纸上。孩子们好奇地凑过去一看究竟，果然一片完整的树叶"牢牢"地粘在了纸上。

小朋友都好奇地尝试起来，有的将雨水打落的花瓣粘在纸上，有的把泥粘在纸上，有的把自己的纸撕成碎片抹上雨水，粘到另一块碎片上，还有的捡起风吹落的树枝蘸上雨水在纸上画画。

原本只是随性地带着白纸出门，可没想到让孩子们感受到雨滴是神奇的"画笔"和"胶水"。雨滴被孩子们当成了天然的绘画工具，当成了能"画"出各种可爱东西，能"粘贴"住各种自然材料的绘画工具。

下雨天不仅给孩子们带来了很多玩耍的乐趣，也给孩子们带来了创作的灵感。雨水中洒上各种颜色，让孩子们观察到颜色的混合及颜色的变化。雨水滴在画纸上所产生的神奇效果，让孩子们体验到雨中作画的乐趣。雨中艺术创作，不仅让孩子们感受到大自然的神奇，感受到大自然的美，还丰富了他们的想象力和创造力。

▲ 老师，快看我的纸上有十滴小雨点

▲ 真神奇，湿湿的泥土还能画画

工程篇

故事一　**搭建小路**

临放学前的一场雷雨，让孩子们"忧心忡忡"。

诗涵："老师，这里都是水，一会儿妈妈怎么过来接宝宝呢？"

舒仪："是呀，一会儿妈妈过来鞋子会打湿的，怎么办呢？"

婉莹："我们穿着雨鞋，不怕湿，我们来搭一条小路，这样爸爸妈妈的鞋子就不会湿了。"

老师："那怎么搭？用什么搭呢？"

路滟兮："老师，硬纸盒可以吗？好像不行，可能会弄湿。"

在寻找材料的过程中，孩子们发现了藏在厨房角落里的地砖。孩子们准备用地砖进行搭建，刚开始是各搬各的，搬来的地砖也是随意摆放。慢慢的有了分

▲ 砖块一定要对齐，否则会不稳固

工合作，有的负责运输，有的负责搭建，并统一摆放在指定位置。在后续的搭建过程中，孩子们又遇到了很多问题，比如：水太深的地方怎么办？遇到有停靠的车辆，小路没办法连接起来怎么办？在一次次的商讨后，孩子决定在水深的地方多摆几块砖，两块摞在一起不够高的话，就再摆第三块、第四块……直到踩在上面，不会弄湿鞋子为止。前方有车辆挡住连接处时，孩子们会将小路的线路重新进行调整和规划。在反复实践和调整后，孩子们终于齐心协力把一条弯弯曲曲的小路搭建成功。

拦截大坝、引水

也许在孩子的心中，一千场雨就有一千种玩法，一千件值得探究的事。昨天雨中搭建小路的成就感还没散去，今天又希望能有办法留住雨水。

小衡："老师，你看雨水都流走了，我们能不能把它拦住变成一个小水潭。"

老师："你们可以试试。"

孩子们如同搭建小路一样开始寻找各种材料进行拦截，用铲子铲土"砌成"一道坝拦截雨水，可惜坝堆得不够厚实，不一会儿工夫就渗水垮塌。铲土，铲土，再铲土，不断地尝试，尝试，再尝试，最后成功地将水拦截在了一起。

成功拦截雨水后，孩子们又有了新的想法：

臣臣："老师，这里雨水很多，可是旁边的小树底下都是干的，我们能不能把这些水给引过去？"

老师："相信你们一定可以的。"

▲ 我加固这边，你加固那边，分工合作

▲ 挖渠引流

同伴间商讨确定引水方向后,开始合力引水。在孩子们挖挖铲铲的不懈努力下,终于引水成功。

故事三 清理积水

暴雨过后,路面上积的雨水慢慢退去。孩子们好奇地问:"老师,雨水都去哪儿呢?""为什么它会自己流走?"当再次来到溅水花的地方,孩子们四处张望,最终顺着水流的方向,在路的拐角处找到一个长方形网格的下水盖。原来,雨水通过网格下水盖流进了下水道里。可雨水为什么会自己流走呢?孩子们发现路面中间虽然没有了雨水,但路面两边却依然有少许雨水。原来,路面的设计也是有"学问"的,中间高,两边稍低,雨水才不会积在一起,而是往路面的两边流,然后一直流进网格盖底下的下水道里去了。

不过,既然有下水道,为什么还是会有部分雨水不能及时排走呢?这又是一个值得探讨的问题,孩子们思考片刻后,积极分享自己的想法。

乐乐:"可能是雨太大了,下水道排不过来了吧。"

萌萌:"快来看呀,有树叶把下水道盖堵住了。"

铮铮:"我知道了,如果雨水把路面上的泥、树叶什么的一起冲到了网格盖这,把盖子堵住了,水就没办法快快地排走了。"

子涵:"嗯,肯定是。以后我们一定不能随便扔垃圾,不能让下水道堵了。不然,下雨的时候,路面就会积很多的水。"

了解到下水道的排水作用,看到幼儿园门前还有少量积水没有流走,孩子们想自己动手尽快清理掉积水,以方便大家进出幼儿园。他们找来瓶子、碗、水瓢、硬塑料板等各种工具寻求清理积水的方

▲ 我的工具适合排积水,让我试试

法。有的想用瓶子"装"走水，有的想用瓶盖舀走水，还有的拿板子把水往下水道处"赶"。

几经尝试，孩子们发现一点一点舀起来实在是太费劲，想到了一个"接力赶"的好办法，这样既轻松又能快速地清理掉积水。

▲ 大家一起接力赶，这个办法真是太棒了

大自然就是活教材，不需要教师过多地引导，孩子们就能自由地游戏、独立地思考。在雨中，孩子们遇到问题能各抒己见，能商量着去解决。在解决的过程中学会了交流、学会了分工合作。搭建小路时材料的选择，拦截大坝时一次次的尝试，清理积水时下水道及路面不平的发现都让孩子们学会了思考问题、探究问题。孩子们在雨中经历、体验、探究的那些事，都将让他们以后对这个世界充满期待和热爱。

制作篇

  故事一　初识接雨器

知道雨水收集起来可以浇灌植物后，孩子们希望收集的雨水能在我们的生活中发挥更大的作用。比如：当持续晴天，不需要人工浇水植物也能喝到水；当暑假来临，种植园无人照顾，植物需要喝水时能及时喝到水。

可接雨时的感受，却让孩子们"感慨颇多"：

小宇："接雨真是太累了，我的胳膊都举累了，接了半天才接了一点点。"

宇哲："我们可以把接雨的工具放到外面，接满了再拿回来，这样就不会累了。"

敬之："不行，我的盆太大了，如果接满根本拿不动。"

舒仪："我的也不行，我的工具又大又软，接满了根本拿不起来。"

豆豆："要不，我们给瓶子底下戳个洞洞，然后放到花盆上就可以直接浇花，也不用那么麻烦了。"

伊伊："哎，不行给它安个管子，这样就更方便了。"

制作接雨器的创意就这样在一次次的讨论中形成。那什么是接雨器？怎么做呢？孩子们通过收集接雨器照片，再结合接雨时的照片，对接雨器有了初步的认识。有的孩子说，我要找个大瓶子把上半部分削掉变成接雨的大口装置；有的说我要找把废旧的雨伞倒过来之后变成一个大碗，这样雨水一滴也跑不掉了。就这样，孩子们大胆想象和讲述着接雨器的设计想法。

  故事二　绘制设计草图

心动不如行动，孩子们将自己想设计的接雨器绘制出来。第一稿设计图完成后，孩子们分享了各自的设计图纸。对他人的设计图纸也能纷纷指出不合理或者特别好的地方，并提出了很多合理化的意见和建议。

振乾："我觉得放到桌子上不合理，因为桌子不能在雨中长时间浸泡，可以用绳子挂起来。"

墨墨："接雨装置的口太小了，根本接不到很多雨，你得让口变得再大一点。"

恺恺："你的设计很不错，但是怎么固定呢？"

▲ 专心地绘制接雨器的固定部位

▲ 给小伙伴讲解他的设计思路

▲ 认真解答小朋友对设计图稿的疑问

▲ 急切地向老师介绍自己的设计图

通过分享，孩子们的设计稿问题主要集中在几个方面：接雨装置的口太小，接的雨太少；设计图纸不清晰，很多与内容无关；如何固定和连接？是立起来，还是挂起来？紧接着，孩子们在第一稿的基础上进行了修改和优化。有的将接雨装置的口设计得更大；有的增加挂钩、稳固器等将接雨器固定；有的内容设计更具体，如用的什么管子，连接口怎么连接，等等；还有的设计图更简单、明了，去掉了无关的设计内容。

▲ 增加挂钩图　　　　　　▲ 设计大口图　　　　　　▲ 设计图更清晰

故事三　制作接雨器

图纸确定好后，孩子们和家长们开始一起收集材料和工具。在收集材料和工具的过程中，孩子们遇到了新的问题：设计时想用雨伞，发现家里并没有闲置的雨伞。设计时想要的PVC管没办法收集到，怎么办呢？孩子们将自己收集到的材料进行了合理的更换和调整，用油桶代替雨伞，用软管代替PVC管，等等。在收集连接材料时，经过和家长商讨，也做出了一些改进，如设计时用双面胶粘PVC管，但想到PVC管比较硬，双面胶根本没办法将它很好地固定，而且双面胶遇到雨水也会很快失去黏性，便想到收集胶枪和细铁丝等连接材料。

一切准备就绪，开始制作。孩子们积极动手剪裁接雨装置，连接固定各部分。做好之后根据固定方式，一起给接雨器起了好听的名字——挂式接雨器和立式接雨器。

▲ 裁纸刀切割图　　▲ 固定　　▲ 改进图

▲ 拼接　　▲ 立式接雨器　　▲ 挂式接雨器

制作完，孩子们踊跃分享自己的成品。在欣赏评价接雨器时，对他人作品的不足之处敢于质疑和给出合理建议。

小九："卓卓，你的接雨器底下的柱子是干什么用的？"

彤彤："我发现这个接雨器有个口，它是干什么用的？"

雨雨："我觉得他这个玩具连接在这儿，没啥用，挺多余的。"

子奇："我的这个管子细，挺好的，不会淤水。"

乐乐："崇柏，为什么这个口有海绵？"

在这个过程中，孩子们的问题更有针对性，除了先观察接雨器的组成是否完整，

对于特殊的结构也很关注。针对这些问题，孩子们将接雨器又一次进行了改进。有的孩子因为刚开始没用到管子，导致雨直接流下来，无法有针对性地浇灌植物。接着，他带来了软、硬两种管子。可多次尝试硬管后，发现管子和瓶口的直径不匹配，怎么也固定不到瓶口上。在改用软管后，很快就固定好。最后，在接雨器的顶端还绑上了一根绳子，完成了接雨器的改进。还有的因为胶带固定不牢，绳子不等长总是倾斜，改进时，先是尝试对折，重新裁剪，又在教师的帮助下打孔、绑绳子，完成了接雨器的改进。

故事四　实地验证

一个个独特的接雨器陆续诞生，孩子们带着自己的接雨器来到班级种植园。这些用塑料油桶、矿泉水瓶做成的接雨器，将收集到的雨水通过管子引流到了种植园的各个角落。可豪豪用保鲜袋做的伞状接雨口就没那么听指挥了，别看口子开得很大，可是雨一滴就粘到了一起，只能眼巴巴地看着雨水流走。同时，我们还发现了很多的问题，如雨太大将接雨装置损坏，管子不够长，管子太硬没办法放到植物的根部，雨水流动后管子固定不牢靠，等等。在雨中实地验证后，孩子们发现，接雨器的接雨口不仅要大要防雨，选择材质时还要考虑是否结实、耐用。

▲ 测试接雨器

主题活动篇·雨 趣

▲ 悬挂接雨器

▲ 一边调整管子的角度，一边观察水流的大小

故事五　调试改进

回到教室，孩子们做出调整方案：有的将接雨器两两重新组合，解决管子不够长的问题；有的将管子绑在围栏上，进一步固定管子；有的更换更结实的接雨装置……

▲ 改进绳子所固定的位置　　▲ 找来好朋友帮忙，一起改进接雨器的连接部分　　▲ 两个孩子分工合作，一个按压住瓶子，一个用裁纸刀进行切割

整个活动中，基于STEM（科学、技术、工程和数学教育）的教育理念，先是孩子发现问题，进行讨论，确定方案，设计、制作、验证……在这个过程中，孩子不断发现

— 281

问题，并且根据前期经验去解决问题，这是一个循环的模式。本次活动的推进，借助STEM的教育理念与方式，围绕生活中幼儿关注的真实问题，推动学习。在恰当的时候给予孩子支持，提高孩子的行动力。同时我们也整合了五大领域，融合实践与认知，提升学习能力。孩子们在我们的帮助下，不断地探索和思考，我们也和孩子一同成长。

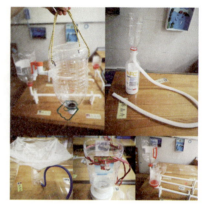

▶ 各式各样的接雨器成品

回顾与反思

  泥、沙、水等大自然的产物让孩子们有无限的好奇，让他们本能地想要亲近这些物体。"雨趣"主题活动就是从一场"惹人烦"的雨开始，在一场又一场不期而遇的雨中进行。我们及时捕捉到这一珍贵的契机，给予孩子适时、恰当的支持与鼓励。孩子在雨中充分感受、玩耍后，感知到自己对自然物的控制力，知道雨水可以方便人们的生活，从而开始观察、探索雨，以及和雨有关的事物，尝试着自己寻求想要的答案。例如，当他们对接雨表现出兴趣的时候，先是寻找合适的工具接雨，然后亲身体验接雨。可在接雨过程中发现，简单的接雨工具接雨既费劲，接的雨水还有限。为了收集到更多的雨水，让收集的雨水发挥更大的作用，又找到新的探究目标——接雨器。孩子就是在这种直接兴趣的推动下积极地主动学习、探究。在整个活动中，我们在其中只是去引导他们感受大自然带给人们的愉悦，引导他们去探索发现大自然与人们生活息息相关的奥秘，引导他们关注现象，利用资源，进行探究。在搭建小路、拦截大坝、引水、制作接雨器等过程中，孩子们能主动思考问题，合理利用工具解决问题，每一个孩子都获得了与自己发展水平相适宜的经验。这种接触自然的美妙感觉，等到他们长大后回想起童年来，会让他们记忆里的童年更加生动。这种对大自然的探究也会为他们埋下一颗科学的"种子"，会随着年龄的增长生根发芽。

自然宝典

接雨器（谢雨彤，5岁）

雨水收集

又称雨扑满、雨水集蓄，是累积雨水并再利用，而不是任其流失。雨水收集工具有雨水扑满（古代储物的一种陶制罐型盛具）或屋顶雨水收集器等，也有用网或其他工具收集雾和露水的。收集的水被储存在深坑、井或具有渗透性的水库中。

我国早在秦汉时期就有修建池塘拦蓄雨水用于生活的记录，而西北地区水窖的修筑已有几百年的历史。国外收集利用雨水的记录也不乏其例。而真正现代意义上的雨水收集利用，尤其是城市雨水的收集利用，是从20世纪80年代到90年代约20年时间里发展起来的。雨水收集与利用系统，经"收集—输水—净水—储存"等步骤积蓄雨水，以达到综合利用雨水资源和节约用水的目的。

雨水的收集和利用可以为我们带来许多的好处，比如：用于日常生活中洗衣、洗车、冲洗厕所，浇灌绿化、冲洗马路、消防灭火等更是雨水利用的大户。雨水的收集和利用还具有减缓城区雨水洪涝和地下水位下降、控制雨水径流污染、改善城市生态环境等广泛的意义。

自然总是能给孩子一个更为广阔辽远的世界,这既不同于父母给予的亲情世界,也不像电视那样会"偷走"孩子们的时光,相反,她能丰富孩子的精神世界。

——《林间最后的小孩》

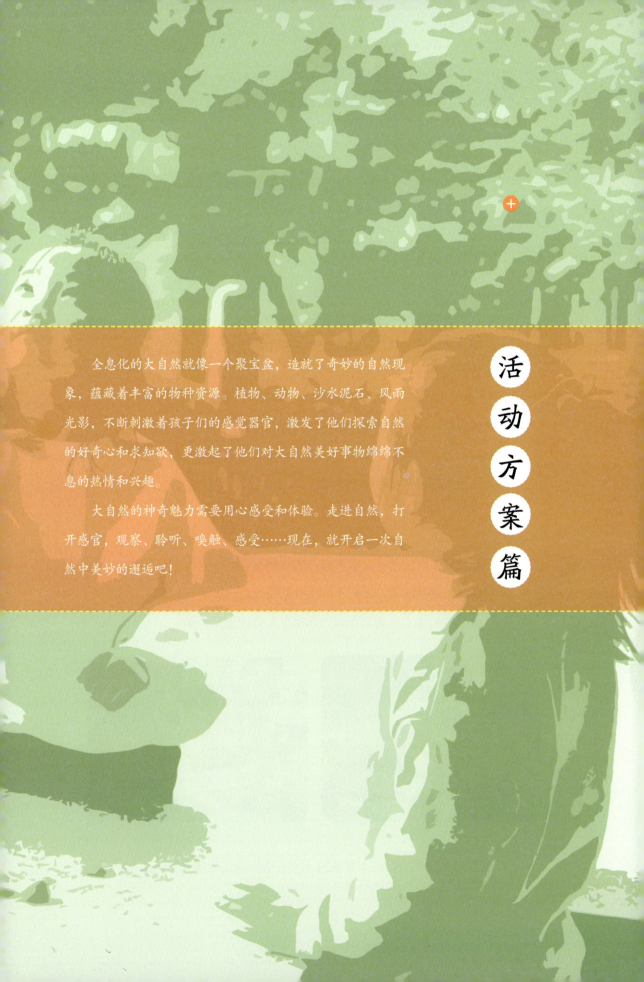

全息化的大自然就像一个聚宝盆,造就了奇妙的自然现象,蕴藏着丰富的物种资源。植物、动物、沙水泥石、风雨光影,不断刺激着孩子们的感觉器官,激发了他们探索自然的好奇心和求知欲,更激起了他们对大自然美好事物绵绵不息的热情和兴趣。

大自然的神奇魅力需要用心感受和体验。走进自然,打开感官,观察、聆听、嗅触、感受……现在,就开启一次自然中美妙的邂逅吧!

活动方案篇

叶色时"裳"

秦仙维

核心经验

☆ 尝试用不同的树叶进行重叠粘贴、组合。
☆ 大胆表述自己的想法，体验创作过程中的乐趣。
☆ 丰富审美经验。

活动准备

☆ 场地准备：秋天落叶季节的小花园或小树林。
☆ 材料准备：收集篮、果冻胶、剪刀、纸盒、白色硬卡纸、刻有不同动物及人物造型的镂空白色硬纸卡。
☆ 人数：1～20人。

活动步骤

☆ 户外收集不同的落叶，放入自己的收集篮。
☆ 观察欣赏落叶的美，发现不同落叶的特征。
☆ 挑选不同的叶子，尝试在白色硬纸卡上自由重叠粘贴。

☆ 重叠粘贴完成后，在上面摆放不同造型的镂空硬纸卡。

☆ 幼儿相互欣赏作品，分享感受，展览作品。

☆ 活动适宜3岁以上幼儿。
☆ 对于中、大班幼儿，可以鼓励其自主设计镂空纸，完成不同形状的创意表达。
☆ 鼓励幼儿自主整理材料，自由创造表现。

☆ 将捡来的不同形状的落叶进行拼图、组合，并尝试大胆添画。
☆ 收集活动剩余落叶，开展"树叶小路"的游戏活动。

秋天的树叶来自幼儿的生活，贴近幼儿自身的经验，为幼儿所喜欢。活动中幼儿将捡来的叶子根据自己的需要任意选择，以自己喜欢的方式大胆表现，创意十足。活动在满足幼儿操作和体验的同时，更体现了幼儿的主体性。简单的粘贴，在镂空纸的画龙点睛下，提升了整体的美感，原来树叶可以创造如此童趣和别致的美。

百变花草

王 柳

核心经验
- ☆ 感受花草的柔软、芬芳。
- ☆ 尝试花草的多样玩法。
- ☆ 积累审美经验。

活动准备
- ☆ 场地准备：可互动的草地或野外平地。
- ☆ 材料准备：树枝、石头等。
- ☆ 人数：1~15人。

活动步骤
- ☆ 先和小花小草来个热情的拥抱吧！
- ☆ 采集自己喜欢的野花、野草以及柔软的叶子或者枝条。
- ☆ 将采集到的材料自由进行编织，插上美丽的小花，可变身为花环。根据花环大小可戴在头上或者手腕、脖子、脚腕上。
- ☆ 把小花戴在自己或者同伴的头上，小花就变身为头饰了。

活动说明
- ☆ 自己或和同伴一起将小花、小草在地上随意或随心地拼摆，一幅美丽的花草画便诞生了。
- ☆ 摆上小厨房的锅铲，将花草放在锅中进行翻炒，一碗花草大餐便出锅了。

☆ 将花草抛向天空,迎接一场花瓣雨喽!
☆ 活动适宜3岁以上幼儿。年龄越大的幼儿,越要鼓励他们自主创造新的玩法。
☆ 教师应尊重孩子的自主性,给予孩子最大限度的自由。

活动拓展

☆ 把花草带回家中,寻找一个花瓶,进行插花装饰。
☆ 出去玩耍时可带上更多的材料,如洋娃娃,用花草装饰自己的洋娃娃。

活动评价

这个游戏解放了孩子的天性,符合孩子的年龄特征并激发了孩子的兴趣。从游戏材料来看,花草具有柔软、芬芳的特点,是一种安全且低结构的材料,可供孩子发挥自己的想象力和创造力。此外,游戏可以提升孩子的审美能力,孩子在大自然美景的熏陶下,也在动手操作中,不断积累审美经验,提高审美意识。

不一样的石头

周 瑾

核心经验

☆ 观察石头,感知石头的特点。
☆ 充分发挥想象,尝试运用多种方法创作石头画。
☆ 提高审美情趣。

活动准备

☆ 场地准备:室内或户外。
☆ 材料准备:石头、颜料、排笔、泡泡泥、底纸等。
☆ 人数:1~15人。

活动步骤

☆ 孩子们在户外寻找和收集各种各样的石头。

☆ 观察石头的大小、形状、纹理，自由组合造型，进行装饰和创作。

☆ 引导幼儿结合石头的形状进行大胆想象和猜测，并相互分享。

☆ 提供工具和材料，幼儿按照自己的意愿进行石头画创作。

活动说明

☆ 活动适宜4岁以上幼儿。

☆ 尽可能多地感受原生态石头的美和独一无二，再进行艺术创造的表现。

活动拓展

☆ 利用假期搜集各种奇形怪状的石头，班级开设小型的"奇石展览"。

☆ 和家人一起创作"亲子石头画"。

活动方案篇·细土画画

活动评价

"石之美，美在自然，美在神气，美在纯粹。"每一颗石头细细观察和欣赏，都有其独特的魅力。寻找石头、观察石头、猜测石头、创作石头画等活动引发了幼儿对美的感受和体验，丰富了想象力和创造力，幼儿在感受和发现中用自己的方式去表现和创造美，带来了精神的愉悦，提高了审美的情趣。

细土画画

焦 敏

核心经验

☆ 会使用工具区分细土和粗土。
☆ 大胆构图，自由作画。
☆ 体验玩土的乐趣。

活动准备

☆ 场地准备：户外适合玩土的地方。
☆ 材料准备：小铲子、筛子、各类废旧纸板。
☆ 人数：1～15人。

—291

活动步骤
☆ 寻找一片土地，用小铲子挖些土。
☆ 用筛子筛土，分出细土，并将细土筛满在纸板上。
☆ 幼儿用小手指、小树枝、小石头等不同方式在细土上作画。

活动说明
☆ 活动适宜4岁以上幼儿。
☆ 注意安全使用小铲子。
☆ 在筛土的过程中，需要耐心细致。

活动拓展
☆ 细土作画，还可以进行泥塑创作。
☆ 粗土堆积，借助树枝树叶等自然材料玩娃娃家的游戏。

活动评价
　　幼儿和泥土做游戏，能极大地促进幼儿触觉的发展和动手能力的培养。细土作画，既随意又放松，在自由放松的氛围中，幼儿能更好地表达、表现。

小树怪

邓昕欣

核心经验

☆ 体验和泥巴的乐趣。

☆ 尝试在大树树干上进行泥塑。

☆ 善于就地取材装饰自己的作品。

活动准备

☆ 场地准备：一片小树林。

☆ 材料准备：水桶、小铲子、水。

☆ 人数：2～20人。

活动步骤

☆ 幼儿2～4人为一组，选择一棵喜欢的大树（选择条件：周围有可以挖掘的小片空地，有可供采集的小植物或碎石）。

☆ 用小铲子合作刨坑挖洞，之后倒入适量水，将水和泥土混合搅拌，形成便于塑型的泥巴状。

☆ 塑型时间：将泥巴敷上树干，堆积成自己想要的形状。

☆ 细节构思：在大形的基础上可以填充哪些装饰物。

☆ 就地取材：在身边搜集素材，进行小树怪的装饰。

☆ 注入灵魂：用自己的语言加进自己的想法对作品进行讲解。

活动说明

☆ 活动适宜4岁以上幼儿。

☆ 装饰过程中不随意采折花枝，只收集掉落的花叶。

☆ 鼓励幼儿大胆创造，学会倾听别人的意见，友好合作。

活动拓展

☆ 把作品拍下来，帮幼儿存放，并进行故事创编及绘画仿照。

活动评价

玩泥巴是孩子们的天性,借助自然界中的大树,将孩子们常玩的泥巴从水平地面转移到大树表面,增加了几分生动和趣味。取之于自然,用之于自然。孩子们的"小树怪"也成为大树的点缀,吸引了更多"观赏者"欣赏自己的作品,为小树林的风景增添了一份童趣和纯真。

风在哪儿

孟卫平

核心经验

☆ 关注自然风带给人们的感受。
☆ 细细体会,并能用语言清楚连贯地表达感受。
☆ 探索关于风的秘密,丰富关于风的经验。

活动准备

☆ 场地准备:空旷的地方(草坪、操场)。
☆ 材料准备:丝巾(丝带)、风车、塑料袋、泡泡机。
☆ 人数:1~15人。

活动步骤

☆ 用眼睛寻找风。观察周围事物的变化来寻找风,也可以在同伴身上找一找。
☆ 闭上眼睛静静地聆听风的声音:大风时是什么声音,小风时是什么声音。
☆ 借助材料纱巾、丝带等找风。
☆ 引导幼儿说一说风吹到身上的感觉。

| 活动说明 | ☆ 活动适宜3岁以上幼儿。
☆ 充分调动幼儿的视觉和听觉，鼓励幼儿自主探索风。 |

| 活动拓展 | ☆ 造风游戏。自由收集物品（如扇子、纸板等），看看谁造的风大，探索关于风的秘密。
☆ 感知"风力等级表"，了解风与人类生活的关系。 |

| 活动评价 | 风，在一年四季都有。教师在春末夏初季节带领幼儿玩"找风"的游戏，此时风比较温和，能带给人凉爽舒适的感觉。游戏充分调动了幼儿的视觉、听觉和触觉，让幼儿充分感知自然风带给自己的感受，并大胆地描述自己的感受，进而激发幼儿调动已有经验，在日常生活中更主动地关注风，探索一年四季的风有何异同。 |

艺术插花

刘宇辰　睢　琳

| 核心经验 | ☆ 尝试将自然材料与泥土有机结合，掌握揉、捏、压等动作技巧。
☆ 敢于大胆想象，自主创作及表现。
☆ 乐于分享作品，与同伴友好配合。 |

| 活动准备 | ☆ 场地准备：户外小花园。
☆ 材料准备：水桶、铲子、黄泥。 |

☆ 人数：1~15人。

活动步骤
☆ 收集自然材料，如小花、小草、树枝、树皮。
☆ 两人或多人一组，每组取适量黄泥，加水和成泥巴，制作不同造型的泥块。
☆ 将收集的自然材料与泥块进行组合和拼接。例如小小的泥团加上半截树枝变成了"小蘑菇"，一根长长的树枝添上少许泥土粘住树叶变成了一个"船帆"。
☆ 化身小小花艺师，将掉落的花瓣和树叶等制作成美美的小花簇。

活动说明
☆ 活动适宜3岁以上幼儿。
☆ 收集自然材料时，应选择花园中掉落的花草枝叶。
☆ 活动前，可以欣赏部分插花作品，铺垫前期经验。

活动拓展
☆ 班级开展"花艺展"，作品还可以装饰班级种植角。

活动评价
孩子们手中，柔软的泥块像是仙女的魔法棒，可以造型百变又充满童趣。简单的组合和拼接，小小的手指让自然材料在泥土上轻盈舞动，逐渐形成了一个个极具创意又富有美感的作品。对泥土的感知、对自然的喜爱、对艺术的审美，也在简单的泥土插花活动中得到提升。

花瓣漂流

杨 静

☆ 感受花瓣和水流互动的美妙和有趣。
☆ 锻炼视觉追踪的能力。

☆ 场地准备：一处有水流的安全场地，如幼儿园里的小水池等。
☆ 材料准备：花瓣若干、花瓣容器（如篮子）。
☆ 人数：1～10人。

☆ 收集飘落的花瓣，感受花瓣的色泽和手感。
☆ 从水流上游，将花瓣逐次撒入水中。
☆ 观察花瓣的漂流之旅，捕捉花瓣和水互动的有趣瞬间。
☆ 引导孩子讲述花瓣漂流过程中发生的有趣事情，如花瓣卷入漩涡、中途被水草拦截等。
☆ 用渔网捞出花瓣，漂流之旅结束。

活动说明
☆ 活动前，教师选择较为安全的玩水场地，并强调安全事项。
☆ 游戏时，幼儿之间要保持一定距离，避免幼儿在追随花瓣漂流时碰撞受伤。
☆ 幼儿在游戏时有可能会把衣裤弄湿，因此需要准备备用衣裤。
☆ 夏季水温较高，游戏时间可略长，约为15～20分钟，其它季节水温较低，游戏时间可酌情缩短。

活动拓展
☆ 收集树叶、小树枝，以及幼儿折纸船，与花瓣一同漂流历险。

活动评价
这是一个非常有趣的游戏。水流的动感和自己捡拾的漂亮花瓣之间的神奇互动，让"花瓣漂流"充盈着别样的灵动和美妙。当孩子们用目光追逐花瓣时，我们能感受到那份全神贯注和喜悦之情。

花的印记

朱 欢

核心经验
☆ 喜欢春天，感受春暖花开、万物生机勃勃的景象。
☆ 对自然物感兴趣，喜欢用自然物自由拼摆不同的造型。
☆ 能用所收集到的花草进行拼摆，尝试制作花草纸。

活动准备
☆ 场地准备：户外小花园（花叶种类较多的地方）。
☆ 材料准备：收集筐、造纸框、纸浆水、勺子、舒缓的音乐。
☆ 人数：1～15人。

活动步骤

☆ 寻找漂亮的花瓣和叶子，放入收集筐。

☆ 用收集到的自然物，尝试在地上拼摆造型。

☆ 把收集到的花草带回室内，依照具体操作步骤制作花草纸。

操作方法

☆ 纸浆按比例倒进水里，用勺子不断搅拌，直至纸浆成絮状完全混合于水。

☆ 用勺子舀纸浆水，浇在造纸框上，让纸浆完全覆盖在框内。

☆ 在造纸框内创意拼摆自然物，再浇纸浆水在花草上，晾干即可。

活动说明

☆ 尽可能收集色彩艳丽、大小适宜的花草。

☆ 造纸框里摆好造型后，纸浆不易浇得过多，尽可能保有花草纸的纤维和纤薄的质感。

☆ 鼓励孩子自由发挥想象，大胆进行艺术创作。

活动拓展

☆ 开展家园共育活动,在野外采集花草,亲子制作花草纸。

活动评价

春暖花开,百花斗艳。在充满生机的大自然里,孩子们喜欢将满地落红和叶子收入口袋。活动中,教师引导孩子在大自然里自由地收集自然物,鼓励孩子在户外大胆根据自己的意愿进行造型拼摆,并能在古法造纸的基础上挑战新奇有趣的花草纸制作。在采集花草、搅拌纸浆、设计构图、制纸、晾干整个过程中,孩子们在一步步探索中成长,学会思考和解决问题,丰富传统制纸工艺经验。

破 冰

杨 静

核心经验

☆ 会使用工具的尖端用力破开冰面。
☆ 感受破开冰层和收集大片冰层时刺激、快乐的感觉。
☆ 感受水面冰层的厚薄、透明度。

活动准备

☆ 场地准备:冬天水面有冰的安全场地,如幼儿园里的小水池等。
☆ 材料准备:小钉锤、不锈钢小勺、小铲子等工具。

☆ 服装准备：适合幼儿的防水服装，如防水面料的羽绒服、防水手套。

☆ 人数：1~10人。

活动步骤

☆ 选择一种工具，和小伙伴保持1米左右距离开始敲打冰面，进行破冰。

☆ 将破开的冰块捞出，观察捞出冰块的形状。

☆ 向伙伴展示冰块，分享交流破冰、捞冰的过程。

活动说明

☆ 活动适宜5岁以上幼儿。

☆ 活动前重点强调安全事项，活动中关注游戏安全，避免幼儿落水。

☆ 游戏时幼儿之间保持一定距离，避免在破冰时碰撞受伤。

☆ 游戏中可能会弄湿衣裤，请提前准备备用衣裤。

☆ 冬天户外温度低，游戏时间不超过15分钟。

活动拓展 ☆ 和家人或小伙伴一起做切割冰块或融化冰块的游戏。

活动评价 常言道："不破不立。"破冰游戏的快乐，就蕴藏在"破"中。幼儿从中能发现力量，看见变化，感受冷暖，挑战和探索不同的玩法。同时，也在寒冷中锻炼意志，拥抱季节变化带来的另一种恩赐。

沙池小兵

王 妮

核心经验
☆ 感受发现磁铁吸附沙池中铁屑的乐趣。
☆ 寻找能让"小兵"铁屑听指挥的方法。
☆ 体验沙中游戏的快乐。

活动准备
☆ 场地准备：户外沙池。
☆ 材料准备：磁铁人手一块、A4白纸人手一张、全开大白纸一张。
☆ 人数：1～15人。

活动步骤
☆ 每人一块磁铁作为"司令"，教师介绍要寻找的"小兵"，即沙子中的小铁屑。
☆ 利用磁铁进行"寻找小兵"的游戏，把找到的"小兵"集合在自己的白纸上。

☆ 一段时间后，请小朋友用磁铁在各自的白纸上指挥训练小兵。
☆ 使用全开大白纸，分组进行"小兵"对战游戏。
☆ 分享自己训练小兵的秘密。

活动说明
☆ 活动适宜4岁以上幼儿。
☆ 磁铁准备得大一些，这样便于孩子在沙池中寻找铁屑。
☆ 活动时选择没有风的天气，避免外界因素对活动造成影响。

活动拓展
☆ 可以增加磁铁数量进行小兵对战游戏。
☆ 设计绘制作战背景图进行小兵对战游戏。

活动评价
　　用磁铁在沙池中寻找铁屑是许多成人小时候经常玩的游戏。沙池小兵活动巧妙地将科学活动与亲自然活动融合在一起，不仅激发了孩子们浓厚的游戏兴趣，也让孩子们在自由、自主、自发的氛围中发现了磁铁的特性，去探索更多关于磁铁的游戏活动。

神奇的狗尾草

陈小庆

核心经验
☆ 学习简单的编织技巧。
☆ 具有一定的观察能力。
☆ 养成细心、耐心的习惯。

活动方案篇·神奇的狗尾草

☆ 材料准备：路边或种植园收集到的狗尾草若干、小贴片。
☆ 场地准备：室内、户外草坪。
☆ 人数：1～20人。

活动一：挠痒痒
☆ 每人拿一支狗尾草，用水轻轻地冲洗干净并晾晒。
☆ 用狗尾草去触碰对方玩伴的身体各部位（最好是裸露在外的皮肤上），看一看他哪里会痒。
☆ 给对方玩伴身体比较容易痒的地方贴上小贴片作为标记。
☆ 找到对方痒痒肉比较多的小朋友获胜。
☆ 也可以试一试忍耐力，坚持时间最长不笑的小朋友就是最后的胜利者。

活动二：长耳朵的小兔子
☆ 首先摘取一把好看的狗尾草。
☆ 选两支长短差不多的狗尾草作为小兔子的耳朵。
☆ 取第三支狗尾草，沿着前两支的根部进行缠绕，做出小兔子的头部。
☆ 接下来开始编制小兔子的腿。选择四支差不多的狗尾草作为小兔子的腿，先编前两条腿，然后编小兔子的下半身，接着编小兔子的后两条腿。
☆ 再选取一支短小的狗尾草作为小兔子的短尾巴。这样，一只可爱的小兔子就编好了，多做几只，你还可以用它们来讲故事呢！

活动三：狗尾草的蛛丝外套
☆ 准备一支狗尾草，然后找一找树丛中、墙角下、树叶间藏着的蜘蛛网。

☆ 轻轻地用狗尾草在蜘蛛网上滚动，猜猜会发生什么事。
☆ 当狗尾草粘上一层又一层厚厚的蜘蛛网时，像不像穿了一件蛛丝外套？
☆ 没有蜘蛛网的小草看起来也干净了很多呢！

活动说明

☆ 活动适合大、中、小各年龄段的幼儿，成人也可以参与其中。
☆ 狗尾草的生长季节为4—10月，它生命力旺盛、繁殖能力强，对别的植物生长会有一定影响，采摘对它下次生长没有影响。
☆ 狗尾草接触皮肤前请清洗干净。

活动拓展

☆ 狗尾草除了编小兔子，还能编出许多小动物的造型，小朋友可以自由创作。
☆ 可以收集狗尾草做插花游戏，干了的狗尾草会有其他变化。

活动评价

狗尾草生长于田野道路旁，是一种常见的杂草。由于它随手可得，所以也是适宜游戏的自然材料之一。狗尾草的质地柔软，有一定的柔韧性，可塑性强，用它进行手工编制各种小动物比较容易，可以锻炼小朋友的小肌肉动作，可以学习缠绕、打结、编织等方法，编织好的作品能用来讲故事、进行故事表演等，充分调动幼儿的想象力、创造力，提高动手能力以及语言表达能力。

"挠痒痒"是一个合作游戏，它利用狗尾草毛茸茸的特性，感受与皮肤接触后刺痒的感觉，对幼儿的触觉感知有一定的帮助。幼儿在与同伴进行游戏时，可以形成一定的规则意识，了解游戏要求。同时能利用排除法多次进行尝试，达到最佳效果。此活动对幼儿的意志品质——学会坚持，也有很大的帮助。对于这个游戏，小年龄段幼儿可以充分感受狗尾草对于皮肤的不同刺激，大年龄段幼儿则可以学习制定游戏规则，并进行适宜的创造性游戏，增加游戏玩法和趣味性。

　　"狗尾草的蛛丝外套"这个游戏更多是对于幼儿观察力的一种训练，以及耐心、细心的培养。幼儿在寻找蜘蛛网时需要从不同角度观察身边的植被，发现不易察觉的网；在用狗尾草缠绕蛛丝网时更需要按照一定的顺序，把握一定的力度。这些经验都是在尝试中慢慢获取的。

树叶洞洞板

潘　文

☆ 发展精细动作，提高动手能力。
☆ 敢于表现，乐于展示分享。
☆ 体验游戏成功带来的乐趣。

☆ 场地准备：树木品种多、落叶多的户外场地或室内。
☆ 材料准备：收集筐、剪刀、线绳、压花器。
☆ 人数：1~20人。

☆ 师幼互动：分享自己玩过的穿线洞洞板游戏。
☆ 收集制作材料：使用小筐收集喜欢的落叶。
☆ 手工DIY：使用压花器在落叶上打孔，变成洞洞板，并用线绳穿过小孔。
☆ 展示和分享自己的"树叶洞洞板"。

活动说明
☆ 活动适宜4岁以上幼儿，年龄越大的幼儿，鼓励他们自主创造新的玩法。
☆ 使用压花器时注意安全，鼓励幼儿有规律地打孔，连线形成简单图案。
☆ 建议尽量选择面积较大的叶片。

活动拓展
☆ 制作树叶项链，即收集树叶并剪成自己喜欢的形状，在树叶两端用压花器打孔，用线绳将树叶串起来，制成树叶项链。

活动评价
"树叶洞洞板"游戏的材料容易收集，并易于幼儿操作。游戏中，从收集落叶、手工制作到创意表达，幼儿能够认真专注地进行亲身体验和实际操作，感受落叶的绵软或干裂，需要一定的力量使用压花器，同时在线绳上下穿孔的游戏中发展精细动作，提升动手能力。年龄较大的幼儿会更具创意地进行艺术表现，有规律地设计具有美感的图案。

花　色

秦仙维

核心经验
☆ 感受和欣赏花的美。
☆ 乐于想象和创造不同的造型，表现花的美。

活动方案篇·花　色

☆ 积累和丰富审美体验。

活动准备

☆ 场地准备：户外小花园或小树林。
☆ 材料准备：收集篮、胶水、剪刀、圆木片、纸盒等。
☆ 人数：1～15人。

活动步骤

☆ 寻找并收集喜欢的花瓣，与同伴分享自己的发现。
☆ 将收集的花瓣进行分类，放入对应的纸盒内。
☆ 尝试在圆形木片上进行花瓣的组合拼搭。
☆ 利用辅助材料，点缀并丰富设计的造型。
☆ 试着为自己的作品取好听的名字，与同伴互相分享。

活动说明

☆ 活动适宜3岁以上幼儿。
☆ 鼓励幼儿大胆想象和创造，分享自己的作品。
☆ 注意剪刀等工具的安全使用，以及桌面材料的有序收纳和整理。

活动拓展

☆ 将花瓣堆放在一起，开展"花瓣雨"游戏。
☆ 挑选喜欢的小花，制作"花色"标本。

活动评价

　　春天里，飘落在地上的花瓣不仅成为大自然的一抹风景，也吸引了许多孩子的目光。轻盈的步伐，不时驻足蹲下的身影，让捡拾花瓣的孩子也变得格外迷人。活动中，花瓣造型的设计需要孩子去观察发现和想象创造。颜色的搭配、花瓣形状的选择、辅助材料的点缀，都让美的体验在动手操作中积淀丰富、深入人心。

树叶制衣

孟卫平

☆ 乐于进行想象和创造。
☆ 大胆进行创意设计和表达。
☆ 体验与同伴合作的乐趣。

☆ 场地准备：树木品种多、落叶多的户外场地或室内。
☆ 材料准备：收集筐、剪刀、胶带、绳子、纸板等，一曲动感的音乐。
☆ 人数：1～15人。

☆ 介绍游戏材料和工具，变身小小设计师。启发幼儿说一说"想要设计一件什么样的衣服"。
☆ 寻找并收集不同的"制衣材料"——树叶。
☆ 两人一组设计并制作树叶衣服。幼儿分工，一人当模特，另一人为设计师。
☆ 展示每组服装，进行树叶"时装秀"。模特在进行时装秀时，其他幼儿撒树叶制造表演气氛。

☆ 活动适宜5岁以上幼儿。
☆ 使用剪刀时注意安全，用完及时收回。
☆ 鼓励幼儿自由表达创造，乐于倾听并尊重别人意见。

☆ 利用树叶材料，进行树叶"铺瓷砖"游戏。
☆ 制作树叶配饰，如树叶项链、树叶耳环、树叶手链等。

秋冬季的树叶随处可见，也是孩子们最喜欢收集的游戏材料。活动中，教师启发孩子大胆思考并尝试设计，充分调动了孩子的积极性，鼓励孩子带着想法有目的、有计划地去采集树叶，并尝试依据形状、颜色进行搭配。此外，轻松自由的游戏氛围，不仅提供给孩子自我表达的机会和条件，更激发了幼儿之间的交流沟通和聆听分享，促进了同伴间的合作。

我和阳光做游戏

赫 晨

☆ 感知和发现太阳光在放大镜下能点燃物品的奇妙现象。
☆ 乐于观察和思考，提升认真专注的学习品质。

☆ 场地准备：阳光充足的天气，户外操场空地或草坪。
☆ 材料准备：放大镜、枯树叶。
☆ 人数：1~10人。

活动步骤

☆ 将枯树叶放在阳光直射的地面上，耐心等待3分钟，看一看、摸一摸、闻一闻枯树叶，分享交流自己的感受。

☆ 幼儿使用放大镜，观察枯树叶，感知放大镜的特征。

☆ 幼儿背对阳光，将枯树叶放到地上，用放大镜将阳光聚在枯树叶上。

☆ 保持太阳光聚焦直射，耐心等待，观察枯树叶变化（注：枯树叶被点燃）。

活动说明

☆ 活动适宜4岁以上幼儿。

☆ 活动中要及时调整放大镜离枯树叶的距离，直到太阳光线聚焦到最小最亮的那一点。

☆ 提醒幼儿眼睛不能直视太阳，同时观察枯树叶时保持安全距离。

活动拓展
☆ 收集凸透镜（老花镜）、凹透镜（近视镜）、平面镜，再次进行如上游戏，对比在阳光下的不同。
☆ 在成人陪同下，尝试用爷爷奶奶的老花镜点燃小纸片。

活动评价
活动利用了放大镜的凹凸镜原理，让温暖的阳光也发出了真正的"火力"。在玩这个游戏时幼儿需要有耐心，有一定的难度，难度在于要随时调整，前后移动放大镜，找到太阳光线聚焦的最小的点来灼燃物品。

草丛中的小虫虫

焦 敏

核心经验
☆ 学习使用放大镜进行观察。
☆ 会使用收纳盒收集自己感兴趣的物体。
☆ 喜欢亲近自然，乐于主动观察自然。

活动准备
☆ 场地准备：户外一片草丛。
☆ 材料准备：放大镜、收纳盒、小铲子、护目镜。
☆ 人数：1~20人。

活动步骤
☆ 在户外草丛中选定一片活动区域。
☆ 寻找藏在草丛中的小虫虫(如蚯蚓、西瓜虫、瓢虫)，依据兴趣尝试收集。

☆ 使用放大镜观察小虫虫，和同伴分享自己的发现。
☆ 活动结束，重新将小虫虫放回到草丛中。

活动说明

☆ 活动适宜3岁以上幼儿。
☆ 活动前，教师重点说明"寻找观察、不伤害虫虫"，加强幼儿生命意识教育。
☆ 寻找小虫虫过程中，教师重点关注幼儿的情绪情感，对虫虫暂时不感兴趣的幼儿，教师应及时调整活动。

活动拓展

☆ 发现西瓜虫的自我保护方式，利用此方式开展游戏"我也会保护自己"。
☆ 发现小虫虫的家，"跟踪"小虫虫，寻找它们的活动轨迹。

活动评价

多数孩子们喜欢在自然中观察虫虫，教师应提供合适的契机，鼓励他们认真、专注地观察虫虫的外形、身上的纹路、活动的方式、运动的轨迹等，引导幼儿走近虫虫的生活，激发他们探索微观世界的兴趣。

小鸟投食器

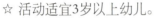

陈小庆

核心经验

☆ 善于观察周边事物，关注野生小鸟的生存方式。
☆ 尝试利用废旧物制作简易投食器，能正确、合理地使用工具。
☆ 对小动物有关爱之心。

活动方案篇·小鸟投食器

☆ 经验准备：会正确使用剪刀。
☆ 场地准备：小区内鸟儿喜欢聚集的大树。
☆ 材料准备：废旧的大号塑料瓶、剪刀或裁纸刀、结实的绳子。
☆ 人数：1~15人。

☆ 观察冬天小鸟觅食的图片，猜一猜小鸟会怎样过冬。
☆ 收集大号塑料瓶，清洗干净并晾干。用剪刀或裁纸刀在距离瓶子底部5厘米高度的地方裁剪出几个大孔。
☆ 用绳子在瓶口处进行缠绕，将制作好的瓶子悬挂在小鸟喜欢聚集的大树树枝上。
☆ 在瓶中放入鸟儿可食用的食物。

☆ 活动适宜4岁以上幼儿，可以在成人协助下完成。
☆ 制作过程中注意剪刀（裁纸刀）的正确使用方法。
☆ 收集的塑料瓶直径需要大一些，保证小鸟能够进入瓶中。
☆ 投食器悬挂的位置不宜太高，方便添食的高度即可。
☆ 定期检查投食器，及时添加食物。

☆ 可以自己设计不同样式的投食器，也可以通过查阅资料，学习自动投食器的制作方法。

幼儿天生对小动物有一种亲近之情，他们愿意接近小动物，更愿意帮助小动物。利用废旧物品制作投食器，既是对小鸟的一种关爱，也可以锻炼幼

儿的动手能力、观察能力，同时可以让幼儿观察小鸟的食用情况，了解小鸟的喜好。对幼儿来说，也是亲近自然、保护自然的一种方式。

变化的松果

焦 敏

☆ 运用观察与比较的方法发现松果遇水后的变化。
☆ 激发对自然物探究的兴趣。

☆ 场地准备：户外一片松树林。
☆ 材料准备：干松果、塑料盒（装有水）、放大镜。
☆ 人数：1~20人。

☆ 找到一片松树林，选定一棵大松树，观察树上的松果。
☆ 拿出事先收集的干松果，与树上松果比较，发现不同。
☆ 将干松果放入装有水的塑料盒中，耐心观察松果浸水后的变化。

☆ 活动适宜4岁以上幼儿。
☆ 教师重点引导幼儿细致观察，如干松果和树上松果有什么不同？幼儿通过观察、触摸，比较其外形、颜色、大小等异同。

☆ 在探索干松果遇水变化的过程中，鼓励幼儿耐心等待并仔细观察。

☆ 制作松果风铃。幼儿收集掉落的松果，用颜料涂色，用线绳进行悬挂装饰成一串风铃。

观察是幼儿学习的主要方式之一。自然环境中，幼儿通过对植物进行观察和感知，在亲身体验中发现大自然蕴藏的小秘密。这个游戏中，幼儿发现了松果在不同环境下的不同变化，不仅丰富了关于松果的学习经验，也进一步感受到植物生长的神奇。一颗探索自然的小种子在求知欲的驱动下，在心中生根发芽。

复眼的世界

何蓉娜

☆ 感受不同的视觉体验。
☆ 锻炼手部肌肉，手部动作灵活协调。
☆ 提升认真专注、耐心细心的学习品质。

活动准备
☆ 场地准备：室内。
☆ 材料准备：卫生纸芯（1个/人）、吸管（15根/人）、剪刀（1把/人）。
☆ 人数：1~10人。

活动步骤
☆ 用剪刀将卫生纸芯剪成两个等长的圆筒。
☆ 将口径一致的吸管剪成纸芯的高度，并分别填满纸芯的内部。
☆ 将制作好的"复眼"放在自己的眼前，自由观察自然中的事物。

活动说明
☆ 活动适宜4岁以上幼儿。
☆ 建议同一纸芯内选用同一口径的吸管制作"复眼"。
☆ 吸管越粗，复眼数量越少；吸管越细，复眼数量越多。填充的过程需要很大的耐心和细心。

☆ 开展角色游戏，模仿蝴蝶、蜜蜂等寻找自然中较为隐蔽的东西。
☆ 选用口径更大或更小的吸管制作"复眼"，对比不同数量下的复眼看到的事物景象，分享感受。

蝴蝶、蜻蜓、蜜蜂等大多昆虫都有复眼，而复眼和单眼带来的视觉感受各有不同。通过模拟"复眼"，孩子可以充分感受到不同视觉下的自然景色，增强视觉意识，加强对自然的感受力。而用吸管填充的制作过程，也能很好地提高孩子的注意力，在操作中提高动手能力。

树叶书签

焦 敏

☆ 掌握制作树叶书签的方法。
☆ 提高手部精细动作的发展。
☆ 体验动手制作的快乐。

☆ 场地准备：一片树林。
☆ 材料准备：小刷子、小抹布、过塑纸、打孔器、书籍、线绳。
☆ 人数：1~20人。

☆ 寻找树叶，发现树叶不同的纹路。
☆ 用小刷子或小抹布擦拭树叶，并将处理好的树叶用书籍夹住固定，使树叶能更加平展。

☆ 将平展的树叶加进过塑纸中，压制过塑后用打孔器穿孔。

☆ 使用细绳穿过小孔，打结，完成树叶书签的制作。

活动说明

☆ 活动适宜5岁以上幼儿。
☆ 处理树叶的过程，需要幼儿耐心细致，将树叶小心放置平展。
☆ 过塑环节，由成人帮助完成。

活动拓展

☆ 树叶书签排序。寻找和收集几种不同的树叶制作书签，并进行树叶书签排序游戏。

— 320 —

☆ 树叶书签分类。将收集的树叶书签按颜色、形状或大小进行分类，并举行树叶书签展。

活动评价

四季的树叶变化对于幼儿来说最为直观，将树叶保留下来也是一种好玩的游戏。他们可以做树叶书签，可以做树叶拼画，可以和树叶做各种游戏，既能细致观察，又能动手操作，这种比一比、摸一摸、闻一闻、看一看的活动方式十分符合幼儿学习特点。

树叶拼图

潘 文 刘沫含

☆ 提高对事物细节的观察力。
☆ 发展手部的精细动作。
☆ 体验制作树叶拼图的乐趣。

☆ 场地准备：户外有较多落叶的场地。
☆ 材料准备：落叶、剪刀、勾线笔等。
☆ 人数：1～20人。

☆ 幼儿自由寻找较新鲜的树叶，并将其擦拭干净。
☆ 用勾线笔在树叶上画出简单的线条或轮廓。
☆ 用剪刀将树叶剪成若干份，形成形状各异的树叶拼图板块。
☆ 将剪下的叶片还原成完整的形状，进行树叶拼图游戏。

活动说明
☆ 活动适宜4岁以上幼儿。
☆ 年龄小的幼儿，鼓励从选择大叶片、简单线条、少块数拼图开始，循序渐进增加挑战难度。

活动拓展
☆ 和同伴交换"拼图"，完成对方制作的树叶拼图。
☆ 利用拼图游戏后不同形状的树叶小片，进行树叶粘贴画或者树叶添画。

活动评价
　　不同于画纸的触感，孩子可以在不同形状的树叶上作画，不仅能大胆创造和想象，更别有一番乐趣体验。树叶无处不在，形态、颜色各不相同，在幼儿对树叶已有认识的基础上，将剪下的树叶重新拼起，对于孩子来说具有一定的挑战难度，能够增强幼儿对树叶的敏感度，提高观察分析能力，还能促进幼儿感受部分与整体的关系。

花园写生

郗 平

☆ 感受春天百花盛开的多姿多彩。
☆ 大胆用手中的画笔描绘和表现花丛中灵动的美丽景象。
☆ 喜欢参与户外写生活动。

☆ 场地准备：多种花树的开放花园。
☆ 材料准备：画架、各色颜料若干、排笔若干、调色盘、洗笔水桶、水粉纸、擦笔吸水布、取景器。
☆ 人数：1～15人。

☆ 感受和寻找眼中最美的一处景。孩子们看一看、摸一摸、动一动、听一听、闻一闻，近距离地观赏美景，发现花草间的趣事儿。
☆ 摆画架取景，选取自己需要的颜色。

☆ 仔细观察，进行自主写生活动。

☆ 欣赏同伴的作品，相互分享作品里的小故事。

活动说明
☆ 活动适宜5岁以上幼儿。
☆ 写生活动中，引导孩子从远到近地观察自己选择的花树，发现整体与局部细节的关系。

活动拓展
☆ 鼓励家庭周末开展亲子出游，在更广阔的大自然美景中进行写生活动。

活动评价
　　写生活动中，幼儿主动地去观察、发现，用自己理解的方式大胆地表现对事物的认识与情感。孩子们蹲在树下，趴在地上往上看，小脸贴在花叶间，触摸新发的绿叶、待放的花蕾……一番全身心的体验，将这份美好迁移到画卷中，尽情地表达自己的惊喜和欢乐。

树叶变奏曲

李林娜

核心经验
☆ 了解不同树叶的特性。
☆ 感受与树叶共舞的乐趣。
☆ 大胆想象和创造，能利用树叶特点进行创意拼贴。

活动方案篇·树叶变奏曲

活动准备
☆ 场地准备：深秋时节，有较多落叶的场地。
☆ 材料准备：不同种类的落叶。
☆ 人数：1~20人。

活动步骤
☆ 孩子们收集大量的落叶。
☆ 感受树叶：将落叶铺满幼儿园的操场，变成"树叶床"。孩子们尽情嬉戏、玩耍，与树叶亲密接触。
☆ 玩树叶：下树叶雨，或者像毛毛虫在树叶上扭扭身子爬一爬，或者用树枝将树叶串成糖葫芦。
☆ 树叶粘贴画：孩子们自由挑选不同形状和造型的树叶，进行创意拼贴，变成生动有趣的艺术作品。

活动说明
☆ 活动适宜3岁以上幼儿。
☆ 活动需要足够多的落叶，可以提前几天集中收集，或是发动更多人一起收集。
☆ 每个幼儿心里都有一颗美的种子，尊重并鼓励幼儿的创意表达和表现。

活动拓展
☆ 可以开展"树叶时装秀""树叶造纸""制作树叶标本"等多种活动。

活动评价

"树叶变奏曲"活动围绕孩子们的兴趣点开展，从感知、想象，到创意、表现，一路与游戏相伴。灵动的树叶在快乐奔跑的孩子们中穿梭、撒落，传递着秋的气息。孩子们在落叶间欢笑游戏，传递着童趣的纯真。整个活动在快乐的体验中呵护了孩子的天性，发展了创造力和想象力，萌发了孩子们对树叶的喜爱、对大自然的热爱。

攀　树

赵炎朋

核心经验

☆ 知道树间攀树、岩点攀树以及软绳垂直攀树三种攀树的玩法。
☆ 能够战胜畏惧，乐于挑战攀树活动。
☆ 增进与大树的亲密情感。

活动准备

☆ 场地准备：幼儿园内外适合攀爬的粗壮大树。
☆ 材料准备：安全帽、安全绳等攀树设备。
☆ 人数：1～15人。

活动步骤

☆ 了解攀树活动：播放攀树活动视频，初步了解攀树活动。
☆ 学习攀树要领：教师介绍树间攀树、岩点攀树以及软绳垂直攀树的基本方法。请个别幼儿尝试体验。在个别幼儿示范过程中，重点强调动作要领。
☆ 实践练习攀树：幼儿分为三个小组，挑选自己喜欢的攀爬项目。佩戴安全设备，练习攀爬，每组一名教师在旁指导与保护。
☆ 各组相互交换攀树项目，进行自主挑战和体验。

活动方案篇·攀 树

活动说明

☆ 活动适宜5岁以上幼儿。
☆ 强调安全事项，做好安全防护，对危险行为及时指正。

活动拓展

☆ 户外活动时间，开展常态化的攀树游戏。
☆ 社区内，幼儿可以选择低矮的树进行爬树游戏。
☆ 通过"攀树"运动，引发"树有多高"的猜测和探索。

活动评价

大树是人类的朋友，也是孩子们可以互动的游戏对象。"攀树"项目不同于广义的爬树，是一项较为惊险刺激的户外运动项目，多以攀爬巨树为乐。教师通过设置专业的攀树设备，开展多项攀树项目，激发孩子体验和挑战的乐趣。在借助绳索等工具中，幼儿逐渐掌握了攀树的基本技能技巧和动作要领，手脚协调能力、大肌肉力量都获得了发展，勇于坚持、敢于尝试的品质得到了提升。孩子们也在与大树的亲密接触中，逐渐建立与大树的情感。

亲子亲自然：挖野菜

郏 平

核心经验

☆ 认识几种可以食用的野菜。
☆ 欣赏河堤春天的美丽风景。
☆ 体会亲子挖野菜的乐趣，增进亲子情感。

活动准备

☆ 场地准备：河堤。
☆ 材料准备：小桶、装菜网兜、小铲子。
☆ 人数：3～10组家庭。

活动步骤

☆ 欣赏河堤景色，探寻和观察附近的植物、动物。

（1）发现河上飞翔的白色大鸟，引发猜想"这是什么鸟？"
取名字比赛：付羽辰——白鸟、李青润——捉鱼鸟、王钰硕——大水鸟。
（2）发现河岸湿润的土壤，"水会不会藏在地底下呢？"一起挖挖看，寻找地下水！

李青润：弟弟，我们都挖这么深了，还没有水，看来水藏得太深了。

莹莹：我们去河里提水吧！

孩子们纷纷去提水，倒进自己挖的小土坑。

王钰硕：看看我们的地下水。

付羽辰：这是我们的河。

☆ 认识河堤上特有的野菜——白蒿，以家庭为单位一起比赛挖野菜。

（1）观察白蒿的外形特征。

（2）小眼睛找白蒿，看一看，摸一摸，闻一闻，还要尝一尝。

（3）家长和孩子一起体验挖野菜的乐趣，比一比看谁挖的多。

（4）展示劳动成果，分享自己是怎样区别白蒿的，一起评选出挖菜高手。

活动拓展

☆ 发现干涸的河床形成的干裂土砖，来一场亲子搭建活动吧。

活动评价

春天万物复苏，本地有着"春吃白蒿防百病"的习俗，大家相约一起挖野菜——白蒿。看似简单的一次挖菜活动，却引发了一系列亲子亲自然游戏，比如发现水鸟取名字、寻找地下水、认识白蒿、竞技挖野菜、亲子搭建等。游戏中，孩子们积极主动，亲子协作，与同伴合作，一起体验劳动的乐趣，感受亲子与同伴间其乐融融的良好气氛。同时，自由自在的环境也让其乐融融的氛围更加浓厚，激励着孩子们的自我探索和成长。无论对于孩子还是家长都是一次幸福快乐的体验，对于良好的亲子互动是一剂有效的催化剂。

亲子亲自然：做木筏

张 倩

核心经验

☆ 感知树木及其枝叶的韧性。
☆ 尝试独立发现问题，手脑并用解决问题。
☆ 体会亲子动手制作的乐趣，增进亲子情感。

活动方案篇·亲子亲自然：做木筏

活动准备
☆ 场地准备：水渠边、小河边。
☆ 材料准备：小刀、剪刀等工具。
☆ 人数：3～10组家庭。

活动步骤
☆ 欣赏小桥流水人家的美景，引出"做木筏"的漂流游戏。
☆ 收集制作材料：就地取材，以家庭为单位，父母协助孩子搜集材料。
☆ 尝试制作木筏：父母和孩子们一起商量如何制作（如哪些材料可以作为船身，哪些材料可以变成绳子），商量好后，父母协助孩子一起制作。

☆ 木筏漂流比赛：孩子们将自己动手制作的木筏放到水中，来一场木筏漂流比赛！
　　孩子们屏住呼吸、轻轻地将木筏放到水中，看到木筏冲在前面的时候手舞足蹈；木筏不动了赶紧借助工具去拨；木筏在水中漂着漂着散开了，赶紧捡回来重新加固。

☆ 分享制作感受：孩子们介绍自己的制作过程，总结漂流游戏成功或失败的经验。

贾若曦：我的木筏使用了带着叶子的最细柳树条，它可以随意地弯曲成我们想要的形状，用细细的柳树枝缠绕在比较粗的柳树枝上，就可以浮起来了，但是却捆成了一个圆圆的捆，在水里沉沉浮浮，不能完全漂在水面上，非常容易被水面下的水草挂住。

徐辰赫：我的木筏是用五根粗的柳树枝横着放和五根细的柳树枝竖着放连在一起的，细的柳树枝比较软，可以在粗的柳树枝里绕来绕去，把粗的柳树枝固定起来。我想制作一张正方形的网，在漂流的时候，它不停地转圈，没有固定的方向，还有就是撞到岸边以后就散开了。

付羽辰：我的木筏是用四根一样长的直的干树枝竖着放，两根短的干树枝做头和尾横着放，然后在柳树上剥下来柳树皮当绳子，把木筏的头和尾穿上穿下，来回绕了两遍再绑紧柳树皮。在木筏的头部立着固定了一根旗杆，用捡来的一片大树叶做船帆，也固定在上面，还做了一个小人坐在船头。漂流的时候，木筏被风吹着，跑得非常快。玩了好几次漂流，木筏还是完整的。

王钰硕：我的木筏是用六根一样长的粗的柳树枝竖着放，然后用细细的柳树枝将它们缠起来，就可以了。漂流的时候，几根竖着的柳树枝都挤在了一起，漂着漂着就散了，看来还是不结实，我一会儿重新固定一下。

活动评价

孩子就像需要睡眠和食物一样，需要和自然的接触。他们在大自然里自由驰骋，放飞想象，这是学校和书本永远无法给予的成长体验，更是一笔宝贵的财富。就像在"做木筏"活动中，爸爸妈妈和孩子平等地投入到了"如何制作一个美观又结实的木筏"这个真实的问题情境中，一家人齐心协力，想办法、动脑筋，完成了一个独一无二的作品。在共同游戏、共同制作的过程中，孩子锻炼了动手能力，学会更加积极主动地面对和思考问题，在相互协作中体会到了解决问题和动手操作的快乐。

亲子亲自然：挖石头

王小丽

核心经验
☆ 观察石头形态，探寻不一样的石头。
☆ 尝试体验石头拼搭垒高的趣味玩法。
☆ 体验亲子探险的乐趣，增进亲子情感。

活动准备
☆ 场地准备：玉石山。
☆ 材料准备：小铲子、收集筐。
☆ 人数：3～10组家庭。

活动步骤
☆ 熟悉环境，可以先玩一个热身游戏。比如：大手拉小手，围成大圆圈，一会儿变大圈，一会儿变小圈。
☆ 寻找特别的石头：使用小铲子，挖出大小、形状各异的石头。和同伴相互分享自己的发现，为特别的石头起一个特别的名字。
☆ 垒石头：比一比谁的石头房子垒得高，数一数用了几块石头，想一想怎么样可以垒得更高。

☆ 爬土坡：沿着一条小土坡，父母和孩子一起爬上最高处。

　　爬土坡的过程并不容易，孩子们发现手脚没有着力的地方时，便会滑下去。这时，王钰硕小朋友（图中黄马甲男孩）想到了一个好主意。每爬一下前，他用小铲子在坡上刨个小坑，脚蹬进去，就这样慢慢地稳稳地爬到了坡顶。

☆ 土坡滑滑梯：从坡顶出发，享受滑土坡的乐趣。

活动评价

眼前是一片黄褐色的土石，心中却是一片五彩斑斓的世界。大自然总能带给孩子们丰富的体验和乐趣，软软的土、硬硬的石，或干燥或湿润，或普通或独特。即便是简单的"挖石头"，孩子们也如获至宝；猜石起名，点燃了孩子们的创意火花；石头垒高，尝试比较高低和数量，探寻平衡稳定的诀窍；冲上土坡的亲子探险，让大家都开足马力释放能量，在一边向上爬一边不断陷于沙土的挑战中解决问题、迎难而上；土坡滑滑梯，更像是登顶成功的"战利品"，令大家欢呼雀跃。神奇的自然为孩子打开了一扇发现自然之趣的窗户，更让家长走进了孩子的世界，回到了童年最美好的瞬间。

亲子亲自然：踩泥坑

王小丽

核心经验

☆ 丰富对泥沙的直接感受，感知泥沙特性。
☆ 能够合作玩出有创意的泥沙游戏。
☆ 体验亲子踩泥坑的乐趣，增进亲子情感。

活动准备

☆ 场地准备：河边沙地。
☆ 材料准备：小铲子。
☆ 人数：3~10组家庭。

活动步骤

☆ 探索环境：光脚丫感受沙地，和同伴自由游戏并观察环境。
☆ 挖泥沙：和同伴一起挖泥沙，分享自己的感受和发现。
☆ 踩泥坑：可以两人合作踩一个泥坑，或多人一起踩一个大大的泥坑。

踩泥坑的游戏受到了大朋友和小朋友的共同青睐。大家拉着手围成大圈,一边吆喝一边快速地将脚抽离泥沙。不一会儿,就有水从地下溢了出来。泥坑的表面像一块正在晃动的"果冻"。踩的时间越久,"果冻"变得越大,大家也越来越兴奋。最后,合力踩出了一个大大的泥水坑。

☆ 挖渠引流:合作挖一条水渠,将河道中的水引入渠中。

"玩"是孩子的天性。要想让孩子在大自然中"会玩",成人首先要"爱玩"。换上舒服、不怕脏的衣服和鞋子,和孩子们一起"疯",一起玩起来。就像这个活动中,几位妈妈和孩子一起在河滩上快乐地踩泥坑,看起来干干的沙地,不仅踩出了泥坑,还踩出了地下水,上演了真人版"小猪佩奇踩泥坑"的场景。看到她们投入、快乐的状态,我们试想一下,如果家长只是坐在一边拿着手机,看着孩子玩,恐怕孩子们的乐趣也会减半的。大人放开了,孩子才会更加投入,亲子之间便能更好地享受大自然带来的奇妙体验。

亲子亲自然:滑雪乐趣多

郝 平

☆ 体验山林滑雪的野趣,增进亲子情感。
☆ 掌握不同滑雪工具(滑雪板、滑雪片)的使用技巧。
☆ 激发本体运动知觉,促进身体平衡感。

☆ 场地准备:下雪的山林,相对安全的空间。
☆ 材料准备:滑雪板、滑雪片。
☆ 着装准备:保暖衣物、雪裤、雪鞋、手套。
☆ 人数:3~10组家庭。

☆ 徒步进入冰雪覆盖的山林:带孩子徒步进入冰雪覆盖的山林,逐步适应在冰雪上行走的感觉。沿途观察森林里的动植物,感受冬季动植物的生存状态,让孩子们了解冬季是生命在蓄积力量,等待春暖花开时的绽放。

☆ 寻找适宜滑雪的斜坡：有一定坡度，但能确保安全，至少一名成人在斜坡底守护，确保安全；检查坡道周围是否有凸起的树枝或尖利的石块，进行清除。

☆ 讲解并演示滑雪板和滑雪片的使用方法：告知孩子及成人滑雪板刹车的位置以及使用方法，两手同时拉刹车，力量要均匀，否则滑雪板偏离方向；下滑前，须将拉绳放进座位，防止拉绳挂住周围物体；不要到坡底急刹车，根据滑行速度，及时调控刹车。告知孩子及成人滑雪片的使用方法，滑雪片相对安全好把控，但需要用身体的运动知觉，掌握力的平衡点，能够启动滑行，并保持滑行速度。讲解完毕，进行动作示范。

❶ 冰冻的种子
❷ 中间结冰的植物——木贼
❸ 结冰的植物

▲ 滑雪板

▲ 滑雪片

☆ 滑雪乐陶陶：孩子及成人使用不同的滑雪工具进行尝试，逐渐掌握动作要领后，可以体验到滑雪的乐趣。成人也要参与其中，和孩子一起玩在自然中，乐在其中，将快乐的情绪传递给孩子。

☆ 滑雪板接龙：可将滑雪板的拉绳套在前一个小朋友的腹部、双臂下，连接形成小火车，"火车头"需要等待全体成员都做好准备，用力前行带动整个滑雪板"小火车"，成员之间也要把控平衡和速度，好让行进平稳顺利，共同体验滑雪板接龙滑行的乐趣。

▲ 亲子玩滑雪板

▲ 成人玩滑雪片

▲ 滑雪板接龙

美丽的秦岭是三秦大地的自然宝藏，走进12月的雪域森林，对于爸爸妈妈和孩子来说都是一场刺激又美妙的探险。徒步登山，冰面上颤颤巍巍地行走，共同寻找安全行走的方式，学习观察更加容易通过的路面，在危险的路段感受相互搀扶、互相帮助的温暖。一路慢行，满眼都是晶莹剔透的冰雪奇观，山崖边的冰凌带给孩子们探究的兴趣，所到之处皆是"草木结冰"的壮观景象。除了感叹大自然的鬼斧神工，孩子们心中也隐隐担忧，"会不会冻坏了整片森林的一草一木"。原来，冬季是大自然休养生息、蓄势待发的时期，为新的一年蓄积能量。

惊险刺激的滑雪使整个森林充满了欢声笑语。孩子们在与冰雪的亲密接触中充分释放天性，父母在对孩子的鼓励和陪伴中增进彼此情感。大家相互借鉴有趣的滑雪方法，共享各种雪橇，尤其是在滑雪板接龙的玩耍过程中，大孩子照顾小孩子，检查连接处是否安全，探索同走同停的刹车方法，团队相互配合，体验着滑雪的乐趣，感受着冬季里的暖意。

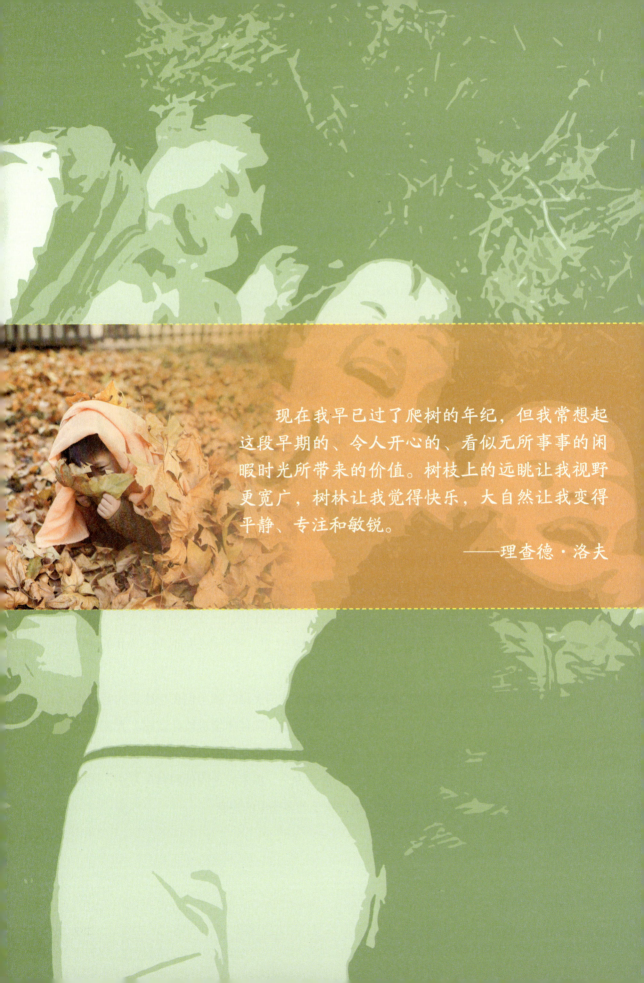

现在我早已过了爬树的年纪,但我常想起这段早期的、令人开心的、看似无所事事的闲暇时光所带来的价值。树枝上的远眺让我视野更宽广,树林让我觉得快乐,大自然让我变得平静、专注和敏锐。

——理查德·洛夫

自然游戏篇

大自然中到处都是"玩具",孩子们是真正的小玩家。落叶可以用来制作服装、书签、拼图、洞洞板;树枝可以投壶、挑树棍儿;泥土催生出无限创意,小树怪、摔泥碗、插花、细土画画,其乐无穷;阳光明媚的天气,追逐影的变幻,探寻风的秘密;即便雨雪天,成人眼中的坏天气,却成为孩子们眼中另一番风景。

春夏秋冬,四季轮回,时间承载了我们共享自然的美好回忆,也积淀了宝贵的经验和经历。在自然中游戏的童年,才是真正的童年!

弹果核儿

王 柳

游戏准备：一块干净平整的土地或水泥地，各种各样的果核儿若干。

适宜人数：2~10人。　　**适宜年龄**：3岁以上。　　**游戏时间**：15~20分钟。

游戏玩法

☆ 玩法一：选择同样种类的果核儿（如均选择桃核），在同一水平线上，一只手扶住果核儿，另一只手将果核儿弹出去，弹得远即为获胜。

☆ 玩法二：选择不同种类的果核儿，在同一水平线上，一只手扶住果核儿，另一只手将果核儿弹出去，弹得远即为获胜。

☆ 玩法三：在前方画一条线，在同一水平线上，一只手扶住果核儿，另一只手将果核儿弹出去，谁弹的果核儿距离线最近即为获胜。

☆ 玩法四：在前方画一个圆圈，在同一水平线上，一只手扶住果核儿，另一只手将果核儿弹出去，弹进圈内即为获胜。

☆ 玩法五：在前方放置一个塑料瓶或者易拉罐，在同一水平线上，一只手扶住果核儿，另一只手将果核儿弹出去，弹中目标即为获胜。

☆ 玩法六：两人一组，一名幼儿率先将果核儿弹出去，另一名幼儿以前者弹出去的果核为目标弹果核，如果弹中目标物，则将果核纳为己有，反之第一名幼儿继续以第二名幼儿的果核为目标进行游戏，直到两人将果核用完，看谁的收获多。

游戏拓展

☆ 鼓励幼儿讨论更多的"弹果核儿"玩法，和伙伴协商制定玩法规则。
☆ 引导幼儿想一想果核儿的品种和弹的远近是否有关系。

游戏说明

游戏的材料具有低结构性，在玩法上孩子们可以有多种选择，随意发挥自己的创造力。在游戏中既锻炼了孩子手眼协调的能力，也让孩子在无形中强化了规则意识。此外，游戏也能激发孩子主动探索的能力，果核儿的品种不同、形状不同与弹出去的距离的关系，也能引发孩子们在游戏里的思考，促进思维的发展。

抱大树

焦　敏

游戏准备：户外场地中粗细不同的大树若干棵。
适宜年龄：4岁以上。
适宜人数：1~10人。
游戏时间：10~20分钟。

游戏玩法

☆ 在小树林中，幼儿触摸一棵大树，感受树皮的粗糙或光滑。

☆ 目测大树，先用手或手臂比划大树的粗细。

☆ 和小伙伴拉成圆圈，体验圆圈大小，然后将围拢的圆圈与大树粗细进行比较。

☆ 拥抱大树，单人拥抱，多种感官感受大树的粗细；如果一人不能完全抱住大树，与其他伙伴合作完成拥抱大树的游戏。

☆ 抱住大树后，每人抬头观察不同视角下的大树。

☆ 拥抱完大树，伙伴们手拉手排成一条直线，看看大树的周长。

☆ 能将大树完全抱住，游戏结束。

游戏拓展

☆ 躲闪游戏。听儿歌指令，拥抱大树，进行躲藏游戏。

附儿歌：

老鼠老鼠在哪里，老猫老猫要抓你。

听见喵的一声叫，快把大树抱怀里。

☆ 数数游戏。幼儿可以清点大树的棵数，并根据大树的外貌进行简单的分类。

☆ 拓印树皮。用一块泥巴拓印自己喜欢的一处树皮。

游戏说明

这个游戏鼓励孩子们利用多种感官去和大树亲密接触，可以直观地观察到树皮的每一条纹路，通过触摸树皮体验树皮的粗糙或光滑，通过个人或者小组合作抱住大树，感受大树的粗细，直观体验并比较大树的周长。游戏中，孩子们运用观察、比较、合作等方法亲近自然，享受游戏带来的快乐和放松的体验。

投 壶

张 倩

游戏准备：户外泥土地，小铲子、细树枝若干。　　**适宜人数**：2～15人。
适宜年龄：4岁以上。　　**游戏时间**：10～20分钟。

游戏玩法

☆ 划定游戏区域，幼儿分组，使用小铲子挖出较深的坑洞。

☆ 近投比赛：起点距离坑洞一米左右，三人一组，每人三根树枝，向坑洞内投掷，投进树枝数量最多者获胜。

☆ 远投比赛：起点距离坑洞三米左右，三人一组，每人三根树枝，向坑洞内投掷，投进树枝数量最多者获胜。

游戏拓展

☆ 可设置闯关比赛提高挑战难度，例如每组设置三关，每人六根树枝，可以同时游戏，即第一关"近投"（投进去一个），成功后进入第二关"远投"（投进去一个），成功后闯入第三关"单脚投壶"（近投并投进去一个）。

☆ 可以将细树枝换成石头、纸球、筷子等常见材料，开展投掷游戏。

游戏说明

"投壶"是古代宴饮时的一种投掷游戏，也是我国历史上极具代表性的娱乐活动。游戏简单有趣，却具有游戏、竞技、健身、教育等文化形态和价值。亲自然游戏

中,我们以树枝代箭、坑洞代壶,就地取材,童趣地还原了投壶游戏,使幼儿在尝试投远、投准中,发展手眼协调能力、专注力以及手部力量,掌握正确的投掷方法,获得身体动作的发展,体验投壶游戏的乐趣。

勾老将

王　楠

游戏准备：带叶柄的落叶若干。　　**适宜人数**：2人以上（双数为宜）。
适宜年龄：3岁以上。　　　　　　**游戏时间**：5～10分钟。

游戏玩法

☆ 收集各种带叶柄的树叶,将树叶上叶柄的部分取下。

☆ 参加者两人一组,每人一个叶柄,将叶柄相交叉,双手捏住叶柄的两端。

☆ 当游戏开始时,捏住叶柄的双手用力往自己身体（怀里）方向拉。

☆ 叶柄断掉的一方为输,叶柄未断的一方为赢。

游戏拓展

☆ 可以尝试不同种类的叶柄,感受韧性的不同。

☆ 尝试同时用两根或三根叶柄游戏。

游戏说明

"勾老将"游戏带给幼儿无尽的快乐，一根小小的叶柄带给幼儿不同的体验。此游戏是我国传统民间游戏的一种，玩法简单易学，游戏所需材料随处可见。在反复的游戏中，幼儿感受不同树叶叶柄的柔韧性，在一番较量中收获挑战的乐趣。

盲　行

刘沫含　潘　文

游戏准备：有草坪、树、石子路、泥土地、坡道等的户外场地，眼罩、丝巾、标记卡等物品。

适宜人数：2～20人。　　**适宜年龄**：3岁以上。　　**游戏时间**：10～20分钟。

游戏玩法

☆ 玩法一：2人一组盲行。一名孩子为蒙眼者，另一名为引导者。引导者需寻找一段"有趣的路"，带领蒙眼者去充分体验路上的大树、石子路、草地等。摘下眼罩后，让孩子去找找刚才都经过哪里。

☆ 玩法二：3～4人一组盲行（更适宜5岁以上幼儿）。每组排成一路纵队，每一个人都要用眼罩蒙住双眼，并且把手臂搭在前面一个人的肩膀上。成人或幼儿作为引导者，带领蒙眼者通过手、耳、鼻感知周围的环境。行进过程中，引导者可引领蒙眼者走入变化多端的环境，并将标记卡放在沿途所停留过的地方。到达目的地，孩子们取下眼罩，结合感官记忆、标记卡等线索找到走过的路。

游戏拓展

☆ 孩子们躺在草地上,闭上眼睛,安静地倾听大自然的声音。

☆ 可以取消标记卡,让孩子们根据一路的感官记忆,绘制地图,进行游戏。

游戏说明

当蒙住双眼时,孩子们内心不自觉地会产生恐惧,若是有一个同伴作为蒙眼者的眼睛,可以缓解甚至消除蒙眼者的心理恐惧。盲行之旅便是让彼此的心靠得更近,信任同伴的引领和帮助,调动触、嗅、听觉与大自然亲密接触,在感受大自然的同时更感受到来自同伴的温暖。整个活动,孩子自由、放松、安全、愉悦,唤醒自身多感官的灵敏度,更萌发了亲近自然、信任同伴的情感。

松塔保龄球

刘沫含

游戏准备:松塔若干、石头。　　**适宜人数**:2~15人。

适宜年龄:4岁以上。　　**游戏时间**:10~20分钟。

自然游戏篇 · 松塔保龄球

游戏玩法

☆ 将10个松塔以每行1、2、3、4的数量摆放成三角形。
☆ 选择一块石头，保持一定距离，使手中的石头滚向目标，将松塔撞散。
☆ 两人一组比赛，看看每一轮谁撞散的松塔最多。
☆ 分享成功击中松塔并能撞散松塔造型的办法。

游戏拓展

☆ 保持更远的距离，或减少松塔数量（如6个、3个），增加游戏难度。
☆ 改变游戏中松塔的造型，例如搭建立体的松塔。
☆ 小组比赛，引入"计分制"，看看哪一组最后撞散的松塔数量最多。

游戏说明

保龄球，又称地滚球，是在木板道上滚球击柱的一种室内运动。保龄球具有娱乐性、趣味性、抗争性和技巧性，给人以身体和意志的锻炼。运用自然物松塔摆成三角形的造型，用石头进行撞击。游戏不仅可以锻炼幼儿手、眼的控制和判断能力，也能提高幼儿对物体空间位置的分辨能力等。游戏中，建议选择更厚更圆的石头，以利于滚动。这一点，也可以引导孩子在挑选石头、反复游戏对比后，进行经验分享时再说明。

挑树棍儿

王小丽

游戏准备：室内外空旷的地面，树枝若干。

适宜年龄：4岁以上。

适宜人数：2人以上。

游戏时间：10～20分钟。

游戏玩法

☆ 玩法一：单独游戏。每人分发十根树枝，将树枝随意撒落在地板上，每次只能用手挑走一根树枝，且不能触动其它树枝。

☆ 玩法二：两人比赛。十根树枝一组，将树枝随意撒在地板上，两人轮流挑走一根树枝，以不动摇其它树枝为胜。

☆ 玩法三：小组合作。每组十根树枝，选出一位队长将自己组的树枝随意撒落在地板上，比赛指令开始后，队员轮流挑走树枝，不能动摇其它的树枝，先挑完者获胜。

☆ 玩法四：两人（组）对决赛，每组十根树枝。相互派一名队员为对方撒树枝，以先挑完者为胜。

☆ 玩法五：两队或多队比赛，增加树枝数量至二十根，撒落在地板上，先挑完者获胜。

游戏拓展

☆ 开展搭建"树枝小屋"活动。

游戏说明

游戏中，孩子逐渐掌握挑树棍儿技巧，如先独后众，先上后下，先外围后叠加，力求稳、准、快。同时，了解到越散开越好挑，越集中越困难。一次次的成功和失败，让幼儿丰富了游戏经验，形成了游戏策略。尤其在对战中为对方设置障碍时，将这样的经验利用到的一方则更有可能取得胜利。

听 草

杨 静

游戏准备：空旷的户外草地。
适宜年龄：3岁以上。
适宜人数：2～15人。
游戏时间：5～10分钟。

游戏玩法

☆ 在草地上选择自己喜欢的小草，拔下草的茎部（以便草能继续生长）放在耳边。
☆ 用手指轻轻转动草茎，静静倾听草叶拍打耳廓发出的声音。
☆ 用嘴吹动草叶或双手合十搓动草叶，倾听不同草叶发出的不同声响。
☆ 把草戴在耳朵或插在头发上奔跑，听听草是否发出声音。

游戏拓展

☆ 启发孩子尝试不断改变动作和草互动，使草发出不同声响。

游戏说明

"听草"游戏开展时,要为孩子创设一个安静的空间,让孩子全身心地投入到倾听的活动中,发现小草的神奇和美妙的声音。为了防止夏季蚊虫叮咬,进入草丛时最好穿长袖长裤。

抓石子

周　瑾

游戏准备:空旷的场地,平坦的地面或桌面;小石子若干。

适宜人数:2人以上。　　**适宜年龄**:5岁以上。　　**游戏时间**:5~10分钟。

游戏玩法

☆ 幼儿2~3人一组围在一起,共用5颗以上的石子。

☆ 可采用石头剪刀布的方式决定游戏顺序,赢的人将石头撒在地面(桌面)上。

☆ 选择其中一颗石子向上抛，趁向上抛的石子落地前，迅速抓起地面上的第二颗石子，再接住刚才向上抛的石子。以此类推，抓起第三颗石子。

☆ 捡石子时，如果碰到其它石子或中途掉落石子，以及最终没有接住石子，则轮到下一个小朋友进行游戏。

☆ 所有的石子全部抓完，手中石子最多者获胜。

游戏拓展

☆ 可以在抛起一颗石子的同时，抓起地面两颗或更多石子，增加游戏难度。

☆ 翻转手背接石子，即把5颗石子全部抓在手心，向上抛并用手背接住，看看谁的手背接住的多。

☆ 扔石子比赛，看看谁的石子飞得远。

游戏说明

"抓石子"是一种传统的民间游戏，玩法简单，材料易得，并充满趣味和挑战。看似简单的重复，却能锻炼孩子的手眼协调能力，尤其是手部动作的灵活、精细动作的发展和手部肌肉的力量。通过重复游戏，孩子在一次次失败和成功的经验中不断强化感知觉体验，更加熟能生巧地"玩"，游戏时幼儿更加专注，思维也更加灵活。教师可以依据幼儿的游戏现状，不断提升游戏挑战的难度，推动游戏持续深入地进行，使幼儿获得充分的满足和成就感。

宾果游戏

邓昕欣

游戏准备：社区小花园；搜集袋、记录表、水彩笔，人手一份。

适宜人数：2～20人。　　**适宜年龄**：5岁以上。　　**游戏时间**：15～25分钟。

游戏玩法

☆ 第一次外出：观察记录"我发现了……"（植物、建筑物、声音、小物件……），用绘画的方式记录（简易线条简笔画形式），边寻找边记录在空表中。

☆ 幼儿互相交流自己记录的符号，猜测别人记录的内容。

☆ 第二次外出：教师提前准备，整理复制孩子绘制的符号在一张纸上。

☆ 幼儿边观察边寻找纸上的符号，用数字标注顺序，绘制寻找路线图。

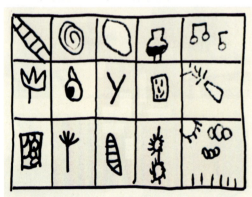 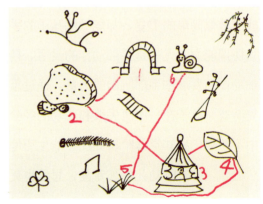

游戏拓展

☆ 寻宝连连看：能够按照图片上的图案寻找，横向、竖向、斜向能够找到相连的三个相同图案，表示任务完成。

游戏说明

游戏中,幼儿尝试将观察或感受到的事物用符号的形式记录下来,不仅锻炼了对具体事物的表现能力,也刺激了感官的敏感性,使幼儿更关注自然界中的微观事物以及鸟语花香。寻找的过程也带给孩子更充分的探索乐趣,其中蕴含着对比、匹配等学习能力的培养,幼儿在发现和验证的过程中,在分享和讨论的氛围中,不断收获有益于成长的学习经验。

花园小侦探

姚 岚

游戏准备:花园,花园中自然物照片或实物若干。　**适宜人数**:2人以上。
适宜年龄:3岁以上。　**游戏时间**:15~30分钟。

游戏玩法

☆ 教师出示提前在花园某一处拍下的树叶图片(或实物),幼儿仔细观察外形后,根据教师限定的侦察范围开始四散寻找,并取证带回进行比对,看谁找得又快又准。

☆ 幼儿自由分组,根据教师出示的不同自然物(如枝干、石头、地洞等)图片,开始在限定的范围内观察寻找,先找到的小组为胜。

☆ 每一组派出一名幼儿，仿照教师在花园里确定一个自然物，其他组幼儿寻找，看看哪组最先找到。

游戏拓展

☆ 充分调动幼儿感官，利用触觉、听觉、嗅觉等方式记忆自然物的特征并进行寻找，增加游戏的趣味性。

☆ 可根据幼儿年龄调整任务难度，选择两个及以上的物品让幼儿在限定范围内进行寻找。

游戏说明

"花园小侦探"游戏趣味性强，利用任务驱动幼儿充分调动多个感官进行比对寻找。幼儿在游戏中需要通过细心观察、专注寻找、仔细比对等方式去完成每一个小任务，并获得成就感。游戏能够促进其观察力、记忆力、专注力的良好发展。在游戏过程中，教师逐步退出游戏的主导位置，成为幼儿身后的支持者，在必要时提供帮助。同时，教师在游戏中可根据幼儿的年龄，对任务难易程度进行调整。比如：小班幼儿可手持实物去寻找比对，中班幼儿可通过对物体的观察记忆去寻找，大班幼儿可同时挑战两个及以上的自然物去寻找，等等。特别提醒，注意在游戏前与幼儿明确寻找范围，事先做好安全教育。

趣味"扫雷"

张 倩

游戏准备： 户外小花园或小树林，小铲子、雪花片（插塑玩具）、自制小红旗。

适宜人数：2~20人。　　**适宜年龄**：4岁以上。　　**游戏时间**：15~20分钟。

游戏玩法

☆ 幼儿分成两组，一组为"埋雷组"，一组为"扫雷组"。

☆ 划定游戏区域，埋雷组用雪花片作为仿真地雷，在1分钟内用小铲子将5~10枚"地雷"埋在土中，或用树叶掩盖。扫雷组集体闭上眼睛，进行1分钟倒计时。

☆ 在指定区域内，扫雷组手持小铲子和小红旗寻找"地雷"，发现有地雷的地方，插上小红旗做标识，在10分钟内尽可能扫完地雷。埋雷组统计小红旗个数，并核实完成情况，未扫出的地雷由埋雷组揭晓。

☆ 两组进行角色交换，再次进行扫雷游戏。

☆ 两轮游戏结束后，扫清地雷最多的组获胜。

游戏拓展

☆ 通过拓展游戏范围，设置更多地雷数量，提高游戏挑战难度。

游戏说明

"扫雷"游戏让孩子们在观察和利用自然环境、一藏一找的互动中体验发现的惊喜和乐趣。教师可以在埋雷环节鼓励孩子通过周围环境的特点，记忆自己埋雷的位置（例如一棵粗壮的大树下），在扫雷环节提示幼儿观察环境的细节变化作为寻找的线索，以及提供机会请幼儿自己统计扫雷数量。游戏中，埋雷的数量和游戏活动范围，可以依据幼儿参与人数来调整。找寻的技巧、团队的协作会更利于游戏的成功。

我听到了什么

王 妮

游戏准备：空旷的室外草地（公园中或小区中），眼罩、白纸、笔。

适宜人数：1～10人。　　**适宜年龄**：4岁以上。　　**游戏时间**：15分钟。

游戏玩法

☆ 孩子围坐在草地上，戴上眼罩，认真聆听草地上的声音2分钟。

☆ 请幼儿说说自己听到的声音。

☆ 再次围坐，认真聆听声音3分钟。

☆ 用绘画的方式记录下自己听到的声音。

☆ 和小朋友一起讲述自己听到的、想到的不同声音和不同场景。

游戏拓展

☆ 可以更换场地（水池边、树林里等）。
☆ 分组人数可随意调整。

游戏说明

冥想游戏会让我们变得沉静安详，身心得到充分的放松。通过静心感受大自然的冥想活动，孩子们可以聆听大自然中美妙的声音，打开身体的感官，发现大自然的另一种美。

树叶识色

刘沫含

游戏准备：各种不同的树叶、筐子、树枝（或粉笔）。　　**适宜人数**：2人以上。
适宜年龄：3岁以上。　　**游戏时间**：10～20分钟。

游戏玩法

☆ 幼儿自由寻找不同的树叶，将树叶放进收集筐里。
☆ 两人合作，将收集的树叶按颜色进行分类。
☆ 用树枝摆成分类格（或粉笔画分类格），将颜色相同的树叶放在一起。

游戏拓展

☆ 可根据幼儿游戏的程度对树叶进行细化分类，可进行形状分类或颜色形状的二

级分类。

☆ 给树叶打孔，依据颜色或形状特点进行模式排序，制作树叶项链。

游戏说明

树叶识色游戏玩法简单易懂，幼儿能够通过观察、对比发现自然物特征，并根据其外部特征进行分类，也是一种有趣的数学学习。游戏可根据幼儿的能力逐一增加难度，从单一的颜色分类到自行设计分类标准，在游戏中帮助幼儿获得有益的学习经验。

舞动的草籽

姚 岚

游戏准备： 收集各类草籽、金属容器、保鲜膜或塑料袋、较薄纸张、记号笔等。

适宜人数： 2人以上。　　**适宜年龄：** 3岁以上。　　**游戏时间：** 15分钟。

游戏玩法

玩法一：

☆ 将不锈钢盆、杯子等金属容器的开口处蒙上一层塑料袋。用手在底端将多余部分的塑料袋攥紧，制造出空鼓的效果。

自然游戏篇·舞动的草籽

☆ 将收集到的若干草籽撒在紧绷的鼓膜表面。
☆ 对着鼓膜上的草籽拖长声音叫喊，观察鼓面草籽随音量大小的跳动变化。
☆ 可鼓励幼儿尝试变换不同方位发声，探索发现草籽振动的变化。

玩法二：
☆ 准备一张薄纸双手拉展。
☆ 将草籽放在上面对着叫喊，对比玩法一的跳动效果，发现有什么不同。
☆ 在纸上画一个小房子，将草籽集中在房子里，和同伴比一比，谁能用声音把草籽从房子里全都叫出来。

游戏拓展

☆ 尝试通过多种方法让音量变大，如自制扩音器、齐声叫喊等，观察草籽舞动的变化。
☆ 可尝试更换细沙、花瓣等材料探索声音和物体振动之间的关系。

游戏说明

小小草籽随着声波的振动就可以翩翩起舞，这个奇妙的小游戏让幼儿通过观察草籽随声音在鼓面跳动的现象，对声音的传播与振动有了直观形象的感知，让声音可以看得见，从而激发幼儿对声音进一步的认知与探索。对比两种玩法我们会发现：玩法一的准备较复杂，但是草籽的跳动效果更好；玩法二的跳动效果较弱，但是操作更加简单便捷。同时也可以将草籽放在其它材料上，如铃鼓的鼓面、大片树叶等材料上进

行尝试，鼓励幼儿找寻更加合适的承托工具。成人在指导幼儿自制鼓面时需注意：双手需尽量少用力固定金属容器本身，以保证良好的振动效果。

与树共舞

王小丽

游戏准备：户外场地中有较粗的树，大树下地面平坦宽阔。

适宜人数：2～15人。　　**适宜年龄**：3岁以上。　　**游戏时间**：10～20分钟。

游戏玩法

☆ 观察大树枝干、形态，闻一闻大树的味道，触摸感受大树"皮肤"。

☆ 和大树一起进行律动游戏，按照相同节奏轻轻拍打自己和大树。

☆ 多人手拉手拥抱大树，确定这棵树最少需要几个人可以环抱。

☆ 围圈面向大树，按照一个方向一边触摸树皮纹理一边移动。

☆ 手拉手围住大树，孩子们进行走、跑、跳、爬等游戏。

☆ 每人找到一棵树，以树为中心旋转，玩"扇叶"旋转之舞。

☆ 模仿树根向下生长缠绕，创编树根舞。

游戏拓展

☆ 听树"喝水"的声音，需要保持安静，轻靠在大树枝干上安静聆听。

☆ 在树林中"盲行"，光脚或穿着袜子，感受树叶、小草、土地、石头等带给皮肤的不同触感。

游戏说明

孩子与大树亲密接触，通过嗅觉感知大树的味道，触觉感受大树纹理的特别，拥抱大树可以根据人数的多少来测量大树的粗壮，观察树干和露在外面的树根形态来感受大树生长的力量。通过多感官感受，孩子们在与大树的节奏游戏、围圈走跑跳、扇叶旋转、模仿树根形态等律动游戏中，唤醒多样感受，发展肢体协调能力和艺术表现力，提升想象力和创造力。

动物小剧场

孟卫平　何蓉娜

游戏准备：室内或户外草坪，四季皆可。　**适宜人数**：2人以上。
适宜年龄：3岁以上。　**游戏时间**：10～20分钟。

游戏玩法

☆ 找到一片空地作为游戏的"舞台"，告诉孩子们我们将进行"动物小剧场"表演。

☆ 个人表演：每次请一名孩子用肢体模仿一种动物，进行无声表演，其他孩子来猜。

☆ 小组表演：每次请一组孩子用肢体模仿不同动物，可以附加动物声音，其他组来辨识。表演者说出模仿动物的名称，每人分别代表的是动物的什么部位。

游戏拓展

☆ "我是小蛇"（或其它动物），体验蛇的生活，对某一动物有更深入的了解和认识。

☆ 鼓励幼儿协商分配角色，表演一个完整的故事（如破茧成蝶，小蝌蚪找妈妈，小鸟翅膀受伤了）。

游戏说明

模仿是孩子典型的学习方式。游戏通过对动物身体、动作、声音的模仿，有助于孩子们了解自然界中的动物，捕捉动物的基本特征。同时，通过肢体的表达表现，孩子们舒展身体、发展动作，并在合作中激活思维、激发兴趣、增强自信。

我是谁

贾 靖

游戏准备：室内或户外草坪，动物图片。　　**适宜人数**：2人以上。
适宜年龄：5岁以上。　　**游戏时间**：10~15分钟。

游戏玩法

☆ 邀请一名孩子作为猜谜者，另一名孩子在其身后出示一张动物图片，猜谜者并不知道"我是谁"，但其余幼儿知道。

☆ 猜谜者进行提问（如：这个动物有几条腿？生活在哪里？喜欢吃什么？害怕什么？等等），其余幼儿进行回答，通过获得的线索推断"我是谁"。

☆ 每一名猜谜者有十次提问机会。

☆ 猜对，则猜谜者随机说出一种动物，其余幼儿集体模仿表演；猜错，则猜谜者对所猜测的动物进行模仿表演。

游戏拓展

☆ 可改变回答方式，增加游戏的挑战性，如其余幼儿只能回答"是"或"不

是",而猜测者的问题变得更加具体,如:"这个动物生活在水里吗?会飞吗?有四条腿吗?"通过有技巧的提问获得线索,最终推断出"我是谁"。

☆ 可在家庭中进行亲子游戏,如通过提问推测家人心中所想的动物,还可以角色交换,由家人提问推测孩子心中所想的动物。

游戏说明

语言是思维的工具。此游戏从幼儿关注和喜欢的"动物"话题切入,为幼儿创设了一个想说、敢说、喜欢说的环境氛围。一来一去的互动猜测,能够引发孩子从身体特点、生活环境、饮食习性等方面分类归纳动物的相关信息并进行推理,进而丰富关于动物更客观、全面的学习经验,有助于激发孩子在日后生活中对动物更细致的观察和探索欲。

寻找"伪装者"

何蓉娜　贾　靖

游戏准备:户外小花园,不同颜色纱巾、仿真树叶等。　　**适宜人数**:2~10人。
适宜年龄:4岁以上。　　**游戏时间**:10~15分钟。

游戏玩法

☆ 孩子们分成两组,一组为隐匿者,一组为搜寻者。

☆ 在户外指定的游戏区域内,隐匿者尽量选择和服装颜色相似的环境,或者用游戏道具掩饰自己,以"保护色"的方式和自然物融合在一起。

☆ 待隐藏完毕，搜寻者出动，找出全部隐匿者。

☆ 分享游戏感受。

☆ 交换角色，重新开始游戏。

游戏拓展

☆ 收集或自制更丰富的道具进行游戏，例如提前准备与灌木丛颜色相近的绿色迷彩服、与树干颜色相近的褐色卡纸自制服装、编制花环或草环作为头饰等，帮助自己更好地"伪装"隐藏。

游戏说明

保护色是动物界很常见的现象。游戏前，教师应进行关于动物保护色的相关经验铺垫，和孩子们一起讨论自己的服装颜色和周围环境中哪些事物的颜色相近。此游戏有助于孩子们了解一些动物"伪装"自己的本领，感受自然界生存竞争下的动物和天敌、动物和自然环境的关系。游戏要求孩子们保持警觉和敏捷，依据环境特点迅速做出反应，在尝试"伪装"的过程中，增强对拥有保护色动物的了解。

相关链接：

绘本《艾玛捉迷藏》《谁是仿冒大王(动物的保护色与拟态)/达克比办案》《乱七八糟的变色龙》等。

扒沙堡

姚 岚

游戏准备：散沙土、细树枝或小木棍。　　**适宜人数**：2~15人。
适宜年龄：3岁以上。　　　　　　　　　**游戏时间**：10~20分钟。

游戏玩法

☆ 把沙土堆成锥形小山包状，形成沙堡。取一根高于沙堡的木棍，从沙堡顶端垂直插入底端。

☆ 幼儿围坐在沙堡前，依次从沙堆外围开始，一圈一圈扒掉若干沙土。

☆ 幼儿轮流每回限扒一次，使沙堡不断变小。

☆ 最后让木棍倒下的一方失败，其他幼儿胜利。

游戏拓展

☆ 可选用不同长度的木棍进行游戏，增加游戏的挑战性。在比较中探索木棍长度与游戏的难易关系。

☆ 可根据环境选择不同材料堆沙堡，如碎石、木屑、积雪、泥巴等，思考小木棍在什么堆里最稳固，为什么。

游戏说明

"扒沙堡"是一种传统的民间游戏,游戏玩法十分简单易学,游戏中需要的材料在自然中也随处可见。游戏两个人能玩儿,十几个人也能一起玩儿,是一个简单、易重复操作的游戏。这个游戏看似简单,但趣味性很强,游戏过程由易到难,考验幼儿的胆量和细心,激发幼儿的冒险精神和沉着冷静的思考习惯,锻炼幼儿大胆尝试并且细心操作的学习品质。同时,在反复的游戏中不断获得的游戏经验,有利于让幼儿思考并获得物体之间相互作用的关系,并利用经验尝试挑战更高难度。

搓沙球

王 柳

游戏准备:一块沙地,水、水桶、小铲子。
适宜年龄:3岁以上。
适宜人数:2~15人。
游戏时间:10~15分钟。

游戏玩法

☆ 参与者圈出一小块沙地,用水打湿,其余地方保持干燥。
☆ 开始搓沙球,注意搓沙球的技巧,一定要一层湿沙一层干沙交替搓。
☆ 比比谁搓的沙球更圆更大。
☆ 沙球搓好后,把自己的沙球藏到一个不容易找到的地方保存。
☆ 两天后再来寻找自己的沙球,如果完好无损,没有开裂则成功。
☆ 如果意犹未尽,可以再来一次搓沙球的游戏。注意湿沙干沙交替搓,掌握搓沙

球的要领，以便沙球可以保存更久的时间。

游戏拓展

☆ 搭建沙堡，利用搓沙球的经验，尝试将自己的沙堡搭建得坚固一些。

☆ 做沙画，在一片平地上，撒一把沙子，便可以创作沙画了。

☆ 寻宝游戏，沙子中会有一些小贝壳、石子之类的"宝藏"，想办法在沙子中寻找到神奇的宝贝。

游戏说明

这个游戏可以锻炼孩子手部精细动作的发展。搓圆的过程中，孩子们需要不断地进行尝试，在不断试误中，他们通过观察、比较同伴和自己搓沙球方式的区别，慢慢吸取经验，逐渐掌握技巧，学会搓沙球的方法，搓出来大大小小的沙球。在搓的过程中，他们比较沙球的大小，初步认识到沙球体积大小与沙子数量的关系，做到了在玩中探索，在玩中学习。

丛林寻宝记

林雅静

游戏准备：小型灌木丛，鹅卵石10个、小铲子10个。
适宜年龄：5岁以上。
适宜人数：2~20人。
游戏时间：20~30分钟。

游戏玩法

☆ 平均分成两组，一组进行藏宝，一组进行寻宝。
☆ 藏宝组的幼儿在规定时间内把自己带来的鹅卵石藏在丛林中的一个地方，并用自然物进行隐蔽。
☆ 寻宝组的幼儿在规定时间内进行寻找。
☆ 两组交换角色，重复游戏玩法。

游戏拓展

☆ 游戏中可以用提问的方式来进行线索的打探，降低难度。
☆ 可以在游戏中用画图的方式进行提示。
☆ 可以用语言指令给出相关信息。
☆ 除了小组游戏之外，还可以是两人一组，一人藏一人找。

游戏说明

寻宝活动是一个利用"鹅卵石"进行的捉迷藏游戏。游戏中，孩子们学会观察和发现周围自然环境的特点，并尝试利用这些小特点进行游戏。幼儿也在不断推理和观察中，用更加智慧的方式选择隐藏点，对环境不断深入探索，丰富着对自然环境的体验。

神秘树叶袋

林雅静

游戏准备：布袋或纸袋、落叶（装满布袋即可）、石子、眼罩。

适宜人数：2~15人。　　**适宜年龄**：3岁以上。　　**游戏时间**：10~20分钟。

游戏玩法

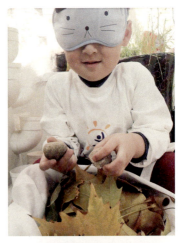

☆ 2人一组挑选若干大小不一的石子放进布袋中。

☆ 继续在袋子中放满落叶，捏住袋口摇晃使石子与落叶混合在一起。

☆ 2人一起戴眼罩，每人伸一只手在布袋中摸石子。

☆ 1分钟内，看看谁摸到的石子多。

游戏拓展

☆ 可根据年龄不同，调整放在袋子里的石子的大小和数量。

游戏说明

落叶是孩子们喜欢并很容易得到的活动材料，孩子们用落叶可以玩出多种多样的游戏。"神秘树叶袋"把孩子们捡来的落叶收集在一起，通过自己动手制作游戏道具，让游戏更加有趣，在不断的触摸中刺激孩子的触觉。

摔泥碗

睢 琳 刘宇辰

游戏准备：户外空旷的平地，铲子、水桶、黄泥等。　　**适宜人数**：2～20人。
适宜年龄：5岁以上。　　**游戏时间**：20～30分钟。

游戏玩法

☆ 幼儿两人一组，两组间进行游戏。每组取等量黄泥，将黄泥加水和成泥巴，并将泥巴摔"熟"，即泥巴摔得柔软、细腻、富有弹性。

☆ 将碗底捏大、捏薄，摔时垂直向下用力（泥碗未摔之前，需保持碗底平整）。

☆ 用手蘸水将泥巴捏成碗状，边念儿歌边将泥碗高高举起，然后将碗口向下，用力将自己的泥碗摔在地上，泥碗发出"啪"的声响，碗底便会破出大小不同的眼，谁的响声大，泥碗破口大，谁就摔得好。

☆ 谁的破口大，另一组就要用自己的黄泥给对方填补破口，补碗的泥要盖住破口，泥巴不能掉进去，哪组的泥巴先用完就输了。重复游戏。

游戏拓展

☆ 用自然材料装饰泥碗，如创作插花艺术作品。

☆ 制作各种泥巴玩具，如搓泥团，用细木棒串成糖葫芦，也可捏成小动物、小泥人、小泥车、坦克、手枪等多样生动有趣的形象。

游戏说明

"摔泥碗"是流传于民间的传统游戏，游戏玩法简单有趣。"泥"容易成型，也容易还原。在做泥碗的过程中，孩子们小心翼翼，轻捏慢压，认真专注地研究自己的作品，也发展了手部精细动作。"摔泥碗"的时候，尤其需要手肘、手臂的力量和动作协调。游戏中，孩子们不断尝试探索让"摔泥碗"的声音更响、破口更大的方法，萌发了浓厚的游戏兴趣，也获取了丰富的造型经验和乐趣体验。

附儿歌：

东北风，西北风，我们的泥碗好大声儿；

大泥碗，小泥碗，我们的泥碗好大眼儿。

噼噼啪啪响不响？

小小"尖刀"团

王 颖

游戏准备：一片泥土较松软的土地，若干短树枝（一头细、一头粗）。

适宜人数：2人以上。　　**适宜年龄**：5岁以上。　　**游戏时间**：10~15分钟。

游戏玩法

☆ 每次游戏不超过5人，可以商量或用黑白配、石头剪刀布的方法决定游戏顺序。

☆ 用树枝在软泥土地上画出十六宫格。

☆ 幼儿轮流使用有尖头的树枝扎向十六宫格里的任意一格，做好标记，每人每轮一次机会。树枝扎进宫格内不倒，则表示这一宫格被占领；如果扎在线上或宫格外，则表示没有占领宫格，下一个人继续游戏。

☆ 十六宫格被全部占领后，谁占领的格子多谁获胜。

游戏拓展

☆ 尝试动手制作自己的小小"扎刀"。

☆ 改变宫格的形状、大小，增加游戏难度。

游戏说明

此游戏材料容易收集，玩法简单，便于开展，不仅能锻炼手腕的灵活性和手部力量，在手眼协调中发出"精准一击"，也能更好地帮助幼儿建立规则意识。游戏中的树枝存在一定的安全隐患。因此教师在组织游戏前，应重点说明安全事项，杜绝危险行为。游戏中，在关注幼儿游戏体验和情绪时，更要关注游戏中的安全。

竹篮打水一场空

杨 静

游戏准备：一处可以戏水的安全区域，竹篮、花草叶若干。

适宜人数：2~10人。　　**适宜年龄**：3岁以上。　　**游戏时间**：5~10分钟。

游戏玩法

☆ 双手提竹篮放入水中，等水注满时提起，观察水从竹篮中逐渐漏出。

☆ 向水中放入花草叶，让孩子用竹篮捞出，观察竹篮里水流和花草叶的变化。

游戏拓展

☆ 寻找各种材质的篮子，网眼大小不同的篮子，看看各种篮子打水时的不同。

☆ 除花草叶外，还可选择石头、树枝放在竹篮里，观察有水和无水时的变化，并对比花草叶的变化。

游戏说明

水在竹篮中从注满到流空的过程，以及水从竹篮小孔四溢的美妙、有趣和不断变化的画面，都会引发孩子进行反复观察和操作。在不断的尝试中，孩子会使自己的身心投入到非常专注的学习状态，而且对事物的感受和认识也会逐渐深入。

需要注意的事项有：第一，因为是在水边游戏，因此游戏场地要安全，避免幼儿落水溺水；第二，幼儿在游戏时有可能会把衣裤弄湿，因此需要准备备用衣裤；第三，夏季水温较高，游戏时间可略长，春秋季水温较低，游戏时间不宜太久。

雨后的味道

赫 晨

游戏准备：雨过天晴后户外空旷的草地或操场，自然物（小草、松果、泥土、花朵、水果等）、眼罩、盒子。

适宜人数：2～10人。　　**适宜年龄**：3岁以上。　　**游戏时间**：10～20分钟。

游戏玩法

☆ 教师拿出准备好的自然物（小草、松果、泥土、花朵、水果等）放在一个小盒子里。

☆ 幼儿围坐成一个小圈，每次邀请一名幼儿戴上眼罩，教师随机选取一种自然物，请幼儿通过鼻子闻出它的味道来判断是哪种自然物。

☆ 其余的幼儿作为裁判来告知对错，猜对的幼儿给予水果作为奖励。

☆ 直到所有幼儿嗅完为止，活动结束。

游戏拓展

☆ 可选用两种自然物放在一起,让孩子来闻味道,增加游戏的挑战性。

☆ 鼓励幼儿在草地上捡拾更多的自然物材料,加入到猜测的自然物中。

游戏说明

游戏"雨后的味道"充分调动了幼儿感官中的嗅觉,用鼻子闻出雨后小草的芬芳、泥土的清新、花朵的浓郁、水果的香甜,这些都是雨后大自然的味道。需要注意的是,孩子用鼻子感受其味道时,教师需要提醒幼儿不要用力吸气,以免泥土颗粒或花粉等进入幼儿鼻腔。

收集云彩

何蓉娜 贾 靖

游戏准备:户外草坪,晴朗或多云天气,取景框。

适宜人数:2~15人。

适宜年龄:3岁以上。

游戏时间:5~10分钟。

游戏玩法

☆ 孩子们闭上眼睛,选一种舒服的姿势或坐或躺在草坪上。

☆ 短暂的休息后,睁开眼睛静静观赏天空中不同形态的白云,寻找自己眼中与众不同的云朵。

☆ 将自己喜欢的云装进取景器，让眼睛跟随它行走，感受不一样的视觉体验。

☆ 依据云朵变化的形状进行联想，并与同伴分享。

游戏拓展

☆ 可以在活动后将云彩画在蓝色底纸上，开展"云朵想象画"的美术活动。

☆ 除了白云，还可以收集乌云、朝霞、晚霞等，对比风卷云涌的猛烈和云淡风轻的怡然。

游戏说明

每朵云都是自然的诗篇，每个孩子的童言稚语赋予了云彩不同的故事。收集云彩只要经常抬头看看，就能融入其中。此游戏帮助孩子们静下心来，在放松、愉悦的环境中专注于对环境的感受，全身心地体验大自然的礼遇，在大胆想象和快乐分享的过程中，感受"云"千变万化的魔力和魅力。

相关链接：

绘本《云娃娃》《看云的孩子》。

旋转的小花伞

冷 敏

游戏准备：雨天空旷的室外场地，雨鞋、各种小雨伞。　　**适宜人数**：2人以上。
适宜年龄：3岁以上。　　**游戏时间**：10～15分钟。

游戏玩法

☆ 穿好雨鞋，人手一把小雨伞。

☆ 手握伞柄使其自由旋转，感受旋转过程中伞上的雨水飞溅出的弧线。

☆ 通过"雨大了""雨小了""雨停了"的口令来引导幼儿旋转雨伞的速度进行游戏。

游戏拓展

☆ 可以两人或多人共同旋转一把小伞进行游戏。

☆ 可设定角色，增加游戏趣味性。教师扮演"大灰狼"，幼儿扮演"小白兔"，小伞为"大蘑菇"道具。"大灰狼"睡着时，"小白兔"和"大蘑菇"一起旋转跳舞。当"大灰狼"醒来，"小白兔"得迅速蹲下，躲在"大蘑菇"下隐藏自己。此时，大蘑菇必须停止旋转，保持静止状态。

游戏说明

下雨是最常见的自然现象，玩雨则成为和大自然亲密接触的有趣游戏。这种接触自然的美妙感觉会使童年变得更加生动、活泼。游戏中，幼儿通过口令及时调整旋转速度，这种控制力的锻炼能促进幼儿手的动作灵活协调。旋转雨伞，雨水飞溅不仅让幼儿体验到雨中游戏的快乐，也激发了幼儿探索大自然的兴趣。需要注意的是，雷电或暴雨天气不宜开展活动，在旋转雨伞时幼儿彼此间应保持适宜距离，避免太近被雨伞边沿划伤。

影子变变变

孟卫平

游戏准备：空旷的地方（草坪、操场），常见自然物或幼儿园里的玩具。

适宜人数：2人以上。　　**适宜年龄**：4岁以上。　　**游戏时间**：10~20分钟。

游戏玩法

☆ 一人游戏。幼儿在阳光下不断改变四肢动作，使影子出现形态各异的造型。

☆ 两人或多人组合游戏。每组变出造型后，请其他幼儿猜他们变的是什么。

☆ 借助辅助材料进行游戏。如大自然中的自然物（树叶、树枝、石头等）、幼儿园里的物品（积木、扇子、体育器材等），表现不同的影子造型。

☆ 为自己的影子组合取名。

游戏拓展

☆ 通过一天不同时间在同一地点观察影子的变化。

☆ 用手电筒在室内进行手影游戏。

游戏说明

"影子变变变"游戏是利用自然中的太阳光进行的影子游戏。游戏中幼儿不断尝试改变自己身体形态，观察影子造型，从单独游戏到两人或多人游戏，让幼儿学会与同伴合作，学会表达、协商。游戏中，教师可以引导幼儿随机寻找辅助材料，增加游戏的趣味性、持续性，能够让幼儿在自由、放松的环境下大胆使用辅助材料进行创造性游戏。此游戏只要是天气晴朗就可进行，趣味性和参与性都很强。游戏由易到难，整个过程中幼儿控制能力、平衡能力、协调性也得到发展。